NOBILIAIRE

DE

LORRAINE ET BARROIS

NOBILIAIRE

DE

LORRAINE ET BARROIS

OU

DICTIONNAIRE DES FAMILLES ANOBLIES

ET LEURS ALLIANCES

D'APRÈS L'ARMORIAL GÉNÉRAL DE DOM PELLETIER.

PAR

FÉLIX COLLIN DE PARADIS

NANCY

MDCCCLXXVIII.

Nancy. — Imp. G. Crépin-Leblond, Grand'Rue, 14.

LORRAINE

INTRODUCTION

M'étant occupé depuis bien longtemps de recherches généalogiques, soit pour suivre mes goûts personnels, soit pour obliger certaines familles dont les ancêtres ont habité la Lorraine, j'ai reconnu, par ma propre expérience, combien il était utile d'avoir un guide dans ces longues et pénibles investigations. Ce guide manquant, j'ai cru devoir le faire pour faciliter mes recherches ; et, si je ne me trompe, il sera utile à toutes les personnes curieuses de généalogies, et désireuses de retrouver à l'aide d'un nom toutes les alliances d'une famille. C'est le but de ce Dictionnaire.

Aussi ai-je pris pour base l'Armorial général de Dom Pelletier.

Cet Armorial est un vrai monument élevé à la mémoire de la noblesse lorraine. Ce qu'il a fallu de temps et de patience pour mener à bien une œuvre aussi étendue, seul l'auteur pourrait nous le dire, s'il eût été immortel comme son nom ! N'a-t-on pas dit, ne dit-on pas encore de ses ouvrages et de ceux de Dom Calmet : C'est un travail de Bénédictin !

Or, cet ouvrage peut faire trouver aisément le nom que l'on recherche, bien qu'il arrive souvent que des erreurs graves déroutent le lecteur par le vice d'une orthographe fantaisiste, comme pour *Clopstein* et *Klopstein*, *Apvrillot* et *Avrillot* ou *Aurillot*, etc., etc. En supposant même que tous les noms de familles se retrouvent, quel guide peut-on suivre pour découvrir leurs alliances? Avec ce Dictionnaire, destiné à être le *vade-mecum* de l'Armorial, on trouvera tout classé par ordre alphabétique.

Mon Dictionnaire, dira-t-on, ne semble pouvoir convenir qu'aux heureux possesseurs de l'Armorial; c'est vrai, mais les bibliothèques publiques de notre département et des départements limitrophes, pour ne rien dire de celles de nos lotharingophiles, renferment ce précieux ouvrage. Il sera donc utile à tous d'avoir sous la main cette clef du livre de Dom Pelletier.

Aussi ai-je été puissamment encouragé dans cette tâche laborieuse par de vrais amis de nos gloires lorraines, et d'abord par le vénérable M. Trouillet, l'éminent curé de la basilique de Saint-Epvre, chanoine de plusieurs cathédrales, qui conserve dans son cœur un si profond amour pour l'héritier de nos ducs, S. M. Impériale, Royale, Apostolique, l'empereur François-Joseph, qui l'honore, en retour, d'une si cordiale amitié; — par notre savant archiviste, M. Lepage, président de la Société d'Archéologie; — par M. le chanoine Hyver, qui s'intéresse non moins à toute publication ayant trait directement à notre histoire lorraine; — enfin par l'habile généalogiste M. le marquis de Nettancourt-Vaubecourt, dont les encouragements ont donné l'impulsion à mon ouvrage, et dont la collaboration m'a été infiniment précieuse dans les débuts pénibles d'une besogne si aride.

Au reste, cet important labeur avait déjà provoqué différents travaux qui, sans avoir le même but, tendraient du moins à faciliter les recherches des généalogistes.

NOBILIAIRE DE LORRAINE

FAMILLES ANOBLIES

ET LEURS ALLIANCES

A

Abaucourt (Jean d'). — *Voir* Dubois, p. 212, *Armorial général* de D. Peltier.

Abaucourt (Jeanne d'). — Diètremann, 197.

Abocourt (Jeanne d').— Thieriet, 775.

Abos (Maximilien d'). — Hennequin de Soyndre, 363.

Aboville (Étienne d'), — 1.

Aboville (Martin d'). — Aboville, 1.

Abram (Agnès-Gertrude). — Abram, 2.

Abram (Anne-Catherine). — Abram, 2.

Abram (Charles-Dominique). — Abram, 2.

Abram (Claude-Thomas). — Abram, 2.

Abram (Dieudonné-François). — Abram, 2.

Abram (Dominique-Mathieu). — Abram, 2.

Abram (Étienne-Charles). — 2.

Abram (Étienne-Charles). — Colin, 159.

Abram (Gertrude). — Abram, 2.

Abram (Gertrude). — Colin, 159.

Abram (Jacob-Hyacinthe). — Richard, 695.

Abram (Jacques - Hyacinthe). — Abram, 2.

Aimaux (Jean d'). — Cachet, 100.

Aimez ou Esmez (François), — 3.

Aimonet (Huguenin). — Regnault, 686.

Aingeville (Jean-Baptiste d'). — Colin, 158.

Ainvaulx (Claude d'). — Ainvaulx, 3.

Ainvaulx (Claude d') . — Roynette, 521.

Ainvaulx (Georges d'). — Mélian, 558.

Ainvaulx (Jean d'), — 3.

Ainvaulx (Jean d').— Mélian, 558.

Alba (Anne-Marie).— Lespée, 490.

Alba (Anne-Marie). — Parisot, 613.

Alba (Charles). — Alba, 4.

Alba (Charles - Joseph). — Alba, 4.

Alba (Charlotte). — Alba, 4.

Alba (Élisabeth-Christine). — Alba, 4.

Alba (Étienne), — 4.

Alba (François), — 4.

Alba (François). — Alba, 4.

Alba (François). — Maleuit, 524.

Alba (Georges). — Vas, 807.

Alba (Louis-Pierre), — 4.

Albergue (Charlotte d'). — Simony B. Broutière, 754.

Albergue (Jacques d'). — Simony B. Broutière, 754.

Albert (Jean). — Albert, 4.

Albert (Jean).—Gondrecourt, 314.

Albert (Jean). — Thouvenin, 790.

Albert (Marguerite).— Thouvenin, 790.

Albert (Philippe). — Albert, 4.

Albert (Philippe). — Raulet, 680.

Alcheidt (Albert).—Alcheidt, 5.

Alcheidt (Christophe-Albert). — Alcheidt, 5.

Alcheidt (François). — Alcheidt, 5.

Alcheidt (Jean d'), — 5.

Alcheidt (Jean II d'). — Alcheidt, 5·

Alcheidt (Jean III d'). — Alcheidt, 5.

Alcheidt (Jean-Mathias d'). — Alcheidt, 5.

Alcheidt (Mathieu d'). — Alcheidt, 5.

Alcheidt (Richard d'). — Alcheidt, 5.

Alcouffe (César). — Gennetaire, 289.

Alcouffe (Joseph), — 5.

Ambriers (Marguerite d'). — Gourdot, dit d'Ambriers, 320.

Ambriers (Nicolas d'). — Gourdot, dit d'Ambriers, 320.

Ambroise (Marie). — Theuvenin, 772.

Amours (François d'). — Hennequin, 359.

Ancel (Polidore). — Gaspard, 277.

Ancelle (Laurette). — Sagay, 728.

Ancelot (Jean). — Hennequin, 359.

Ancelot (Nicole). — Mauljean, 551.

Ancherins (Jeanne des). — La Réaulté, 447.

Ancherins (N. des). — Raulet, 680.

Ancherins (Nicole des). — Lalance, 437.

Ancherins (Paul des). — Prudhomme, 667.

Ancherins (Paul-Joseph des). — Cossu, 174.

Ancherins (Robert des). — Landinot, 451.

Ancherins (Robert des). — Rollin, dit Mouron, 701.

Ancherins (Robert II. des). — Prudhomme, 667.

Andelau (Marie-Charlotte d'). — Courtaillon, 178.

Andeleau (Anne-Thérèse d'). — Bazelaire, 41.

Andeleau (François-Humbert d'). — Bazelaire, 41.

Andernach (Barbe d'). — Boucquenon, 67.

Andernach (Barbe d'). — Mayart, 555.

Andernach (Claude). — Andernach, 8.

Andernach (Claude d'). — Gennetaire, 289.

Andernach (Claude d'). — Malcuit, 524.

Andernach (Colin d'). — Boucquenon, 67.

Andernach (Jacques), — 8.

Andernach (Jean). — Andernach, 8.

Andernach (Nicolas). — Andernach, 8.

André (Antoine). — Antoine, 9.

André (Barbe). — André, 9.

André (Charles), — 9.

André (Christophe). — André, 9.

André (Christophe). — Mortal, 585.

André (Claude des). — Simony, 755.

André (Élisabeth). — Thiébault, 773.

André (Gabrielle). — André, 9.

André (Jean). — André, 9.

André (Jean). — Dubois, 211.

André (Jean). — Hermand, 379.

André (Jean). — Thiébault, 773.

André (Jean ou Laurent),— 8.

André (Thérèse). — André, 9.

Androuin (N.). — Mélian, 558.

Androuins (Claude des). — Thomas, 783.

Andry (Philippes). — Auburtin, 17.

Angenoust (Marie). — Hennequin, 368.

Angenoust (Perrette). — Bressel, 86.

Anglure (Agnès d'). — Gaillard, 272.

Anglure (Chrétien d'). — Gaillard, 272.

Anglure (Chrétienne d'). — Kiecler, 423.

Anglure (Diane d'). — Chamant, 112.

Anglure (François d'). — Merlin, 568.

Anglure (Josias d'). — Thouvenin, 790.

Anglure (N. d'). — Champenois, 114.

Anglure du Bellay (Antoine-Saladin d'). — Vincent, 824.

Anglure - Savigny (Louise-Marie d'). — Vincent, 824.

Anthoine (Barbe-Justine). — Anthoine, 10.

Anthoine (Catherine-Nicole). — Barbarat, 28.

Anthoine (Catherine-Nicole). — Protin, 664.

Anthoine (Charlotte-Thérèse) — Anthoine, 10.

Anthoine (Dominique),— 10.

Anthoine (Dominique). — Anthoine, 10.

Anthoine (Dominique). — Cueüllet, 183.

Anthoine (Dominique). — Redoubté, 686.

Anthoine (Dominique-Marc). — Anthoine, 10.

Anthoine (Dominique-Marc). — Poirot, 661.

Anthoine (François - Pascal-Marc). — Anthoine, 10.

Anthoine (Françoise). — Anthoine, 10.

Anthoine (Françoise-Catherine). — Anthoine, 10.

Anthoine (Hyacinthe-Marc). — Anthoine, 10.

Anthoine (Jean-Baptiste). — Anthoine, 10.

Anthoine (Jeanne). — Breton, 87.

Anthoine (Marc). — Anthoine 10.

Anthoine (Marc). — Mathieu, 546.

Anthoine (Marc-Nicolas). — Anthoine, 10.

Anthoine (Marc-Sigisbert).— Antoine, 10.

Anthoine (Marie-Anne). — Anthoine, 10.

Anthoine (Marie-Anne). — Redoubté, 686.

Anthoine (Marie-Rose). — Anthoine, 10.

Anthoine (N.). — Cucüllet, 183.

Anthoine (N.). — Dubois, 211.

Anthoine (Nicolas). — Anthoine, 10.

Anthoine (Nicolas). — Richard, 694.

Anthoine (Pierre-Marc),—10.

Anthoine de Baccourt (Marc) — Richard, 694.

† Antignac (Philibert d'), — 9.

Antoine (Anne). — Féron, 238.

Antoine (Barbe). — Raulot, 682.

Antoine (Catherine). — Gondrecourt, 316.

Antoine (François). — Féron, 238.

Antoine (Jacques). — Hordal, 383.

Antoine (Nicolas), — 9.

Antoine (Nicolas). — Anthoine, 9.

Antré (Christophe d'), — 10.

Antré (Pierre d'). — Antré, 10.

Apchon (Marc d'). — Lisle, 495.

Apremont (Antoinette d'). — Bimont, 58.

Apremont (Christophe d'). — Go, 309.

Apremont (Claude-Jacques d'). — Go, 309.

Apremont-Lynden (Claude-Charles-Gobert, comte d'). — Labbé, 429.

Apvril (Jean d'). — Rouyer, 716.

Apvrillot (Alexandre). — Aurillot, 4.

Arabourg (Anne). — Gallois, 275.

Arabourg (Didier). — Arabourg, 10.

Arabourg (Jeannette). — Argentel, 12.

Arabourg (Sébastien), — 10.

Arabourg (Sébastien). — Gallois, 275.

Arambourg (Jeanne d'). — Xaubourel, 836.

Arambourg de Sainte-Hélène (N). — Philippe, 639.

Arbaleste (Louis). — Hennequin, 366.

Arbois (Anne d'). — Perrin, 628.

Arbois (Anne d'). — Pullenoy, 671.

Arbois (Anne d'). — Spire, 761.

Arbois (Antoine d'). — Maimbourg, 517.

Arbois (Bonne d'). — Spire, 761.

Arbois (Catherine d'). — Maimbourg, 519.

Arbois (Claude d'). — Henry, 373.

Arbois (Claude d'). — Jénin ou Génin, 415.

Arbois (Claude d'). — Maimbourg, 517, 519.

Arbois (Claude d'). — Pullenoy, 671.

Arbois (Claude d'). — Reboucher, 683.

Arbois (Françoise d'). — Henry, 373.

Arbois (Jean d'), — 11.

Arbois (Jean d'). — Arbois, 11.

Arbois (Jean d'). — Perrin, 628.

Arbois (Jean d'). — Spire, 761.

Arbois (Jean d'). — Vallée, 805.

Arbois (Marie d'). — Fossés, 250.

Arbois (Marie d'). — Vignolles, 819.

Arbois (Nicolas d'), — 11.

Arbois (Nicolas d'). — François, 265.

Arbois (Nicolas d'). — Vignolles, 819.

Arbois (Nicolas d', le jeune). — Vallée, 801.

Arbois (Thérèse d'). — Arnoult, 13.

Arc, (Catherine d', dite du Lys). — Haldat, 345.

Arc, (Catherine d', dite du Lys). — Macquart, 503.

Arc (Hadevige d', dite du Lys). — Haldat, 345.

Arc (Henriette, dite du Lys). — Hordal, 383.

Arc (Jacques d'). — Haldat, 344.

Arc (Jeanne d', dite la Pucelle). — Haldat, 344.

Arc (Jeanne d', dite la Pucelle). — Hordal, 383.

Arc (Jeanne d', dite la Pucelle). — Perrin, 625.

Arc, (Pierre d', dit du Lys). — Haldat, 345.

Arc, (Pierre d', dit du Lys). — Hordal, 383.

Arc, (Pierre d', dit du Lys). — Macquart, 503.

Archangély (Gabrielle). — Viart, 817.

Arche-Saint-Martin (Aman de l'.) — Gauvain, 285.

Ardenet (Nicolas d'). — Fourault, 260.

Ardennes (Catherine d'). — Ardennes, 11.

Ardennes (Catherine d'). — Gondrecourt, 316.

Ardennes (Charles d'). — Ardennes, 11.

Ardennes (Charles d'). — Cogney, 135.

Ardennes (Charles d'). — Géant, 287.

Ardennes (Charles d'). — Lauretain, 454.

Ardennes (Charles d'). — Maillard, 510.

Ardennes (Élisabeth d'). — Fournier, 257.

Ardennes (Élisabeth d'). — Grandmain, 322.

Ardennes (Élisabeth d'). — Jénin ou Génin, 415.

Ardennes (Élisabeth d'). — Lespée, 489.

Ardennes (François d'),— 11.

Ardennes (François d'). — Cogney, 135.

Ardennes (François d'). — Gérard, 295.

Ardennes (François d'). — Lauretain, 454.

Ardennes (Françoise d'). — Grandmain, 322.

Ardennes (Georges d'). — Ardennes, 11.

Ardennes (Jean d'). — Ardennes, 11.

Ardennes (Marguerite). — Ardennes, 11.

Ardennes (Marie d'). — Ardennes, 11.

Ardennes (Marie - Gabrielle d'). — Ardennes, 11.

Ardennes (Nicolas d'). — Petigo, 636.

Ardennes (Nicolas d'). — Ardennes, 11.

Ardennes (Nicolas-Claude d'). — Ardennes, 11.

Ardennes (Nicolas-Marc d'). — Ardennes, 11.

Ardennes (Nicole d'). — Gérard, 295.

Ardennes (Nicole d'). — Louis, dit Saint-Vallier, 499.

Ardennes (Nicole d'). — Viton, 831.

Ardennes (Sibille d'). — Andernach, 8.

Arember (Chrétienne d'). — Beaufort, 42.

Arember (Gabriel d'). — Hennequin, 361.

Arembourg (Jeanne). — Réaulté, 447.

Argent (Catherine d'). — Odot, 602.

Argent (Gautier d'). — Thillequin, 781.

Argentel (Anne). — Argentel, 12.

Argentel (Cuny). — Argentel, 12.

Argentel (Jean), — 12.

Arnoult (Marie-Éléonore). — Piart, 643.

Arnoult (Nicolas), — 13.

Arnoult (Nicolas). — Boursier, 71.

Arnoult (Nicolas). — Hennequin, 368.

Arnoult (Nicolas). — Piart, 643.

Arnoult (Nicolas). — Rousselot, 713.

Arnould (Nicolas). — Vallée, 804.

Arnoult (Nicolas II). — Arnoult, 13.

Arnoult (Nicolas - François). — Arnoult, 12.

Arnoult (Nicolas - François). — Maurice, 553.

Arnout (Julien d'). — Viriet, 827.

Aros (Anne d'). — Jobal, 417.

Aros (Jean d'). — Jobal, 417.

Arrabourg (Jeannette). — Platel, 654.

Arros de la Mothe (Jean d'). — Pillement, 648.

Ars (Claude d'). — Le Febvre, 461.

Ars (Klauskin d'). — Le Febvre, 461.

Artin (Charles d').—Artin, 14.

Artin (Louis d'), — 13.

Artin (Louis d'). — Pierrot, 647.

Aspremont (Charles d'). — Asselaincourt, 14.

Aspremont (Louise d'). — Oryat, 605.

Asprey (Jean d'), — 14.

Asselaincourt (Antoine d').— Asselaincourt, 14.

Asselaincourt (d'), — 14.

Asselaincourt (Christienne d'). — Bonnet, 64.

Asselaincourt (Israël d'). — Serre, 746.

Asselaincourt (Jacques d'). — Asselaincourt, 14.

Asselaincourt (Jacques d'). — Doulcet, 205.

Asselin (Barbe). — Parisot, 612.

Asselin (Jacques), — 14.

Asselin (Jacques). — Lescuyer, 488.

Asselin (N.). — Lescuyer, 488.

Asselincourt (Marie d'). — Le Febvre, 461.

Asselincourt (Israël de la Corne d'). — Le Febvre, 461.

Asselincourt (Israël la Corne, dit d'). — Serre, 746.

Assenois (Jeanne d'). —Mauljean, 552.

Assenois (Jeanne d'). — Serry, 749.

Assenois (Nicolas d'). — Ser-ry, 749.

Assy (Elise d'). — Serry, 749.

Assy (Guillaume d'). — Hua-rue, 886.

Astelle (Catherine d'). — Thélot, 770.

Astier (Geoffroy de Saint-). — Cliquot, 134.

Astier (Jeanne-Ève de Saint-). — Cliquot, 134.

Athie (Louise d'). — Briel, 88.

Aubannnes (N. d'). — Villers-en-Haye, 821.

Aubepierre (Claude). — Aul-bepierre, 18.

Aubert (Charles). — Rutant, 726.

Aubert (Catherine). — Perrin, 623.

Aubert (Didier), — 14.

Aubert (Didière). — Fran-çois, 265.

Aubert (Didière). — Pouval, 663.

Aubert (Florentin). — Auber-tin, 15.

Aubert (François). — Phi-lippe, 640.

Aubert (Jean), — 15.

Aubert (Jean). — Aubertin, 15.

Aubert (Marie). — Philippe, 640.

Aubert (Pierre). — Aublot, 18.

Aubertin (Anne-Claude). — Durand, 221.

Aubertin (Barbe). — Beau-fort, 43.

Aubertin (Barbe). — Fériet, 234.

Aubertin (Catherine). — Jac-quot, 408.

Aubertin (Charles-Henri). — Aubertin, 16.

Aubertin (Claude), — 15.

Aubertin (Claude-Joseph), — 16.

Aubertin (François). — Au-bertin, 16.

Aubertin (Jacques). — Au-bertin, 16.

Aubertin (Jean), — 15.

Aubertin (Jean). — Fériet, 235.

Aubertin (Jean II). — Auber-tin, 15.

Aubertin (Jean III). — Auber-tin, 15.

Aubertin (Marie-Charlotte). — Mengin, 562.

Aubertin (Nicolas), — 16.

Aubertin (Nicolas). — Au-bertin, 15.

Aubertin (Nicolas, dit de Ha-donviller). — Aubertin, 16.

Aubertin (Siméon). — Au-bertin, 16.

Aubertin (Simon). — Durand, 221.

Aubertin de Givrecourt (Jean). — Gallant, 273.

Aubertin de Juvrecourt (Anne-Adrienne). — Hénart, 358.

Aubertin de Juvrecourt (Charles-Henri). — Prudhomme, 668.

Aubeterre (Jacques d'). — Hennequin, 369.

Aubin (Anne de Saint-). — Hennequin, 363.

Aubin (Catherine de Saint-). — Arnoult, 13.

Aubin (Claude de Saint-). — Arnoult, 13.

Aubrichon (Jean). — Georges, 292.

Aubrussel (Elisabeth l'). — Oryot, 605.

Aubrussel (Marguerite l'). — Mercy, 566.

Aubry (Antoine). — Aubry, 17.

Aubry (Catherine). — Vivien, 831.

Aubry (Claude). — Aubry, 17.

Aubry (Dominique), — 17.

Aubry (Dominique). — Hannel, 348.

Aubry (Dominique). — Vivien, 831.

Aubry (Georges), — 17.

Aubry (Gérard), — 16.

Aubry (N.). — Grandjean, 322.

Auburtin (Jean), — 17.

Auburtin (Jean). — Mathieu, 545.

Auburtin (Marie-Françoise d'). — Bonnet, 64.

Auburtin (Nicolas d'). — Auburtin, 17.

Auburtin de Charly (N. d'). — Mahuet, 508.

Auburtin du Vivier (N. d'). — Mageron, 504.

Aubusson (François d'). — Hennequin, 361.

Aucy (Aprosne d'). — Héraudel, 376.

Aucy (Aprosne d'). — Houdreville, 385.

Aucy (Aprosne d') — Sarrazin, 733.

Aucy (Ferry d'). — Héraudel, 376.

Audenet (Jean). — Dubois, 212.

Audenet (Louise d'). — Guérin de Bernécourt, 332.

Audenet (Marie d'). — Combles, 169.

Audenet (Marguerite d'). — Lisle, 494.

Audenet (Paul d'). — Peschard, 631.

Audenet (Pierre d'). — Guérin de Bernécourt, 832.

Audenet (Pierre d'). — Reims, 689.

Augiez (Louis), — 17.

Augny (François-Estienne d'). — Racle, 673.

Augny (François-Etienne d'). — Racle, 673.

Augny (Jeanne d'). — Racle, 673.

Augy (Antoine d'). — Des Fours, 262.

Augy (Antoinette d'). — Des Fours, 262.

Augy (Antoinette d'). — Saulxures, 740.

Augy (Christophe d'). — Des Fours, 262.

Augy (Pierre d'). — Saulxures, 740.

Aujan (Jeanne d'). — Payen, 619.

Aulbepierre (Anne). — Aulbepierre, 18.

Aulbepierre (Christienne). — Aulbepierre, 18.

Aulbepierre (François). — Aulbepierre, 18.

Aulbepierre (Théodore d'). — Aulbepierre, 18.

Aulbepierre ou Aubepierre (Claude d'), — 18.

Aulbery (Martin), — 18.

Aulbonne (Huguette d'). — Gaultier, 282.

Aulbot (Pierre), — 18.

Aulnoy (Anne d'). — Prud'homme, 666.

Aultrey (Christophe d'), — 18.

Aultry (Charles, comte d'). — Vincent, 824.

Aultry (Christine d'). — Vincent, 824.

Aultry (Madelaine d'). — Vincent, 823.

Aultry (Marc-Antoine d'). — Vincent, 824.

Aurillac (Georges d'), — 18.

Aurillot (Jean). — Aurillot, 19.

Aurillot ou Apvrillot (Alexandre, — 19.

Aussey (Jean d'). — Fériet, 237.

Ausone (Jeanne d'). — Serre, 746.

Aussy (Charles d'). — Hanus, 349.

Aussy (Henry d'). — Boudet, 68.

Autrécourt (Charles d'). — Mageron, 504.

Autrey (Adeline d'). — De Briel, 88.

Autrey (Alix). — Roder, 698.

Autriche (Claude d'), — 19.

Autriche (Claude-Gérémie d'). — Gillet, 304.

Autriche (Françoise d'). — Gillet, 304.

B

Babou (Georges). — Henne-quin, 361.

Bacheley (Jeanne le). — Jo-bal, 417.

Bachellier (Pierre). — Vin-cent, 823.

Bachellier (Pierre de). — Vincent, 824.

Baddi (Étienne), — 20.

Baderot ou Badorot (Henri-Joseph), — 20.

Badet (Dominique), — 20.

Badorot (Dieudonné). — Ba-derot, 20.

Badorot (Henri-Joseph). — Baderot, 20.

Bagadour (Guillaume).— Ca-chet, 99.

Bagadour (Jean, dit Cachet). — Cachet, 99.

Bagadour (Jean II).—Cachet, 99.

Bagadour-Cachet (Jean). — Philippe, 639.

Bagadour - Cachet (N.). — Philippe, 639.

Bagard (Anne-Marie). — Ba-gard, 21.

Bagard (Antoine), -- 20.

Bagard (Antoine).—Guilbert, 336.

Bagard (Charles). — Bagard, 20.

Bagard (Charles-Antoine). — Bagard, 20.

Bagard (Ferry). — Besson du Coing, 54.

Bagard (Georges-François). — Bagard, 20.

Bagard (Jeanne). — Bagard, 20.

Bagard (Joseph). — Bagard, 20.

2

Bailligy (Claude). — Malvoisin, 528.

Bailligy (Claude). — Noirel, 597.

Bailligy (Claude). — Voillot, 832.

Bailligy (Claude de). — Touppet, 794.

Bailligy (Claude-Christine). — Maimbourg, 518.

Bailligy (Claude - Christine de). — Le Febvre, 461, 462.

Bailligy (Claude - Hyacinthe de). — Bailligy, 24.

Bailligy (Claude II de). — Bailligy, 23.

Bailligy (Étienne). — Bailligy, 22.

Bailligy (Étienne). — Cachet, 100.

Bailligy (Étienne). — Dattel, 188.

Bailligy (Étienne). — Ginet, 305.

Bailligy (Étienne de). — Le Febvre, 461.

Bailligy (François). — Bailligy, 23.

Bailligy (François). — Roder, 698.

Bailligy (François de). — Bailligy, 23.

Bailligy (Henri-Philippe). — Bailligy, 23.

Bailligy (Ignace de). — Bailligy, 23.

Bailligy (Jean). — Bailligy, 23.

Bailligy (Jean). — Estienne, 227.

Bailligy (Jean). — Maimbourg, 518.

Bailligy (Jean de). — Bailligy, 22.

Bailligy (Jean de). — Nicolas, 594.

Bailligy (Louis). — Jobal, 416.

Bailligy (Lucie-Françoise de). Fériet, 236.

Bailligy (Marguerite). — Perrin, 624.

Bailligy (Marie). — Cueillet, 182.

Bailligy (Marie). — Dattel, 188.

Bailligy (Marie). — Lecraud, 465.

Bailligy (Marie). — Maler, 526.

Bailligy (Marie de). — Nicolas, 594.

Bailligy (Marie-Anne de). — Bailligy, 24.

Bailligy (Marie-Anne de). — Mesguin, 570.

Bailligy (Nicolas). — Petitgo, 636.

Bailligy (N. de). — Le Febvre, 461.

Bailligy (Nicolas de). — Bailligy, 23.

Bailligy (Nicolas de). — Mesguin, 570.

Bailliyy (Nicolas-François de) — Baillivy, 23.

Baillivy (Nicolas-Jean). — Baillivy, 22.

Baillivy (Philippes). — Baillivy, 23.

Baillivy de Gueblanges. (Henry-Philippe de). — Voillot, 833.

Baillot (Anne-Barbe) . — Grandjean, 322.

Bailly (Catherine). — Joly, 418.

Bailly (Charlotte). — Henry, 375.

Bailly (Etienne), — 24.

Bailly (Jean), — 24.

Bailly (Marie-Anne). — Tallange, 766.

Bailly (Nicolas), — 24.

Bailly (Nicolas). — Tallange, 766.

Bailly (Philibert), — 24.

Bailly (Simon), — 24.

Bailly ou Baillivy (Claude de). — 22.

Bainville (Antoine). — Lescarnelot, 484.

Bainville (Barbe-Françoise). — Sonnini, 759.

Bainville (Charles). — Bainville, 25.

Bainville (Charlotte) . — Bainville, 25.

Bainville (Eugène-Innocent). — Bainville, 25.

Bainville (François). — Bainville, 25.

Bainville (Hubert). — Bainville, 25.

Bainville (Hypolite-Marguerite). — Bainville, 25.

Bainville (Jean). — Bainville, 25.

Bainville (Jean-Gérard), — 25.

Bainville (Joseph). — Bainville, 25.

Bainville (Nicolas). — Bainville, 25.

Bainville (Pierre). — Bainville, 25.

Bainville (Pierre-Joseph). — Bainville, 25.

Bainville (Thérèse). — Bainville, 25.

Baligand (Jean-Jacques), — 1, suppl.

Ballot (Claude), — 25.

Ballot (Claude). — Cossu, 174.

Ballot (Elisabeth). — Cossu, 174.

Ballot (Jacques). — Ballot, 25.

Balsac (Charles de). — Hennequin, 365. •

Balsac (César de). — Hennequin, 365.

Bannerot (Agnès). — Bannerot, 26.

Bannerot (Anne). — Kiécler, 422.

Bannerot (Anne-Henriette). — Maimbourg, 519.

Bannerot (Antoinette). — Bannerot, 26.

Bannerot (Barbe). — Bannerot, 26.

Bannerot (Catherine). — Doridant, 204.

Bannerot (Catherine de). — Cotte, 175.

Bannerot (Charles). — Bannerot, 26.

Bannerot (Charles de). — Cotte, 175.

Bannerot (Charles-Henri). — Bannerot, 26.

Bannerot (Claude). — Touppet, 794.

Bannerot (Claude I.). — Bannerot, 26.

Bannerot (Claude II.). — Bannerot, 26.

Bannerot (Didier). — Bannerot, 26.

Bannerot (Didier). — Roder, 699.

Bannerot (Élisabeth). — Bannerot, 26.

Bannerot (François), — 25.

Bannerot (François). — Malclerc, 522.

Bannerot (François). — Touppet, 794.

Bannerot (Henri). — Bannerot, 26.

Bannerot (Henriette). — Bannerot, 26.

Bannerot (Henriette). — Kieckler, 423.

Bannerot (Jeanne). — Bannerot, 26.

Bannerot (Jeanne). — Henry, 372.

Bannerot (Louis). — Bannerot, 26.

Bannerot (Louis). — Henry, 372

Bannerot (Méline). — Malclerc, 522.

Bannerot (Nicolas). — Bannerot, 26.

Bannerot (René). — Bannerot, 26.

Bannes (François). — Piart, 643.

Bannes (Suzanne). — Piart, 643.

Bannoncourt (Hubert), — 26.

Baon (Étienne de). — Garnot, 276.

Bar (Adeline de). — Hennequin, 367.

Bar (Anne de). — Vallée, 803.

Bar (Claude de). — Bar, 26.

Bar (Claude de). — De la Forge, 248.

Bar (Claude de). — Oryot, 604.

Bar (Claude de). — Vallée, 803.

Bar (Claudine de). — Gondrecourt, 316.

Bar (Claudine de). — Hennezon, 371.

Bar (Claudine de). — Mauljean, 550.

Bar (Claudine de). — Sarrazin, 733.

Bar (Claudine de). — Touppet,
795.

Bar (François de), — 26.

Bar (François de). — Mauljean, 550.

Bar (Françoise de). — Haldat,
345.

Bar (Jaquotte de). — Bourcier, 70.

Bar (Jean de), — 26.

Bar (Jean de). — Cardon, 105.

Bar (Jeanne de). — Malorat,
469.

Bar (Jeanne de). — Molleur,
471.

Bar (Jeanne de). — Oryot,
604.

Bar (Hélène de). — Cardon,
105.

Bar (Marguerite de). — Colliquet, 167.

Bar (Marguerite de). — Gaulthier, 282.

Bar (Marguerite de). — L'huillier, 492.

Bar (Marguerite de). — Marchal, 532.

Bar (Nicolas de). — Mitatte,
577.

Bar (Robert de). — Bar, 27.

Bar (Toussaint de). — Hennequin, 367.

Bar (Toussaint de). — Malorat, 469.

Baradel (Georgette). — Humbert, 392.

Baradel (Georgette). — Saulget, 736.

Baradel (Toussaint). — Humbert, 392.

Barail (François). — Barail,
27.

Barail (Joseph), — 27.

Barail (Joseph-François), —
27.

Barail (Joseph-François). —
Barail, 27.

Barat (Claudin). — Barat, 27.

Barat (Demange), — 27.

Barat (Madelaine). — Ginet,
306.

Barat de Boncourt (Anne de).
— Nicolas, 595.

Baraton (Jean). — Henne-
quin, 362.

Barbara (Louis), — 27.

Barbarat (Claude-Georges
de). — Barbarat, 28.

Barbarat (Louis de). — Protin, 665.

Barbarat (Marie-Anne-Ga-
brielle-Rose de). — Nicolas, 595.

Barbarat de Mazirot (Anne-
Gabrielle-Rose de). — Barbarat,
28.

Barbarat de Mazirot (Charles-Antoine-François de). — Barbarat, 28.

Barbarat de Mazirot (Claude-Georges de).— Barbarat, 28.

Barbarat de Mazirot (Claude-Georges de). — Ponze, 662.

Barbarat de Mazirot (Marie-Thérèse-Françoise-Charlotte de). — Barbarat, 28.

Barbarat de Mazirot (Marie-Thérèse-Françoise-Charlotte de). — Prudhomme, 669.

Barbarin (Claude). — Barbarin, 28.

Barbarin (Claude). — De Chastenoy, 122.

Barbarin (Claude). — Fisson, 241.

Barbarin (Claude). — Roder, 698.

Barbarin (François), — 28.

Barbarin (François-Chastenoy, 122.

Barbarin (François Sgr de Bricourt). — Mauljean, 551.

Barbas (Anne). — Guérard, 332.

Barbas (Nicole dite de). — Diétremann, 197.

Barbelin de Pouilly (Pierre). — Le Braconnier, 457.

Barber (Françoise). — Busselot, 94.

Barbereau dit Augueville (Michel), — 28.

Barbier (Anne). — Bezin, 56.

Barbier (Anne). — Fourier, 252.

Barbier (Françoise). — Rollin, 702.

Barbier (Henri). — Rollin, 702.

Barbier (Robert). — Hennequin, 362.

Barbillat (Jeanne). — Cachedenier, 99.

Barbillat (Marie). — Jacquier, 406.

Barbillat (Nicolas). — Barbillat, 29.

Barbillat (Nicolas). — Cachedenier, 99.

Barbillat (Nicolas-François), — 29.

Barbillat-Leschicault (Philippe). — Barbillat, 29.

Barbillat-Leschicault (Sébastien). — Barbillat, 29.

Barbillat-l'Eeschicault (Sébastien-Philippe), — 28.

Barbillat de l'Eschicault (Marguerite), — 29.

Barborin (Marie). — Le Prieur, 480.

Bardin (Aimée). — Bardin, 30.

Bardin (Anne).— Bardin, 30.

Bardin (Charles). — Bardin, 30.

Bardin (Claude). — Bardin, 30.

Bardin (Claude). — Petit, 632.

Bardin (Dominique). — Bardin, 30.

Bardin (François). — Bardin, 30.

Bardin (Gabrielle). — Bardin, 30.

Bardin (Jacques). — Bardin, 29-30.

Bardin (Jacques). — Reboucher, 683.

Bardin (Jacques II). — Bardin, 30.

Bardin (Jean). — Bardin, 30.

Bardin (Jean). — Girmont, 307.

Bardin (Jean). — Maimbourg, 518.

Bardin (Jean). — Noirel, 597.

Bardin (Jean). — Ranffaing, 675.

Bardin (Joseph). — Bardin, 30.

Bardin (Marguerite). — Bardin, 30.

Bardin (Marguerite). — Girmont, 307.

Bardin (Nicolas). — Bardin, 30.

Bardin (Nicolas). — Mauljean, 550.

Bardin (Nicole). — Thieriet, 775.

Bardin (Philippe). — Du Mesnil, 751.

Bardin (Philippe). — Ruetz, 723.

Bardin (Philippes), — 29.

Bardin (Philippes). — Bardin, 29.

Bardin (Philippes II). — Bardin 30.

Bardin (Pierre). — Bardin, 30.

Bardon (Charles). — Busselot, 95.

Bardon de Segonzac (François). — Rousselot, 715.

Barelles de Roziéres (Nicolas). — Mélian, 558.

Barette (Anne). — Barette, 31.

Barette (Barbe-Marguerite). — Barette, 31.

Barette (Charles-Joseph). — Barette, 31.

Barette (Dieudonné-Michel). — Barette, 31.

Barette (Elisabeth). — Barette, 31.

Barette (Joseph-Anne-Charles). — Barette, 31.

Barette (Marie-Françoise). — Barette, 31.

Barette (Pierre), — 30.

Barillon de Morangis (Antoine). — Hiérosme, 382.

Barisey (André de). — Roynette ou Reynette, 721.

Barisey (Andreu de). — Hérault, 377.

Barisey (Claudine de). — Pilliers, 649.

Barisey (Didière de). — Scullaire, 750.

Barisey (N. de). — Thélot, 771.

Barisien (Charles). — Barisien, 31.

Barisien (Charles II.). — Barisien, 31.

Barisien (Didier). — Barisien, 31.

Barisien (Jean-Adam). — Barisien, 31.

Barisien (Jean II). — Barisien, 31.

Barisien (Jean le jeune, dit **Minor**), — 31.

Barisien (Nicolas). — Barisien, 31.

Barnet (Claude). — Chavenel, 124.

Barnet (Jean), — 32.

Barnet (Jean). — Guillaume, 337.

Barnet (Jean). — De Lisle, 494.

Barnet (Marie). — Cabouat, 97.

Barnet (Marie). — De Lisle, 494.

Barnet (Marie). — Remy, 690.

Barnet (Réné). — Cabouat, 97.

Barnet (Réné). — Rutant, 725.

Barnette (Esther). — Voillot, 833.

Baron (Pierre le), — 32.

Barot (Charles-Christophe). — Barot, 32.

Barot (Christophe). — Barot, 32.

Barot (Françoise-Marguerite). — Dujard, 214.

Barot (Jean), — 32.

Barot (Jean). — Fourier, 252.

Barot (Jean). — Noirel, 597.

Barot (Marguerite). — Cueüllet, 182.

Barot (Marguerite). — Noirel, 597.

Barotte (Françoise). — Ravinel, 678.

Barotte (Jean). — Ravinel, 678.

Barotte (Lucie). — Cueüllet, 182.

Barotte (Lucie). — Reboucher, 683.

Barotte (Marc). — Le Braconnier, 456.

Barotte (Marguerite). — Maillet, 514.

Barotte (Marie). — Dupuis, 220.

Barque (François), — 32.

Barque (Pierre). — Barque, 32.

Barques (Pierre de), — 32.

Barraduc (François). — Jacob, 402.

Barre (François de La). — Dumont, 216.

Barres (Denis des). — Simony, 755.

Barret (Marguerite). — Jean, 411.

Barret (Pierre). — Jean, 411.

Barrois (Anne). — De la Forge, 248.

Barrois (Anne). — Humbert, 393.

Barrois (Anne). — Le Poivre, 479.

Barrois (Brion), — 33.

Barrois (Brion). — Coyrenot, 179.

Barrois (Charles). — Bourgeois, 73.

Barrois (Charles). — Marionnelz, 537.

Barrois (Charles). — Sarrazin, 733.

Barrois (Charles-François). — Ruetz, 722.

Barrois (Chrétienne). — Platel, 655.

Barrois (Christienne). — Malaumont, 521.

Barrois (Didier). — Barrois, 33.

Barrois (Didier). — La Réaulté, 448.

Barrois (Didier). — Mageron, 505.

Barrois (Didier). — Malaumont, 521.

Barrois (Didier). — Thévenin, 771.

Barrois (Élisabeth). — Boulanger, 69.

Barrois (Élisabeth). — Gondrecourt, 315.

Barrois (Élisabeth). — La Réaulté, 448.

Barrois (Élisabeth). — Thierry, 779.

Barrois (François), — 33.

Barrois (François). — Hermand, 379.

Barrois (François et Charles), — 33.

Barrois (François de). — De Bourcier, 71.

Barrois (Françoise). — Levain, 491.

Barrois (Jean), — 33.

Barrois (Jean). — Humbert, 391, 393.

Barrois (Jean). — Luyton, 502.

Barrois (Jean). — Mauljean, 550.

Barrois (Jean-François). — Colliquet, 167.

Barrois (Jeanne). — Parisot, 613.

Barrois (Jeanne). — Sarrazin, 733.

Barrois (Jeanne). — Thévenin, 771.

Barrois (Marguerite - Françoise de). — De Bourcier, 71.

Barrois (Marie-Joséphine).— Colliquet, 167.

Barrois (Nicolas). — Noirel, 597.

Barrois (Nicolas). — Vincent, 825.

Barrois (Philippe).—Machon, 503.

Barrois (Rénée). — Luyton, 502.

Barrois (Richard), — 33.

Barrois (Richard).—Machon, 503.

Barrois (Ursule). — Vincent, 825.

Barrois de Boucq (Brion). — Bermand, 48.

Barron (Barbe). — Perrin, 626.

Barron (Pierre). — Perrin, 626.

Barthelemin (Claudin),—34.

Barthelémy (Didier), — 34.

Barthélemy (Didier).— Mengin, 560.

Barthélemy (François). — Hennequin, 362.

Barthélemy (Fremy ou Frantz) —34.

Barthélemy (Guillaume). — Hennequin, 361.

Barthélemy (Madeleine). — Hennequin, 361.

Barthemin (Catherine). — Crevoisier, 181.

Barthemin (Philippe). — Crevoisier, 181.

Bas (Michel - François - César le). — Serre, 747.

Bassant (Jean-Baptiste),— 34.

Bassompierre (Gaston-Jean-Baptiste de). — Raulin, 681.

Bassot (Gabriel), — 34.

Bassy (Appolonie). — Bassy, 35.

Bassy (Antoine-François de). — Bassy, 35.

Bassy (Christophe de). — Bassy, 35.

Bassy (Jean de).— Bassy, 35.

Bassy (Jean-Grégoire de). — Bassy, 35.

Bassy (Marguerite). — Durand, 221.

Bassy (Marguerite de). — Bassy, 35.

Bassy (Philippes).—Bassy, 35.

Bassy (Pierre). — Durand, 221.

Bassy (Pierre de), — 35.

Baste (Huin de), — 35.

Bastel (Joseph). — Sirejean, 756.

Bastien (Isabelle). — d'Alcheidt, 5.

Baulieu (N.). — Cachedenier, 99.

Baussan (Marie de Saint). — Capel, 105.

Baussant (Agnès de Saint).— Oryot, 604.

Baussant (Charles - Thierry de Saint). — Faillonnet, 231.

Baussant (Madelaine de St-). — Raulet, 679.

Baussant (Marie-Thierry de Saint). — Faillonnet, 231.

Bautriset (Étienne), — 39.

Bauvant ou Beauvante (Charles), — 40.

Bauzard (François). — Odelier, 601.

Bauzard (Jean), — 40.

Bauzard (Pierre).—Bauzard, 40.

Bauzard (Pierre). — Odelier, 601.

Bauzard (N.).— Bauzard, 40.

Bauzart (François). — Bauzard, 40.

Bauzart (Jeanne). — Collignon, 164.

Bauzart (Nicolas). — Collignon, 164.

Bauzemont (Barbe de). — De La Fontaine, 246.

Bauzet (Nicole de). — Hazardo, 355.

Bavière (Anne). — Friant, 269.

Bavière (Nicolas), — 39.

Bavière (Nicolas). — Chevrier, 126.

Baville (Didier de). — Hanus, 349.

Bavillier (Claude de), — 39.

Baxart ou Baxay (Barbe). — Henry, 371.

Baxay (Barbe).—Friche, 270.

Baxay (Jean). — Friche, 270.

Bayart (Anne). — De Jouy, 421.

Bayon (Claude de). — Michel, 574.

Bayon (Françoise).— Michel, 574.

Bayon (Françoise de). — Michel, 573.

Bayon (Nicolas). — Hanus, 350.

Bayon (Nicolas de). — Perrin, 624.

Bayon (Vautrin de).— Drouin, 207.

Bayot (N.). — François, 265.

Bazelaire (Anne). — Bazelaire, 41.

Bazelaire (Anne-Marguerite). — Bazelaire, 40.

Bazelaire (Anne-Marguerite). — Joly, 419.

Bazelaire (Charles). — Bazelaire, 40-41.

Bazelaire (Charles). — Richard, 695.

Beaufort (Marie-Anne de). — Rousselot, 713.

Beaufort (Marie-Jean de). — Le Grand, 466.

Beaufort (Nicolas), — 41.

Beaufort (Nicole de). — La Taxe, 450.

Beaufort (René), — 41.

Beaufort (Rénée de). — Beaufort, 42.

Beaufort (Rénée). — Cossu, 174.

Beaufort (Rénée) . — Du Bourg, 72.

Beaufort (Rénée de). — Magnien, 505.

Beaujeu d'Ennezel (Comte de.) — Mahuet, 510.

Beault (Claude-Etienne). — Parizot (Ch.), 614.

Beault (Louis). — Parizot (Ch.), 614.

Beaumont (Drouot ou Druel de), — 43.

Beaumont (Lucie de). — Warion, 838.

Beaurepaire (Jeanne de). — Gaultier, 282.

Beausire (François). — Michel, 574.

Beausire (Nicolas). — Michel, 574.

Béaut (Louis). — Gaucher, 278.

Beauvais (Hélène de). — Manesy, 529.

Beauvais (Philippe de). — Fallois, 232.

Beauval (Madelaine de). — Raulet, 680.

Beauvau (Claude de). — Blanchard, 59.

Beauvau (Isabeau de). — Roynette, 722.

Beauvau (Jean de). — Blanchard, 59.

Beauvau (Pierre de). — Collignon, 164.

Bécel (Adam). — Huyn, 400.

Bechefer (Pierre de). — Fourot, 260.

Bechefer (Pierre de). — Fourot, 260.

Beck (Hantz), — 43.

Becquet (Julien), — 43.

Begart (Jeanne le). — Pagel, 608.

Bégel (Bastien). — Grandmaire, 322.

Beget (Agnès). — Herandel, 376.

Begin (Barbe). — Raulet, 680.

Begon (Michel). — Simony, 754.

Begonnier (Marguerite le). — Mauléon, 548.

Begue (Anne le). — De Lespée, 490.

Begue (Anne le). — Le Begue, 455.

Begue (Anne-Marie le). — Manesy, 529.

Begue (Antoine-François le). — Le Bégue, 456.

Begue (Barbe-Françoise le). — Le Begue, 456.

Begue (Charles le). — Guérin, 332.

Begue (Charles le). — Le Begue, 455.

Begue (Charles le). — Pierron, 646.

Begue (Charles le). — Prudhomme, 668.

Begue (Charles le). — Rutant, 724.

Begue (Charles le). — Serre, 746.

Begue (Charles II le). — Le Begue, 456.

Begue (Charles-Ernest le). — Le Begue, 455, 456.

Begue (Charlotte le). — Braux, 85.

Begue (Élisabeth le). — Pierron, 646.

Begue (François-Antoine le). — Le Begue, 456.

Begue (Gaspard le). — Gondrecourt, 316.

Begue (Gaspard le). — Le Begue, 455.

Begue (Jean le). — Le Begue, 455.

Begue (Léopold-Joseph le). — Le Begue, 455.

Begue (Marguerite le). — Canon, 105.

Begue (Marguerite le). — Le Begue, 456.

Begue (Marguerite le). — Trusson, 798.

Begue (Marie-Elisabeth le). — Le Begue, 455.

Begue (Nicolas le). — Manesy, 529.

Begue (N. le). — Le Begue, 455.

Begue (Pistor le). — Moines, 578.

Begue (Vion-Pistor le). — De Lespée, 490.

Begue (Vion-Pistor le). — Serre, 746.

Béhère du Halt (Jean). — Gaillard, 271.

Behère du Halt (Jean de). — Serrières, 748.

Beine (N. de). — Huguet, 390.

Bélamy (Islande). — Bélamy, 44.

Belamy (Madelaine). — Belamy, 44.

Belamy (Robert), — 44.

Belchamp (André de). — Conrard, 171.

Belchamps (Antoine de). — Niclosse, 592.

Belchamps (Barbe de). — Niclosse, 592.

Belchamps (François de). — Niclosse, 592.

Belchamps (Jean de). — Niclosse, 592.

Belchamps (Jean-Pierre de). — Niclosse, 592.

Belchamps (Liegie de). — Pérignon, 622.

Belchamps (Marguerite de). — Le Braconnier, 457.

Belchamps (Nicolas), — 44.

Belhoste (Jean), — 44.

Belin (Isabeau de Saint). — Constant, 171.

Belin (Jean). — Belin, 44.

Belin (Perette de Saint), — 44.

Belin (Perette de Saint). — Constant, 171.

Bellancy (Madeleine de). — Bourgongne, 76.

Bellart (Abraham), — 45.

Bellerose (Bernard-Hyacinthe-Joseph). — Bellerose, 47.

Bellerose (Bernard-Hyacinthe de). — Jeanmaire, 412.

Bellerose (Charles-Ferdinand). — Bellerose, 46.

Bellerose (Charles-Ferdinand de). — Jeanmaire, 412.

Bellerose (Jean-Charles de). — Bellerose, 45.

Bellerose (Louis-Joseph de). — Bellerose, 46.

Bellerose (Louis-Joseph de). — Jeanmaire, 412.

Bellerose (Marie-Catherine-Thérèse de). — Bellerose, 46.

Bellerose (Marie-Catherine-Thérèse de). — Jeanmaire, 412.

Bellerose (Nicolas-Jacquot de Serainville), — 45.

Bellin (Antoine), — 45.

Bellin (Brice). — Bellin, 45.

Bellin (François). — Bellin, 45.

Bellot (Claude), — 45.

Belloy (Antoinette de). — Mittolot, 578.

Belmont (Denys).— Belmont, 44.

Belmont (François), — 44.

Belmont (Jean). — Belmont, 44.

Belmont (Jérôme). — Belmont, 45.

Belmont (Sébastien). — Belmont, 44.

Belon (Pierre). — Fériet, 237.

Benard ou Bernard de la Pommeraye (Joseph), — 47.

Benard de la Pommeraye (Joseph). — Regnault, 688.

Benard de la Pommeraye (Joseph). — Tonnoy, 793.

Benoist (Anne). — Seurot, 750.

Benoist (Jean-Nicolas) dit Sauvage, — 47.

Benoist de Bellecourt (Jean), — Benoist, 47.

Benoist de Bellecourt (Nicolas). — Benoist, 47.

Benoit (Anne). — Perrin, 628.

Berard (Charles), — 46.

Bérard (Christophe). — Berard, 46.

Berauville de Villandré (N). — De Lespée, 490.

Berger (Nicole). — Thomas, 785.

Bergeret (Claude). — Jacob, 402.

Berget (Antoine). — Berget, 47.

Berget (Antoine). — Petit, 632.

Berget (Benigne), — 47.

Berget (Bénigne). — Baudel, 35.

Berget (Bénigne). — Jacquinet, 407.

Berget (Bénigne). — La Guerre, 435.

Berget (Marguerite de). — Serre, 747.

Berget (Marie). — Petit, 632.

Berget (N.) — Jacquinet, 407.

Berles (Antoine de). — Vourot, 260.

Berley (Claude). — Thouvenin, 791.

Berlin (Jean), — 47.

Bermainviller (Antoinette de). — Saulget, 736.

Berman (Alizon). — Bourg, 72.

Berman (Anne-Charlotte). — Busselot, 95.

Berman (Antoine). — Busselot, 95.

Berman (Antoine). — Maillart, 510.

Berman (Barbe de). — D'Arbois, 11.

Berman (Jacob de). — D'Arbois, 11.

Bermand (Anne). — Bermand B. Pixerécourt, 49.

Bermand (Anne de). — B. B. Pulligny, 48.

Bermand (Anne de). — Maimbourg, 519.

Bermand (Anne de). — Malcuit, 524.

Bermand (Anne de). — Mazures, 556.

Bermand (Antoine). — Bermand, 47.

Bermand (Antoine). — Bermand-Pixerécourt, 49.

Bermand (Antoine). — Philbert, 638.

Bermand (Antoine de). — Bermand B. Pulligny, 48.

Bermand (Hanus). — Bermand, 47.

Bermand (Hanus). — Gallant, 273.

Bermand (Hanus). — Mazures, 556.

Bermand (Hanus). — Raoul, 676.

Bermand (Jacob).— Bermand 47.

Bermand (Jacob de). — Bermand B. Pulligny, 48.

Bermand (Jacob de).— Thouvenin, 791.

Bermand (Jean). — Bermand B. Pulligny, 48.

Bermand (Jean). — Maimbourg, 518.

Bermand (Jean). — Raoul, 676.

Bermand (Jean de). — Bermand, 47.

Bermand (Jean de). — Bermand B. Pixerécourt, 49.

Bermand (Jean de). — Combles, 168.

Bermand (Jean de). — Gennetaire, 290.

Bermand (Jean de).— Virion, 828.

Bermand (Jean Étienne de). — B. de Mortault, 48.

Bermand (Judith de). — Bermand, 48.

Bermand (Louis de).— Bermand B. Pulligny, 48.

Bermand (Louise de). — B. de Mortault, 48.

Bermand (Marie). — Chamant, 112.

Bermand (Marie). — Philbert, 638.

Bermand (Michel). — Bermand, 47.

Bermand (Nicolas). — Bermand, 47.

Bermand (Nicolas). — Chamant, 112.

Bermand (Nicolas). — Sarrazin B. Germainvilliers, 734.

Bermand (Nicolas de). — Raoul, 676.

Bermand d'Uzemain (Marie). — Jobal, 416.

Bermel (Jacques).—Gaillard, 271.

Bermeringer (Jacob).— Bermeringer, 49.

Bermeringer (Jacques), — 49.

Bermont (Marguerite de). — Nicolas, 594.

Bernard (Agnès des).— Charlet, 117.

Bernard (Anne). — Jacob, 402.

Bernard (Barbe). — Bourgongne, 76.

Bernard (Claude des).— Colsons (des), 160.

Bernard (Didier).—Pérignon, 622.

Bernard (Dominique).— Bernard, 49.

Bernard (François). — Marcol, 534.

Bernard (Françoise des). — Des Colsons, 160.

Bernard (Fromine). — Pérignon, 622.

Bernard (Hans des). — Charlet, 117.

Bernard (Jean). — Fleutot, 243.

Bernard (Jeanne). — Mortal, 585.

Bernard (Nicolas), — 49.

Bernard (Pierre des) . — Charlet, 117.

Bernard de la Pommeraye (Joseph). — Bernard de la Pommeraye, 46.

Bernard de la Pommeraye (Marie-Marguerite). — Bernard, 46.

Bernard de la Pommeraye (Pierre). — Bernard, 46.

Bernards (Renaud des). — Faillonnet, 230.

Bernards (Sébastien des). — Gillet, 303.

Bernardy (François), — 50.

Bernier (Anne de).— Bernier, 50.

Bernier (François de).— Bernier, 50.

Bernier (Jean), — 50.

Bernier (Jean-Baptiste). — Beaufort, 42.

Bernier (Jean-Baptiste). — Bernier, 50.

Bernier (Jean-Baptiste de).— Henry, 371.

Bernier (Jean-Baptiste de). — Thillequin, 781.

Bernier (Louise).— Beaufort, 42.

Bernier (Marie). — Henry, 372.

Bernier ou Vernier (Simon), — 50.

Bernier (Thomas). — Bernier, 50.

Berry (Marthe de). — Bertrand, 52.

Berry (Marthe de). — Poignet, 657.

Berry (Pierre de), — 50.

Bersetty (comte de). — Greneteau, 326.

Berthe (Françoise de la). — Fours (des), 261.

Berthel (Claude). — 51.

Berthelet (N.).— Hiant, 381.

Bertheléville (Christophe de). — Nicolas, 593.

Berthemin (Dominique), — 51.

Berthemin (Dominique). — Hiérard, 381.

Bertignon (Anne). — Bertignon, 51.

Bertignon (Anne de). — Serry, 749.

Bertignon (Claude). — Bertignon, 51.

Bertignon (Claude de). —
Huarne, 386.

Bertignon (Françoise). —
Bertignon, 51.

Bertignon (Jacques), — 51.

Bertignon (Jacques), — Bertignon, 51.

Bertignon (Jacques de). —
Serry, 749.

Bertignon (Jean). — Bertignon, 51.

Bertignon (Marguerite). —
Bertignon, 51.

Bertinet (Antoine). — Bertinet, 52.

Bertinet (Daniel). — Bertinet, 52.

Bertinet (Daniel II). — Bertinet, 52.

Bertinet (Didier). — Bertinet, 52.

Bertinet (François). — Bertinet, 52.

Bertinet (Jean), — 51.

Bertinet (Jean). — Bertinet,
52.

Bertinet (Pierre). — Bertinet, 52.

Bertrand (Anne). — Tabou-
ret, 763.

Bertrand (Anne-Marie). —
Bertrand, 52.

Bertrand (Antoine). — Bertrand, 53.

Bertrand (Antoine). — Philippe 4° B. dite **Valfroicourt**,
642.

Bertrand (Antoinette). —
Bertrand, 52.

Bertrand (Balthazard). —
Bertrand, 52.

Bertrand (Balthazard). —
B. des Tervenu de Saulxerotte,
768.

Bertrand (Catherine). —
Bertrand, 52-54.

Bertrand (Catherine). —
Maimbourg, 518.

Bertrand (Catherine). —
Peltre, 621.

Bertrand (Catherine). —
Rousselot B. d'Hidival, 713.

Bertrand (Charles). — Bertrand, 52.

Bertrand (Charles). — Poignet, 657.

Bertrand (Charlotte). — Bertrand, 53.

Bertrand (Claude). — Ber-
trand, 52.

Bertrand (Claude). — Peltre,
621.

Bertrand (Daniel). — Platel,
654.

Bertrand (Diane). — Le
Febvre, 461.

Bertrand (Didier), — 52.

Bertrand (Didier). — Ber-
trand, 52.

Bertrand (Sébastien). — Rousselot B. d'Hidival, 713.

Bertrand Lapidaire (N.). — Vallée B. Charmes, 804.

Bertrand de Marimont (Diane). — Pulenois, 671.

Bertrand de Marimont (Didier). — Bertrand, 52.

Bertrand de Marimont (Didier). — Pulenois, 671.

Bertrand de Marimont (Françoise). — Fournier, 254.

Bertrand de Marimont (Jean-Louis). — Thieriet, 775.

Bertrand de Marimont (Louis). — Thieriet, 775.

Bertrand de Marimont (N.). — Le Febvre, 461.

Bertrand de Marimont (Sébastien). — Thieriet, 775.

Besbier (Jeanne). — Dattel B. Marzéville, 187.

Besbier (Jeanne). — Fisson, 241.

Besque (Jean le). — Xaubourel, 835.

Bessat (Antoine-Joseph), — 54.

Bessat (Antoine-Joseph). — Virion, 829.

Bessat (Claudine). — Bessat, 54.

Bessat (Dominique-André). — Grandidier, 321.

Bessat (Élisabeth). — Bessat, 54.

Bessat (Élisabeth). — Richard, 695.

Bessat (Jean-Baptiste). — Bessat, 54.

Bessat (Marc). — Bessat, 54.

Bessat (Philippine-Charlotte). — Bessat, 54.

Bessat (Philippine-Charlotte). — Virion, 829.

Bessat (Pierre). — Richard, 695.

Bessat (Pierre-Dieudonné). — Bessat, 54.

Bessat (Pierre-Dieudonné). — Richard, 695.

Besson (Anselme). — Besson, 54.

Besson (François). — Besson du Coing, 54.

Besson (Henry), — 54.

Besson ou **Bexon du Coing** (Louis), — 54.

Bettainviller (Anne de). — Pierron, 646.

Bettainviller (Catherine de). — Dattel B. Veinsberg, 188.

Bettainviller (Didière de), — Boussemart, 79.

Bettainviller (Dieudonné de). — Pierron, 646.

Bettainviller (Dorothée de). — Pierron, 646.

Bettainviller (François de). — Pierron, 646.

Bettainviller (Gérard de). — Pierron, 645.

Beurges (Jeanne). — Beurges, 55.

Beurges (Jeanne de). — Alençon, 6.

Beurges (Louise de). — Alençon, 6.

Beurges (Louise de). — Beurges, 55.

Beurges (Mayelle de). — Beurges, 55.

Beurges (N.). — Beurges, 55.

Beurges ou Burges (Jean de), — 55.

Beurthé (Madelaine-Gabrielle). — Henry, 372.

Beurthé (Alexandre de). — Henry, 372.

Beurthé (Edouard de). — Henry, 372.

Beurthé (Marie de). — Touppet, 794.

Beurthel (Nicolas), — 56.

Beuthe (Pierre de la). — Vallée, 801.

Beuviller (Isabelle de). — Pierron, 645.

Beuvillers (Jean de), — 56.

Bevillé (M. de). — Busselot, 95.

Bexon (Barbe-Françoise). — Bourgongue, 76.

Bezard ou Besard (Etienne), — 56.

Bezard (Pierre). — Bezard, 56.

Bezin (Claude). — Bezin, 56.

Bezin (François), — 56.

Bias (Pierre de), — 56.

Bichebois (Claude), — 57.

Bichebois (Etienne). — Touppet, 794.

Bichebois (Gertrude). — Bichebois, 57.

Bichebois (Jacques). — Maillette, 516.

Bichebois (Jacques), — Villaucourt, 820.

Bichebois (Jean). — Bichebois, 57.

Bichebois (Marguerite). — Nicolas, 594.

Bichebois (Marie-Catherine). — Bichebois, 57.

Bidault (Remy). — Malaumont, 521.

Bidaut (Remy), — 57.

Bierne (Marie de). — Bourgongne, 76.

Bigin (Barbe). — François 264.

Bigin dite Lecuyer (Barbe). — Guérin, 333.

Bigonnier (Catherine de). — d'Erval, 226.

Bigorgne (Reine) . — Le Poivre, 479.

Bigorgne (Richard de). — La Reaulte, 447.

Bildstein (Claude de). — des Pilliers, 650.

Bildstein (Gaspard de). — de Pulenois, 671.

Bildstein (Henri de). — Durand, 221.

Bildstein (Henry de). — Royer, 720.

Bildstein (Henri-Frédéric de). — Grandmaire, 322.

Bildstein (Hubert de). — Sorel ou Soirel, 759.

Bilistein (Christine). — Blistain, 60.

Bilistein (Marianne). — Blistain, 60.

Bilistein (Nicolas-François). Blistain, 60.

Billard (Claude). — Landrian, 446.

Billard de Salins (Claude). Xaubourel, 835.

Billard de Salins (Gabriel). — Rousselot, 712.

Billaut, — 57.

Billault (Anne). — Barbillat-Leschicault, 28.

Billault (Anne). — Barbillat de Leschicault, 29.

Billault (Barbe). — Longeaux, 499.

Billault (Charles). — Billault, 57.

Billault (François). — Colliquet, 166.

Billault (Françoise de). — Caillou, 102.

Billault (Jean). — Billault, 57.

Billault (Jean II). — Billault, 57.

Billault (Marguerite). — Clemery, 134.

Billault (Nicolas). — Billault, 57.

Billault (Nicolas). — Clemery, 134.

Billault (N). — Billault, 57.

Billault (N.) — Viart de Pont-sur-Saulx, 817.

Billault (Sébastien). — Billault, 57.

Billault de l'Eschicault (Sébastien). — Billault, 58.

Bimont (François de). — Bimont, 58.

Bimont (Hélène de). — Bimont, 58.

Bimont (Pierre de), — 58.

Bimont (Pierre de). — Bimont, 58.

Bimont (Pierre de). — Xaubourel, 835.

Binche (N.) — Le Prieur, 480.

Biolet (François). — Biolet, 58.

Biolet (Spérit ou Esprit de). — 58.

Biscara (N. de). — Gleisenove, 308.

Blaise (Antoine). — Fériet à Metz, 237.

Blaise (Antoinette de). — Billault, 57.

Blaise (Claudon de Saint). — Fleutot, 243.

Blaise (Jean de Saint). — Maillette, 516.

Blaise de Changy (Charles-Henry de Saint). — Bailly, 23.

Blaise de Changy (Henriette-Armande de Saint). — Bailly, 23.

Blaives (Charlotte de). — Caillou, 102.

Blaives (Jean de). — Xaubourel, 836.

Blaives (Richard de), — 58.

Blaives (Richard de). — Caillou, 102.

Blamont (Conrad), — 59.

Blanchard (Claude), — 59.

Blanchard (Marguerite). — Caboche, 98.

Blanchart (Antoine). — Maler, 526.

Blanchart (Charles). — Blanchard, 59.

Blanchart (Marguerite). — Dattel B. Veinsberg, 188.

Blanchart (Marguerite). — Maler, 526.

Blanchart (Marguerite). — Mauljean, 552.

Blanchart (Michel). — Romur, 704.

Blanche (Jean), — 59.

Blanchel (Françoise). — Des Fossés, 250.

Blanchelaine (Claude de). — Asselaincourt, 14.

Blanchelaine (Claude). — Ruis ou Ruiz, 723.

Blanchelaine (Étienne-François), — 59.

Blanchenoir (N. de). — Le Briseur, 91.

Blanchéron (Claude). — Hugo, 388.

Blanzey (Gérard de). — Sirjacques, 757.

Blanzey (Marguerite de). — Sirjacques, 757.

Bleincourt (Madelaine de). — Hauteville, 354.

Bleincourt (Sr de). — Hauteville, 354.

Blienstain (Marguerite de). — D'Avril, 19.

Blistain (Anne). — Blistain, 60.

Blistain (Anne de). — Tardvenu, 767.

Blistain (Antoinette). — Blistain, 60.

Blistain (Charles). — Blistain, 60.

Blistain (Charles-Bernardin). — Blistain, 60.

Blistain (Gérard). — Avril, 19.

Blistain (Gérard). — Blistain, 60.

Blistain (Gérard). — Tard-venu, 767.

Blistain (Gérard de). — Collignon, 163.

Blistain (Gérard de). — Masselin, 542.

Blistain (Jean). — Blistain, 60.

Blistain (Jean de). — Pertoy, 631.

Blistain (Jean-Philippe). — Blistain, 60.

Blistain (Marguerite). — Blistain, 60.

Blistain (Pierre). — Blistain, 60.

Blistain ou **Bilistein** (Antoine-Andreu), 60.

Bloise (Blaise de). — Rutant, 724.

Bloise (François comte de). — Cordon, 106.

Bloise (François de). — Rutant 724-725.

Bloise (Jean). — Prudhomme B. Fontenoy et Vitrimont, 667.

Blondeau (Barbe).—Thomas, 784.

Blondeaux (Eustache de). — Laudinot, 452.

Blondel (Anne-Catherine de). Bellerose, 46.

Blondel (Jean-Louis de). — Bellerose, 46.

Blondelot (Renée). — Hableinville, 344.

Blonot (Barbe-Marguerite). — Gauthier, 284.

Blosset (Jeanne). — Hennequin, 359.

Boan (Alix de). — Chinoir, 127.

Bocavillier (Eude de). — Bouilly, 24.

Bock (Jean), — 60.

Bock (Valentin). — Bock, 60.

Bokenheim (Anne de). — Legrand B. Rehainviller, 465.

Bokenheim (Anne). — Gennetaire, 290.

Bokenheim (Antoine de). — Falaise, 231.

Bokenheim (Jean). — Gennetaire, 290.

Bokenheim (Louis de). — Malclerc B. Neufville, 523.

Bokenheimer (Jean), — 60.

Bocquel (Élizabeth). — Dubois (Antoine), 213.

Bodinais (Robert). — Despiey, 191.

Bodot (Barbe). — Triplot, 798.

Boës (N. baron de). — Villemin, 833.

Bœufs (Didier des), — 61.

Bœufs (Didier des). — Collesson, 163.

Bœuf de Millet (Louis le), — 61.

Bœuf de Millet (Louis le). — Estienne, 227.

Bœuf de Millet (Louis le). — Maurice, 553.

Bœuf de Millet (N.), — 61.

Bœuf de Millet (N. Le). — Maurice, 553.

Bœufrin (Magnien). — Raulet, 680.

Bœufrin (Mangeon). — Raulet, 679.

Bœufrin (Renault). — Fisson, 241.

Bœufrin (Robert). — Raulet, 680.

Bogelot (Nicolas-Alexandre). — 61.

Bogelot (Nicolas-Tolentin). — Bogelot, 61.

Bohier (Antoine). — Hennequin B. du Perray, 361.

Boichot (Nicole). — Fériet, 235.

Boilauve (Marguerite). — Mittate, 577.

Boileau (Anne). — Bourgeois, 73.

Boileau (Anne). — Fournier, 254-256.

Boileau (Anne). — Girmont, 307.

Boileau (Jean-Faulx), — 234.

Boileau (Jean-Baptiste). — Humbelot, 391.

Boileau (Jeanne). — Humbelot, 391.

Boileau (Joachim). — Peltre, 621.

Boileau (Joachim). — Valleroy, 805.

Boileau (Libaire). — Hazards, 355.

Boileau (Marguerite). — Des Fours, 261.

Boileau (Marguerite). — Génin, 414.

Boileau (Marguerite). — Parizet, 611.

Boileau (Mengin), — 61.

Boileau (Simonin). — Des Fours, 261.

Boileau (Simonin). — Fournier, 256.

Boileau (Thomas). — Boileau, 61.

Boiley (Claude), — 62.

Boiley (Nicole). — Boiley, 62.

Boiley (Pierre). — Boiley, 62.

Boiley (Pierre). — Louis, dit Saint-Vallier, 499.

Boilly (Anne). — Canon, 104.

Bois (Anne du). — Guérin, 332.

Bois (Élizabeth du). — André, 9.

Bois (Élizabeth du). — Mesnil, 571.

Bois (Estienne du).— Guérin, 332.

Bois (François-René du).— Le Briseur, 90.

Bois (Jean-François du). — Mesnil, 571.

Bois de Riocourt (Anne-Marie du). — Lisle, 495.

Bois de Riocourt (Nicolas du). — Lisle, 495.

Bois-Gaultier (Marie - Ju - lienne de). — Feriet, 236.

Bois-Gauthier (Marie - Ju - lienne de). — Dietremann, 197.

Boisguerin (N.). — Remy, 690.

Boislé (Anne). — Viriot, 830.

Boislé (Jeanne). — Viriot, 830.

Boisleau (Anne). — Borville, 65.

Boislinel (Catherine).— Malcuit, 525.

Boislinel (Michel). — Malcuit, 525.

Boisot (Françoise). — Simony, 753.

Bolée ou Boler (Marguerite). — Haraucourt, 350.

Boler (Charles).— Boler, 62.

Boler (Frédéric), — 62.

Boler (Frédéric).—Lallemant, 439.

Bollioud (Marie-Thérèse). — Taillefumier, 765.

Bollioud (Nicolas). — Taillefumier, 765.

Bombel de Mageron (N.).— Touppet, 794.

Bon (Claude-François le). — Philippe, 641.

Bon (Dion). — La Reaulté, 448.

Bon (Ferry), — 62.

Bon (Ferry). — Raulet, 680.

Bon (Ferry). — La Reaulté, 448.

Bon (Jean). — Lareaulté, 447.

Bon (Jean le). — Philippe 640.

Bon de Hazelach (Françoise). — Sarrazin B. Germ., 735.

Bon Henry (Jehan). — Lescaille, 481.

Boncompan (Catherine de).— Vignolles, 819.

Boncourt (Catherine de). — Henry, 374.

Boncourt (Claude), — 63.

Boncourt (Claude de). — Henry, 374.

Boncourt (Claudon de). — Chabraux, 109.

Boncourt (Clès). — Chabraux, 109.

Boncourt (Clesse de). — Jacquier, 406.

Boncourt (Gabrielle de). — Bardin, 30.

Boncourt (Jacquemin de). — Chabraux, 109.

Boncourt (Jacques). — Chabraux, 109.

Boncourt (Nicole de). — Maras, 530.

Bonhomme (Jean le), — 63.

Bonhomme (Jean le). — Caillou, 101.

Bonhomme (Nicolas le). — Bonhomme, 63.

Bonhomme (Nicolas le). — Caillou, 101.

Bonnaire (Claude de). — Perrin, 625.

Bonnaire (Gaspard de). — Perrin, 625.

Bonnan (Charles), — 63.

Bonnart (Jacques), — 64.

Bonnart (Jacques). — Bonnart, 64.

Bonnart (Jean). — Bonnart, 64.

Bonnefille (Jeanne-Claude). — Thomas, 784.

Bonnefille (Nicolas). — Thomas, 784.

Bonnefoy (Bernard de). — Racle, 673.

Bonnefoy (Bernard de). — Richard, 693.

Bonnefoy (Charles de). — Fourrier, 253.

Bonnefoy (Françoise de). — Racle, 673.

Bonnefoy (Louis de). — Rutant B. Jalanc., 725.

Bonnet (Anne). — Callot, 103.

Bonnet (Balthazard). — Bonnet 64.

Bonnet (Charles). — Bonnet, 64.

Bonnet (Charlotte). — Bonnet, 64.

Bonnet (François), — 64.

Bonnet (Henri-François). — Bonnet, 64.

Bonnet (Henri-François). — Humbert 392.

Bonnet (Louis). — Boussemart, 78.

Bonnet (Marie). — Chaligny, 111.

Bonnet (Regnault), — 64.

Bonnet de Villers-Saint-Marcellin (N.). — Sarrazin B. Germainvil, 735.

Bonœil (N. ou le capitaine Benoit). — Lescuyer, 488.

Bontemps (Anne). — Rutant, 724.

Boquet (Anne-Jeanne-Lamberte du). — Parizot, 615.

Bordat (Claude), — 64.

Bordat (Marguerite). — Viart, 816.

Borde (Jeanne de la). — Léger, 464.

Bordes (Alexandre des), — 65.

Bordes (André des), — 65.

Bordes (Colard des), — 65.

Borville (Catherine). — Borville, 65.

Borville (Didier). — Borville, 65.

Borville (Didier de), — 65.

Borville (Didier de). — Fournier, 256.

Borville (Pierre). — Borville, 65.

Bosch (N.). — Gennetaire, 290.

Bouart (Charles de), — 65.

Bouc (Gérard de), — 66.

Bouc Dubois (Sʳ du). — Remy, 691.

Bouch (Anne de). — Johal, 416.

Bouch (Anne de). — Roder, 698.

Bouchard (Esther). — Guérin, 332.

Bouchard (Esthet). — Boucher, 67.

Bouchard (Marguerite de). — Combles, 168.

Bouchard (N.). — Massu, 545.

Bouchard de Gemaingotte (N.). —Feriet, 237.

Bouchardet (Anne). — Henry, 372.

Bouchardet (Guillaume). — Henry, 372.

Bouchart (Claudine). — Bouchart, 66.

Bouchart (Daniel), — 66.

Bouchart (François), — 66.

Bouchart (Jean), — 66.

Boucher (Agnès). — Champenois B. Silloncourt, 114.

Boucher (Agnès). — Lespée, 489.

Boucher (Agnès). — Poirot, 660.

Boucher (Agnès). — Raulet 679.

Boucher (Agnès). — Xaubourel, 835.

Boucher (Anne). — Roder, 698.

Boucher (Barbe). —Blistain, 60.

Boucher (Barbe). — Pertoy, 631.

Boucher (Catherine). — Durand, 222.

Boucher (Cuny), — 66.

Boucher (Cuny). — Guérin, 333.

Boucher (Cuny). — Roder, 698.

Boucher (Françoise). — Colliquet, 166-167.

Boucher (Gérard). — Lespée, 489.

Boucher (Gérard). — Mélian, 558.

Boucher (Jean), — 67.

Boucher (Jean). — Barbillot, 29.

Boucher (Jean). — Colliquet, 166.

Boucher (Jean). — Lacloche, 430.

Boucher (Jehan). — d'Erval, 226.

Boucher (Marguerite) . — Barbillot, 29.

Boucher (Marie). — Heyblot, 380.

Boucher (Martine). — Henne-quin, 359.

Boucher (Nicolas).—Durand, 222.

Boucher (Nicolas). — Maul-jean, 551.

Boucher (Pierre). — Henne-quin B. d'Assy, 366.

Boucher (S^r). — Maillet, 513.

Boucher (Victor).—Boucher, 67.

Boucher (Victor). — Guérin, 332.

Bouchet (Jean). — Serre, 746.

Bouchet ou Boucher (Made-laine). — Hennequin B. d'Assy, 365.

Bouchot (Marc-Léopold). — 67.

Bouchot (Nicole) dite de Ram-berviller. — Molnet, 579.

Boucquenom (Anne).—Bouc-quenom, 67.

Boucquenom (Barbe) . — Boucquenom, 67.

Boucquenom (Chrétienne).—Boucquenom, 67.

Boucquenom (Hanus de). — Villemin, 834.

Boucquenom (Jacques). — Boucquenom, 67.

Boucquenom (Jean), — 67.

Boucquenom (Jean) . — Boucquenom, 67.

Boucquenom (Théodore). — Boucquenom, 67.

Boucquet (Jacques) . — Boucquet, 67.

Boucquet (Sébastien), — 67.

Boudet (Adrien). — Boudet, 68.

Boudet (Alix). — Platel, 654.

Boudet (Antoine). — Boudet. 68.

Boudet (Barbe). — Boudet, 68.

Boudet (Chrétienne). — Le Prieur, 480.

Boudet (Gilles). — Boudet, 68.

Boudet (Jean), — 68.

Boudet (Jean).—Gervais, 298.

Boudet (Louise de). —Drouin, 207.

Boudet (Louise). — Henne-quin B. du Perray, 361.

Boudet (Marguerite). —Bou-det, 68.

Boudet (Marguerite). — Pil-liers B. de Fontet, 650.

Boulion ou **Boutton** (Jean). — Boutton, 80.

Boullanger (Françoise-Gabrielle). — Bardin, 30.

Boullanger (Jean-François). — Bardin, 30.

Boullay (Edmond du). — Taupinel ou Taupignet, 769.

Boullay dit **Maris** (Robert du). — Boulay, 69.

Boullion (Claude). — Thouvenin, 790.

Boulon (François), — 69.

Bouquart (Pasquin), — 70.

Bouquenom (Chrétienne). — Mayart, 555.

Bouquenom (Jacques). — Mayart, 555.

Bouquenom (Jean de). — Redoubté, 685. •

Bouquenom (Marguerite de). — Redoubté, 685.

Bourbon (Renée de). — Beaufort, 42.

Bourbonne (N. de). — Masson, 543.

Bourbonnois (Nicolas). — Le Noir, 473.

Bourcier (Alexis - Augustin). — Bourcier, 71.

Bourcier (Alexis – Augustin de). — Bourcier, 71.

Bourcier (Charles). — Bourcier, 71.

Bourcier (Charlotte-Louise). — Bourcier, 71.

Bourcier (Charlotte-Louise). — Dattel, B. Marzéville, 188.

Bourcier (Claude), — 70.

Bourcier (Claude-François). — Bourcier, 71.

Bourcier (Claude-François). — Virion, 828.

Bourcier (François). — Bourcier, 70.

Bourcier (François-Léonard). — Bourcier, 71.

Bourcier (Gaspard). — Bourcier, 71.

Bourcier (Jean). — Bourcier, 70.

Bourcier (Jean-Baptiste). — Bourcier, 71.

Bourcier (Jean-Léonard). — Bourcier, 70.

Bourcier (Jean-Louis) . — Bourcier, 71.

Bourcier (Jean-Mathieu). — Bourcier, 71.

Bourcier (Jeanne). — Bourcier, 71.

Bourcier (Jeanne baronne de). — Nay ou Nasi, 591.

Bourcier (Joseph). — Bourcier, 71.

Bourcier (Joseph-Humbert). — Bourcier, 71.

Bourcier (Joseph - Humbert baron de). — Nayou Nasi, 591.

Bourg (Béatrix du). — Maimbourg, 518.

Bourg (Béatrix du). — Des Pilliers, 650.

Bourg (Béatrix du). — Raoul, 676.

Bourg (Catherine du). — Bourg, 72.

Bourg (Catherine du). — Chastenoy, 123.

Bourg (Catherine du). — Milot, 576.

Bourg (Claude du). — Marien, 536.

Bourg (Claudon du). — Pilliers, 650.

Bourg (Didon du). — Dolot, 200.

Bourg (Élisabeth du). — Marien, 536.

Bourg (François du). — Chastenoy, 123.

Bourg (Françoise du). — Bourg, 73.

Bourg (Françoise du). — Caboat, 97.

Bourg (Idette du). — Maimbourg, 518.

Bourg (Idette ou Bon du). — Gennetaire, 289.

Bourg (Jacob du). — Pilliers, 650.

Bourg (Jacquot du). — Bermand, 47.

Bourg (Jacquot du). — Bourg, 72.

Bourg (Jacquot du). — Pilliers, 650.

Bourg (Jean du). — Bourg, 72.

Bourg (Jean du). — Fournier, 256.

Bourg (Jean du). — Pariset, 612.

Bourg (Jean et Henri du). — Bourg, 75.

Bourg (Marguerite du). — Bourg, 72.

Bourg (Marguerite du). — Fournier, 256.

Bourg (Marie du). — Bourg, 73.

Bourg (Marie du). — Gombervaux, 312.

Bourg (Renée du). — Pariset, 612.

Bourg (Valentin du). — Du Bourg, 73.

Bourgeois (Anne). — Bermand B. Pulligny, 48.

Bourgeois (Anne). — Levain, 491.

Bourgeois (Catherine). — Sarrazin, 733.

Bourgeois (Chrétienne). — Bourgeois, 73.

Bourgeois (Claude). — Bourgeois, 74.

Bourgeois (Daniel), — 74.

Bourgeois (Daniel). — Poiresson, 658.

Bourgeois (Daniel). — Vosgien, 834.

Bourgeois (Didier), — 73.

Bourgeois (Didier). — Fournier, 256.

Bourgeois (Ferry). — Paviette, 618.

Bourgeois (Ferry ou Frédéric). — Jacob, 403.

Bourgeois (François). — Bourgeois, 74.

Bourgeois (Françoise). — Maillet, 513.

Bourgeois (Frédéric), — 74.

Bourgeois (Jean), — 75.

Bourgeois (Jean). — Bourgeois, 73, 74.

Bourgeois (Jean).— Gervaise, 299.

Bourgeois (Jean). -- Levain, 491.

Bourgeois (Jean). — Maillet, 513.

Bourgeois (Jean). — Maimbourg, 518.

Bourgeois (Louis). — Bourgeois, 75.

Bourgeois (Louis). — Rousselot, 715.

Bourgeois (Madelaine de).— Vassart, 308.

Bourgeois (Marguerite). — d'Ardennes, 11.

Bourgeois (Marie). — Bourgeois, 74.

Bourgeois (Marie). — Gervaise, 299.

Bourgeois (Marie). — Condrecourt, 317.

Bourgeois (Michel). — Bourgeois, 73.

Bourgeois (Nicolas), — 74.

Bourgeois (N.). — Bourgeois, 74.

Bourgeon (Claude), — 75.

Bourges (Pierre de), — 75.

Bourget (Claude). — Le Molleur, 471.

Bourgogne (Claude-Marguerite de). — Feron, 238.

Bourgoing (Jeanne). — Gaudel, 279.

Bourgoing (N.). — Gaudel, 279.

Bourgongne (Anne-Françoise de). — Bourgongne, 76.

Bourgongne (Antoine de). — Bourgongne, 76.

Bourgongne (Charles de). — Bourgongne, 76.

Bourgongne (Charles-François). — Bourgongne, 76.

Bourgongne (Charles-Laurent de). — Bourgongne, 76.

Bourgongne (Charles-Nicolas de). — Bourgongne, 76.

Bourgongne (Dieudonné de). — Bourgongne, 76.

Bourgongne (Dominique-François). — Bourgongne, 76.

Bourgongne (Élisabeth-Françoise de). — Bourgongne, 76.

Bourgongne (François-Dominique de). -— Bourgongne, 76.

Bourgongne (Germaine de). — Huyn, 399.

Bourgongne (Jean). — Bourgongne, 75-76.

Bourgongne (Jean-Claude-Antoine). — Bourgongne, 76.

Bourgongne (Jean-Philippe). — Bourgongne, 75-76.

Bourgongne (Jean de). — 75.

Bourgongne (Jean de). — Malvoisin, 527.

Bourgongne (Jeanne - Françoise de). — Bourgongne, 76.

Bourgongne (Nicolas de). — Bourgongne, 75-76.

Bourgongne (N. de). — Collenel, 161.

Bourgongne (N. de). — Huyn, 398.

Bourgongne (Pierre). — Bourgongne, 76.

Bourgongne (Pierre-Nicolas-François de). — Bourgongne, 76.

Bourgongne (Pierson de). — Bourgongne, 75.

Bourgongne Wacken (Marie de). — Paviette B. d'Olim, 619.

Bourlier (Jacquette). — Dubois, 212.

Bourlon (François-Louis). — Bourlon, 77.

Bourlon (Jacques-Louis). — 77.

Bourlon (Louis). — Bourlon, 77.

Bourlotte ou Burlotte (Idolx de la), — 77.

Bourmont (Jehanette de). — Godignon, 310.

Bournon (Anne). — Bourmon, 77.

Bournon (Anne). — Marionnelz, 537.

Bournon (Balthazar). — Bournon, 77.

Bournon (Balthazard). — Mathieu, 545.

Bournon (Balthazard de). — Malaumont, 522.

Bournon (Baptiste). — Bournon, 77.

Bournon (Bernard). — Bournon, 77-78.

Bournon (Charles). — Bournon, 77-78.

Bournon (Charles). — Maillette, 516.

Bournon (Charles de). — Parizot, 613.

Bournon (Catherine de). — Parizot, 613.

Bournon (Christophe). — Bournon, 78.

Bournon (Christophe). — Le Molleur, 471.

Bournon (Didier). — Bournon, 77.

Bournon (Françoise). — Rousselot, 714.

Bournon (Jacques), — 77.

Bournon (Jacques). — Bournon, 77-78.

Bournon (Jacques). — Lecuyer, 488.

Bournon (Jacques). — Marionnelz, 537.

Bournon (Jean-Baptiste). — Bournon, 78.

Bournon (Jean-Baptiste). — Jacob, 403.

Bournon (Jean-Baptiste). — Le Molleur, 471.

Bournon (Joseph). — Bournon, 78.

Bournon (Marie de). — Malaumont, 522.

Bournon (Mathelin). — Bournon, 77.

Bournon (Nicolas). — Bournon, 78.

Bournon (Nicolas). — Mauljean, 549.

Bourtier (Sr). — Fourrier, 252.

Bousmard (Barbe de). — Maillet, 513.

Bousmard (Barbe-Charlotte). — Bousmart, 79.

Bousmard (Charles). — Bousmard, 78-79.

Bousmard (Charles). — Lescuyer, 488.

Bousmard (Charles-Henri-Ignace), — Bousmard, 79.

Bousmard (Charles-Henri-Ignace). — Gouvin, 286.

Bousmard (Charles-Ignace). — Bousmard, 79.

Bousmard (François). — Bousmard, 79.

Bousmard (François-Ignace). — Boussemart, 79.

Bousmard (François-Josias). — Boussemart, 79.

Bousmard (Henri). — Bousmard, 78-79.

Bousmard (Henri-Antoine). — Bousmard, 79.

Bousmard (Henri-Jean-Baptiste). — Boussemart, 79.

Bousmard (Jean). — Boussemart, 78-79.

Bousmard (Jean). — Raulet, 679.

Bousmard (Marguerite-Henriette). — Boussemart, 79.

Bousmard (Marie). — Bousmard, 78.

Bousmard (Nicolas). — Bousmard, 78-79.

Bousmard (Nicolas de). — Berry, 50.

Bousmard de Billey (Jean de). — Laudinot, 452.

Boussart (Claude), — 79.

Boussart (Claudine). — Pierron, 645.

Boussart (Marie). — Pierron, 645.

Boussemart (Antoine). — Boussemart, 79.

Boussemart (Charles-François). — Boussemart, 79.

Boussemart ou Bousmard (Jean), — 78.

Boussemart (Marie-Agnès). — Boussemart, 79.

Boussemart (N.). — Boussemart, 79.

Bouteiller (Guillaume), — 80.

Bouteiller (Jean), — 80.

Bouteiller (Nicolas-Henri de). — Drouin, 208.

Bouton (Nicolas), — 80.

Bouvant (Charles), — 80.

Bouveron (Alix). — Genetaire, 289.

Bouveron (Barbe). — Bouveron, 80.

Bouveron (Barbe). — Chasteau (du), 120.

Bouveron (Catherine). — Arnould, 13.

Bouveron (Catherine). — Bouveron, 80.

Bouveron (Catherine). — Vallée de Charmes, 806.

Bouveron (Jean), — 80.

Bouveron (Jean). — Chasteau (du), 120.

Bouveron (Jean). — Crop, 181.

Bouveron (Jean). — Gaspard, 277.

Bouveron (Jean). — Vallée de Charmes, 804.

Bouveron (Mangeot). — Bouveron, 80.

Bouveron (Marguerite). — Bouveron, 80.

Bouveron (Marguerite). — Gaspard, 277.

Bouveron (Mengeot). — Gennetaire, 289.

Bouvet (Alix). — Alix, 6.

Bouvet (Alix). — Vion, 826.

Bouvet (Anne). — Le Grand B. Rehainviller, 466.

Bouvet (Antoinette). — Rousselot B. d'Hédival, 713.

Bouvet (Barbe). — Pariset, 612.

Bouvet (Catherine). — Pariset, 612.

Bouvet (Charles), — 81.

Bouvet (Charles). — Bouvet, 81.

Bouvet (Charles). — Le Poignant, 478.

Bouvet (Christianne). — Gleisenove, 308.

Bouvet (Christine). — Humbert, 392.

Bouvet (Claude). — Bouvet, 81.

Bouvet (François, — 81.

Bozeaux (Jeanne des). — Bouvet, 81.

Brabant (Jacques), — 83.

Brachet (Françoise de). — Malvoisin, 528.

Brachet (Gilles de). — Malvoisin, 528.

Brachet (Jean). — Hennequin B. Boinville, 363.

Brachet (Marie). — Dubois, 212.

Braconnier (Barbe le). — Le Braconnier, 458.

Braconnier (Catherine le).— Le Braconnier, 456, 457, 458.

Braconnier (Catherine le).— Gallois, 275.

Braconnier (Catherine le).— Mageron, 505.

Braconnier (Catherine le).— Maras, 529.

Braconnier (Catherine le).— Taillefumier, 765.

Braconnier (Claude le). — Le Braconnier, 457.

Braconnier (Claude le). — Lefebvre, 461.

Braconnier (Claudine le). — Mesguin, 569.

Braconnier (Claudon). — Mangeon, 560.

Braconnier (Daniel le). — Le Braconnier, 457.

Braconnier (Dieudonné-Gabriel). — Le Braconnier, 458.

Braconnier (François le), — 83.

Braconnier (François le). — Le Braconnier, 456-457.

Braconnier (Françoise le).— Le Braconnier, 457.

Braconnier (Gabrielle le). — Le Braconnier, 457.

Braconnier (Gérard le). — Le Braconnier, 456.

Braconnier (Henri le). — Le Braconnier, 458.

Braconnier (Henri le). — Maras, 530.

Braconnier (Humbert le). — Le Braconnier, 457.

Braconnier (Jean le). — Le Braconnier, 457.

Braconnier (Jean le). — Le Febvre, 461.

Braconnier (Jean-François le). — Mageron, 505.

Braconnier (Jeanne le). — Le Braconnier, 457.

Braconnier (Madeleine le).— Le Braconnier, 457.

Braconnier (Marguerite le). — Le Braconnier, 456-457.

Braconnier (Mengin le). — — Le Braconnier, 456.

Braconnier (Nicolas le). — Le Braconnier, 457-458.

Braconnier (Nicolas le). — Royer, 720.

Braconnier (Nicolas-Henry). — Le Braconnier, 458.

Braconnier (N. le). — Le Braconnier, 457.

Braconnier (Pierre le). — Le Braconnier, 457.

Braconnier (Poinsignon le). — Le Braconnier, 83.

Braconnier (Poinsignon le). — Maras, 529.

Bradi (Louis-Eustache). — Platel, 655.

Brahu (Marie-Thérèse). — Collenel, 162.

Brahu (N.) — Le Febvre, 463.

Brandebourg de Lovillé (Reine de). — Baudinet, 36.

Brandon (Antoine). — Nancy, 590.

Braque (Paul-Benoit comte de). — L'Huillier, 493.

Bras (Pierre de), — 84.

Bratte (Huin Chiche), — 84.

Brauilly (Barbe de). — Baillonet, 230.

Braulley (Henri de). — Des Fours, 260.

Braulley (Marguerite). — Vion, 826.

Braulley (Nicolas). — Vion, 826.

Braulot (Sébastienne). — Fabvier, 229.

Braux (Angélique de). — Braux, 84.

Braux (Cosme de). — Braux, 84.

Braux (Jean). — Braux, 84-85.

Braux (Louise-Angélique de). — Vincent, 824.

Braux (Nicolas de). — Braux, 85.

Braux (N. de). — Boudet, 68.

Braux (Pierre de). — Braux, 85.

Braux (Pierre-Ignace de). — Braux, 84.

Braux (Vincent de), — 84.

Braux (Vincent de). — Braux, 85.

Bravilly (Barbe de). — Gillet, 303.

Brayer (Catherine). — Gondrecourt, 317.

Brayer (Mangeon). — Malvoisin (de), 528.

Brayer (N.). — Le Febvre, 460.

Brayer Passegot (Menjeon). — Le Febvre, 460.

Brégeot (Jean), — 85.

Brégeot ou Brigeot (Nicole). — Maistrels, 521.

Brégot (André). — Dattel, 187.

Bréhan (Pierre-Marie-Madelaine de). — Ronsières, 707.

Breller (Marie-Élisabeth). — Gronders, 329.

Brême (Jean-David). — Brême, 85.

Brême (Nicolas-Christophe), — 85.

Brenner (Jeanne). — Maler, 526.

Brenon (Christophe), — 85.

Brenon (Christophe). — La Tour, 450.

Brenon (Nicolas). — Brenon, 85.

Bressel (Jean), — 86.

Bressel (Priam). — Bressel, 86.

Bressey (Claude-Marie comte de). — Prudhomme, 669.

Bresson (Claudine de). — de Ranfaing, 676.

Bressoncourt (Louis), — 86.

Bressoncourt (Louis de). — Raulet, 680.

Bret (Élisabeth Le). — Jourdant, 420.

Breton (Anne-Thérèse). — Breton, 87.

Breton (Anne-Thérèse). — Richard, 694.

Breton (Antoine). — Breton, 86.

Breton (Charles). — Breton, 87.

Breton (Claude). — Viart de Pont-sur-Saulx, 817.

Breton (François). — Breton, 86.

Breton (Henri). — Breton, 87.

Breton (Hyacinthe-Claude), — 87.

Breton (Jean le), — 86.

Breton (Jean-Baptiste). — Breton, 86.

Breton (Jean-François). —87.

Breton (Léonard). — Breton, 87.

Breton (Marie). — Viart de Pont-sur-Saulx, 817.

Breton (Marie-Anne). — Anthoine, 10.

Breton (Marie-Anne). — Redoubté, 686.

Breton (Nicolas), — 86.

Breton (Nicolas). — Breton, 86.

Breton (René Le). — Jacquier, 406.

Bretton (Françoise). — Errard, 225.

Breuil (Agnès de). — Drouin, 207.

Breuil (François de). — Chastenoy, 122.

Breuil (Madeleine de). — Chastenoy, 122.

Breville (Claudinette). — Lombillon, 498.

Briat (Catherine). — Henry, 375.

Bricard (François II). — Bricart, 87.

Bricard de Nancy (François).
— Cossu. 174.

Bricart (Barthélemy). — Bricart, 87.

Bricart (François), — 87.

Bricart (François). — Hiérard, 381.

Bricart (François). — Huyn, 400.

Bricart (Hyacinthe-François). — Bricart, 87.

Bricart (Louise). — Bricart, 87.

Bricart (Louise). — Huyn, 400.

Bricart (Louise). — Willemin, 833.

Bricard (Nicolas). — Bricart, 87.

Brice (Pétronille). — Poiresson, 658.

Brichambeau (Perrin de). — Fabvier, 229.

Brichanteau (Nicolas de). — Hennequin B. d'Assy, 365.

Bricquenay ou Briquenay (Louis). — 87.

Brie (Saul de la), —88.

Briel (Albéric). —Briel, 88.

Briel (Anne de). — Briel, 88.

Briel (Anne de). — Coyrenot, 179.

Briel (Aubry ou Albéric de). — Briel, 88.

Briel (Aubry ou Albéric de). — Hurault, 396.

Briel (François). — Bauldoulx, 38.

Briel (Isabeau). — Malaumont, 521.

Briel (Jeanne). — Prudhomme, 666.

Briel (Jeanne). — Thierrion, 778.

Briel (Jeanne de). — Briel, 88.

Briel (Martin). — Thierrion, 778.

Briel (Martin de). — Briel, 88.

Briel (Martin de). — Coyrenot, 179.

Briel (Méline de). — La Tourte, 451.

Briel (Nicolas). — Briel, 88.

Briel (Paul de). — Briel, 88.

Briel (Poince). — Noirel, 597.

Briel (René-Marie de). — Bouvet, 81.

Briel ou Brielly (Varin), — 88.

Briel (Warin de). — Briel, 88.

Briel (Warry de). — Briel, 88.

Brielly (Jean). — Malaumont, 521.

Briet (Anne). — Rousselot, 713.

Briet (Charles). — Perrin, 628.

5

Briet (Charles).— Spire, 761.

Briet (François, — 88.

Briet (François). — Rousselot, 713.

Briet (Jacquemotte de).— Fisson, 241.

Briet (Jean), — 89.

Briet (Nicolas). — Briet, 89.

Briey (Nicolas de), — 89.

Brigear ou Brégeat (Nicole). — Willermin, 834.

Brigeart ou Brégeat (Nicole). — Jacquot, 408.

Brigeot (Agnès). — Brigeot, 89.

Brigeot (Alexis). — Brigeot, 89.

Brigeot (André), — 89.

Brigeot (André).—Brigeot, 89.

Brigeot (André). — Mazerulles, 555.

Brigeot (André). — de Nay, 592.

Brigeot (Antoine).— Brigeot, 89.

Brigeot (Demange). — Brigeot, 89.

Brigeot (Dorothée). — Brigeot, 89.

Brigeot (François).— Platel, 655.

Brigeot (Jacques-Joseph). — Brigeot, 89.

Brigeot (Jean-André). — Brigeot, 89.

Brigeot (Louis). — Brigeot, 89.

Brigeot (Marie). — Brigeot, 89.

Brigeot ou Brégeot (Nicolas). — Willermin, 834.

Brigeot (Nicolas-François).— Brigeot, 89.

Brigeot (Thérèse).— Brigeot, 89.

Brigeot de Mazerulles (Alix). — Perin, 628.

Brigori (Philippe). — Guérard, 332.

Brinon (Guillaume de) . — Hennequin B. d'Espagne, 360.

Brion (Nicolas), — 90.

Briquel (Didier). — Guillemin, 338.

Briseur (Anne). — Le Briseur, 91.

Briseur (Annon le).— Le Briseur, 90.

Briseur (Claude). — Le Briseur, 90.

Briseur (Claude). — Reboursel, 684.

Briseur (Claudon Le).—Bautriset, 39.

Briseur (Claudon Le) . — Chastenoy, 122.

Briseur (Claudon Le). — Willermin, 834.

Briseur (Cuny Le) . — Le Briseur, 90.

Briseur (Cuny Le) . — Reboursel, 684.

Briseur (Cuny Le). — Vallée B. Neufchateau et Housseville, 803.

Briseur (Cuny Le). — Willaume de Porsas, 832.

Briseur (François Le). — Wilaume de Porsas, 832.

Briseur (Georges Le). — Bautriset, 39.

Briseur (Georges Le). — Le Briseur, 90.

Briseur (Georges Le) . — Chastenoy, 122.

Briseur (Georges Le). — Des Fours, 263.

Briseur (Georges Le). — Jénin ou Génin, 414.

Briseur (Georges Le). — Lescamoussier, 482.

Briseur (Georges Le) . — Mauljean, 551.

Briseur (Hellerzy le) . — Le Briseur, 90.

Briseur (Hellevide ou Helvis). — Vallée, 802.

Briseur (Helvis). — Le Briseur, 91.

Briseur (Helvis ou Helvide Le). — Reboursel, 684.

Briseur (Jacques Le), — 90.

Briseur (Jacques Le) . — Mauljean, 551.

Briseur (Marguerite Le). — Le Briseur, 90.

Briseur (Marguerite). — Dubois, 210.

Briseur (Marguerite Le). — Lescamoussier, 482.

Briseur (Marguerite) . — Mauljean, 552.

Briseur (Nicolas Le). — Le Briseur, 90.

Briseur (Nicolas). — Dubois, 210.

Briseur (Nicolas Le). — Des Fours, 261.

Briseur (Nicolas Le). — Mauljean, 551.

Briseur (Philippe). — Le Briseur, 91.

Briseur (Philippe Le). — Reboursel, 685.

Briseur (Philippe Le). — Vallée de Neufchateau et Housseville, 803.

Brodier (Jean). — Mauljean, 548.

Broeller ou Broller (Jean). — 91.

Broeller (Marie-Elisabeth). — Selzer, 745.

Bron (Jean de). — Villers-en-Haye, 821.

Bronne (Thomas de).—Gaulthier, 283.

Bronne de Montagu (François de). — Tervenu de Saulxerotte, 768.

Brossart (Nicole) . — Le Prieur, 480.

Brossart (N.). — Le Prieur, 480.

Brosse (Anne de la). — Houdreville, 385.

Brosse (Anne de la).—Jacob, 402.

Brosse (Anne de la).— Simony, B. Germainvillers, 755.

Brosse (Jeanne de la).— Monginot, 579.

Brosse (Pierre Chevé de la). — Jacob, 402.

Brossin (Georges). — Brossin, 91.

Brossin (Olivier), — 91.

Brouet (Georges). — Brouet, 91.

Brouet (Jean), — 91.

Brouilly (François de). — Vincent, 824.

Brouilly (Jean), — 91.

Brouilly (Madelaine de). — Henneq. 368.

Brouilly (Nicolas).—Brouilly, 91.

Brouly (Marie-Anne-Marguerite de). — Thirion, 778.

Broussel (Charlotte-Élizabeth de). — Cardon, 106.

Broutière (Anne de la). — Simony B. de la Broutiere, 754.

Broutière (Claude de la). — Simony B. de la Broutiere, 754.

Broutières (Jeanne de). — Des Colsons, 169.

Broville (Jacob de).—Drouin, 208.

Bruant (Anne). — Magnien, 506.

Bruillard (Sr). — Rutant B. Pullenoy, 726.

Brulleteau (Claude), — 92.

Brun (Barthelémy le). — Dupuis, 220.

Brun (Charles le). — Candot, 104.

Brun (Étienne-Vincent le). — Le Brun, 92.

Brun (Henry le). — Le Brun, 92.

Brun (Joseph-Henry-Jacques-François-Nicolas et Jean-Pierre le), — 92.

Brun (Marie-Jeanne le). — Thouand, 789.

Brun (N. le). — Regnault, 688.

Brun (Ursule le). — Morial, 585.

Bruneau (Christine). — Errard, 225.

Bruneau ou Brunehault (Jacques), — 92.

Bruneau (Jacques).— Errard, 225.

Brunehaut (Christine). — Colliquet, 166.

Brunehault (Jacques).— Colliquet, 166.

Brunehault (Jacques).— Collot, 103.

Brunehault (Renée). — Col-lot, 102.

Brunesaulx (Thomas), — 93.

Brunessaulx (Françoise). — Mayart, 554.

Brunessaulx (Thomas). — Mayart, 555.

Bruno dit de Nitbruck (Jean) — 93.

Bruslart (Denis). — Henne-quin B. Dammartin, 362.

Bruslart (Jacques). — Hen-nequin B. de Boinville, 364.

Bruslart (Marie). — Henne-quin B. de Boinville, 364.

Bruslart (Marie). — Henne-qnin B. du Perray, 361.

Bruville (Philippe de). — Du-mont, 216.

Bruyant (Pierre). — 93.

Bruyère (Nicolas de la). — Mazerulles, 556.

Bruyères (Claude de). — Rousières, 706.

Bruyères (Jeannette de). — Roynette ou Reynette, 721.

Bruyères (Pierre de). — Rou-sières, 706.

Buchet (Christ du). — Ber-trand, 52.

Buchet (Comte du). — Le Febvre, 464.

Buchet (Hélène du). — Pit-tance, 652.

Buchet (Jean du). — Cham-penois B. Neufvelotte, 114.

Buchet (Louise du). — Cham-penois B. Neufvelotte, 114.

Buchet (Robert du). — Pittance, 652.

Buchette (Claude-Marie). — Puiseur, 3 supp.

Buégue (Charles Le). — Le Bègue, 455.

Buégue (Élisabeth Le). — Le Bègue, 455.

Buégue (François Le). — Le Bègue, 455.

Buégue (Henry Le). — Le Bègue, 455.

Buégue (Joseph Le). — Le Bègue, 455.

Buesveld d'Amance (Mengin) — Thibault, 774.

Bugnon (Didier), — 93.

Bugnot (Claudine). — Thié-bault, 774.

Bugnot (Martin), — 93.

Bugnot (Martin). — Thiébault, 774.

Buisson (Charlotte-Georgette du). — du Buisson, 84.

Buisson (Henri du), — 94.

Buisson (Henri du). — Gillet, 303.

Buisson (Henri-François du). — du Buisson, 84.

Buisson d'Issembourg (Hen-ri-François du). — Callot, 103.

Buresme (Jeanne de). — Ca-chedenier, 99.

Burg (Jean), — 94.

Burges (Gaspard de). — Tièves, 797.

Burges (Jean de). — Segent, 484.

Burges (Mayelle de). — Lescut, 486.

Burlotte (Idoux de la). — Rampont, 674.

Burlotte (Idoux de). — Thouvenin, 790.

Burtel (Jean-Pierre). — Sarrazin B. Germainvillers, 734.

Burthé (Anne de). — Fériet, 235.

Burthécourt (Cunize de). — Le Marlorat, 469.

Burville (Étienne de). — Perrin, 625.

Buscay ou Buxav (François), — 95.

Bussegnécourt (Françoise de) — Des Pilliers, 649.

Bussegnécourt (Thomas de). — Des Pilliers, 649.

Bussegnécourt (N. de). — Des Pilliers, 649.

Busselot (Albert). — Busselot, 95.

Busselot (Anne-Catherine). — Caillou, 102.

Busselot (Antoine). — Busselot, 95.

Busselot (Antoinette). — Busselot, 95.

Busselot (Catherine). — Busselot, 94.

Busselot (Catherine). — Dujard, 214.

Busselot (Catherine - Françoise). — Busselot, 95.

Busselot (Charles). — Busselot, 95.

Busselot (Charles-Henri). — Busselot, 95.

Busselot (Charlotte). — Busselot, 95.

Busselot (Christophe). — Busselot, 94.

Busselot (François-Chrétien). — Busselot, 95.

Busselot (François-Chretien). — Rousselot, 715.

Busselot (François-Nicolas). — Busselot, 95.

Busselot (Françoise). — Busselot, 95.

Busselot (Jacques). — Busselot, 94.

Busselot (Jacques ou Jacob et Jean), — 94.

Busselot (Jean). — Busselot, 94.

Busselot (Jean). — Dujard, 214.

Busselot (Jean). — Vassebourg, 830.

Busselot (Jean-Jacques). — Busselot, 94-95.

Busselot (Jean-Jacques). — Touppet, 795.

Busselot (Joseph). — Busselot, 94.

Busselot (Joseph–Louis). — Busselot, 95.

Busselot (Louis). — Busselot, 94-95.

Busselot (Louis). — Magnien, 506.

Busselot (Marc-Gabrielle). — Busselot, 95.

Busselot (Nicolas). — Feriet, 235.

Busselot (Nicolas-François). — Busselot, 95.

Busselot (N.). — Du Chasteau, 120.

Busselot (N.). — Pricquet, 664.

Busselot (Pierre). — Nicolas, 593.

Busselot (Simon). — Nicolas, 593.

Bussière (N. de La). — Parizot, 613.

Bussy (Nicolas de), — 96.

But (Barbe de). — Trompette, 798.

Butron (Pierre de). —96.

Buttigny (Alizon de). — Le Prieur, 480.

C

Cabane (Mariel). — Dattel B. Veinsberg, 188.

Cabley (N.). — Rouyer, 717.

Caboat (Barbe). — de Pullenois, 672.

Caboat (Barbe). — Vallée, 802.

Caboat (Charles). — Caboat, 97.

Caboat (François). — Caboat, 97.

Caboat (François). — de Pullenois, 672.

Caboat (François). — De Villiers, 822.

Caboat (Jean). — Caboat, 97.

Caboat (Jean II). — Caboat, 97.

Caboat ou Cabouat (Jérôme et Jeannot). — 97.

Caboat (Nicolas). — Caboat, 97.

Caboche (Elisabeth). — Caboche, 98.

Caboche (François). — Caboche, 98.

Caboche (François). — Maler, 526.

Caboche (Jean), — 97.

Caboche (Jean). — Fusy, 270.

Caboche (Jean). — de la Taxe, 450.

Caboche (N.). — Caboche, 98.

Cabouat (Anne-Nicole). — Caboat, 97.

Cabouat (Barbe). — Cabouat, 97.

Cabouat (Charles). — Fournier, 256.

Cabouat (Charles). — Prudhomme B. Font. et Vitrim., 668.

Cabouat (Elisabeth). — Le Bègue, 456.

Cabouat (Élisabeth). — Pruddomme B. Font. et Vitrim., 668.

Cabouat (François). — Cabouat, 97.

Cabouat (Gérard). — Caboat, 97.

Cabouat (Gérard). — Forgeault, 247.

Cabouat (Jean). — Arnoult, 12.

Cabouat (Jean). — Cabouat, 97.

Cabouat (Jean). — Marin, 536.

Cabouat (Jean III). — Gillet, 304.

Caboat (Louise). — Caboat, 97.

Cabouat (Marie). — Marien, 536.

Cabouat (Réné). — Caboat, 97.

Cabouat (Réné). — Du Bourg, 73.

Cachedenier (Abraham), — 98.

Cachedenier (Abraham). — Cachedenier, 98.

Cachedenier (Abraham). — Gaynot, 286.

Cachedenier (Abraham II).— Cachedenier, 99.

Cachedenier (Anne). — Cachedenier, 99.

Cachedenier (Antoine - Benoist). — Cachedenier, 99.

Cachedenier (Benoit). — Cachedenier, 99.

Cachedenier (Catherine). — Mauljean, 549.

Cachedenier (Catherine). — Nicolas, 593.

Cachedenier (Catherine). — Richard, 693.

Cachedenier (Charles-François). — Cachedenier, 99.

Cachedenier (Claude).— Cachedenier, 98.

Cachedenier (Daniel). — Cachedenier, 98.

Cachedenier (Dom Charles). — Cachedenier, 99.

Cachedenier (François). — Cachedenier, 98-99.

Cachedenier (François). — Gaynot, 286.

Cachedenier (Gabriel). — Cachedenier, 99.

Cachedenier (Jean). — Cachedenier, 99.

Cachedenier (Marguerite).— Cachedenier, 98-99.

Cachedenier (Marguerite).— Maras, 530.

Cachedenier (Marie). — Cachedenier, 99.

Cachedenier (Nicolas). — Cachedenier, 99.

Cachedenier (Pierre). — Cachedenier, 99.

Cachedenier (Sébastien - François). — Cachedenier, 99.

Cachedenier (Suzanne). — Cachedenier, 98.

Cachedenier (Thomas). — Cachedenier, 98.

Cachedenier de Vassimon (Gabrielle). — De Lamorre, 444.

Cachet, — 99.

Cachet (Alix ou Alison). — Bourcier, 70.

Cachet (Antoine). — Cachet, 100.

Cachet (Catherine). — Cachet de Pulligny, 100.

Cachet (Christ). — Gennetaire, 290.

Cachet (Christine). — Cachet de Nancy, 100.

Cachet (Christine). — Callot, 103.

Cachet (Christine). — Du Buisson, 94.

Cachet (Christine). — Gennetaire, 290.

Cachet (Christophe). — Cachet, 99-100.

Cachet (Christophe). — Cachet de Nancy, 100.

Cachet (Claude). — Cachet, 99.

Cachet (Claude). — Cachet de Nancy, 100.

Cachet (Claude). — Rambouillet, 674.

Cachet (Françoise). — Cachet, 100.

Cachet (Françoise). — Cachet de Nancy, 100.

Cachet (Françoise). — Des Rouyers, 719.

Cachet (Gabriel). — Cachet de Nancy, 100.

Cachet (Gaspard). — Cachet de Pulligny 100.

Cachet (Henry). — Cachet de Pulligny, 100.

Cachet (Jean-Baptiste). — Cachet, 100.

Cachet (Jean-Étienne). — Cachet, 100.

Cachet (Jean-Marie). — Cachet de Nancy, 101.

Cachet (Jean-Nicolas). — Cachet, 100.

Cachet (Jean II). — Cachet, 99.

Cachet (Jean III et IV). — Cachet, 100.

Cachet (Jean V). — Cachet, 100.

Cachet (Jeanne). — Rouyer, 716.

Cachet (Louis). — Cachet, 100.

Cachet (Marie). — Cachet, 99.

Cachet (Nicolas). — Cachet, 100.

Cachet (Nicolas). — De Pullenois, 672.

Cachet (Nicolas). — Rouyer, 716.

Cachet (Nicolas II).— Cachet, 100.

Cachet (N.). — Cachet de Nancy, 100.

Cachet (N.) — Le Febvre, 461.

Cachet (Thérèse). — Cachet, 100.

Cadel (Claude de). — Le Grand, 465.

Cadelle (Claude de). — Fusy, 270.

Cadelle (Claudon). — Caboche, 97.

Cadié (Pierre-Nicolas), — 101.

Caffres (Marie de). — Hennequin B. d'Ozon, 362.

Caillet (Clément). — Sallet 731.

Caillet (Gérard), — 101.

Caillet (N.). — Sallet, 731.

Caillez (Jean), — 101.

Caillou (Gerine). — Bonhomme, 63.

Caillou (Gueurine).—Caillou, 101.

Caillou (Jean). — Caillou, 102.

Caillou (Jeanne). — Caillou, 102.

Caillou (Nicolas). — Caillou, 102.

Caillou (Nicolas). — De la Reaulté, 447.

Caillou (Nicolas et Henri), — 101.

Caillou (N.). — Forget, 249.

Calabre (Ferry de). — 102.

Calabre (Jean de). — Calabre, 102.

Calabre (Jean-Batard de). — Calabre, 102.

Calet (Jeanne). — Fallois, 233.

Calitorpe (François). — Cardon, 106.

Callot (Albéric). — Callot, 102.

Callot (Antoine). — Callot, 103.

Callot (Antoinette). — Hordal, 384.

Callot (Claude), — 102.

Callot (Claude). — Callot, 103.

Callot (Claude). — Tuplot, 798.

Callot (Claudon). — Callot, 102.

Callot (Dominique).—Callot, 103.

Callot (François), — 103.

Canard (Lucie). — Royer, 720.

Cando (Marie - Agnès). — Serre, 747.

Cando (Pierre).— Serre, 747.

Candot (Anne). — Candot, 104.

Candot (François - Philippe). — Candot, 104.

Candot (Marie - Agnès). — Candot, 104.

Candot (Pierre), — 104.

Candot (Pierre). — Reboucher, 673.

Canon (André). — Vaulvrin, 810.

Canon (Charles). — Canon, 105.

Canon (Claude-François). — Canon, 104.

Canon (Libaire). — Gaudel, 279.

Canon (Marguerite).—Canon, 104.

Canon (Nicolas). — Canon, 104.

Canon (N.). — Canon, 105.

Canon (Pierre). — 104.

Canon (Thérèse). — Canon, 105.

Capel (Jean), — 105.

Capel de Saint - Georges (Pierre). — Capel, 105.

Capitzuchi de Bollogne (Françoise-Gabrielle-Charlotte-Eugénie). — Cardon, 106.

Capitzuchi de Bollogne (Pierre–Gaston de). — Cardon, 106.

Carbon (Etienne) . — Pacquotte, 607.

Carbon (Marie). — Pacquotte, 607.

Cardon (Anne-Marguerite). — Cardon, 106.

Cardon (Antoine). — Cardon, 105.

Cardon (Catherine). — Cardon, 106.

Cardon (Daniel). — Cardon, 106.

Cardon (Didier). — Cardon, 105.

Cardon (Élisabeth-Charlotte-Léopoldine). — Cardon, 106.

Cardon (François). — Cardon, 105.

Cardon (Françoise). — Cardon, 106.

Cardon (Jean-Philippe) . — Cardon, 106.

Cardon (Jean-Philippe II). — Cardon, 106.

Cardon (Jeanne). — Cardon, 105-106.

Cardon (Louis). — Cardon, 106.

Cavon (Arembourg). — Mélian, 559.

Cavot (Arembourg). — Valet, 800.

Cavot (Catherine). — Fournier, 256.

Cavot (Didier), — 108.

Cavot (Didier). — Feriet, 234.

Cavot (Didier). — Fournier, 256.

Cavot (Didier de). — Bannerot, 26.

Cavot (Françoise). — Becquet, 43.

Cavot (Marie). — Derand, 190.

Caytel (Claude), — 108.

Caytel (Gérard). — Caytel, 108.

Cazerlen (Anne de). — Roynette ou Reynette, 721.

Ceintrey (Christophe de), — 108.

Ceintrey (Guillaume de), — 108.

Ceintrey (Jean de). — Ceintrey, 108.

Ceintrey (Philippe de). — Georges, 292.

Ceintrey (Philippe de). — Vincent, 825.

Ceintrey de Saint-Nicolas. (Sr de). — Touppet, 795.

Cerf (Dominique du). — Marchis, 533.

Certory (Gabrielle-Thérèse). — Blanchelaine, 59.

Chaalons (Élizabeth de). — Bauldot, 38.

Chabanne (N.). — Arnoult, 13.

Chabrau ('Catherine-Marie). — Gallois, 275.

Chabrau (Georges). — Gallois, 275.

Chabraux (André). — Thomas, 783.

Chabraux (François). — Chabraux, 109.

Chabraux (Georges), — 109.

Chabraux (Madelaine). — Thomas, 783.

Chabraux (Marguerite-Agnès) — Chabraux, 109.

Chabreau (Clesse ou Georges). — Clemery, 134.

Chabrine (Idotte). — Guérin, 333.

Chabrine (Idotte). — Lescut, 486.

Chabrot ou Chabrault, (Andreu). — 109.

Chacopt (Antoinette). — Chacopt, 110.

Chacopt (Catherine). — Chacopt, 109.

Chacopt (Claude). — Chacopt, 110.

Chacopt (François-Joseph). — Chacopt, 110.

Chacopt (Gérard). — Chacopt, 110.

Chacopt (Louis). — Chacopt, 110.

Chacopt (Marguerite-Madeleine). — Chacopt, 110.

Chacopt dit Mouron (Nicolas, — 109.

Chacopt (Nico.). — Chacopt, 110.

Chacopt (Nicole). — Chacopt, 110.

Chacopt-Mouron (Daniel).— Chacopt, 110.

Chacopt-Mouron (François-Nicolas). — Chacopt, 110.

Chacopt - Mouron (Charles-Joseph). — Chacopt, 110.

Chacopt-Mouzon (Anne - Thérèse). — Chacopt, 110.

Chacopt-Mouzon (Françoise) — Chacopt, 110.

Chacopt-Mouzon (Jean - Baptiste), — 110.

Chacopt-Mouzon (Léopold). — Chacopt, 110.

Chacopt-Mouzon (Marie). — Chacopt, 110.

Chailly (Claude), — 110.

Chaineaux ou Chesneau (Jean), — 110.

Chainel (Catherine). — Harmand, 352.

Chainel ou Chanel (Jacques), — 110.

Chainel (Toussaint), — 111.

Chainel de Bruyères (Madeleine de).— Le Paige, 475.

Chaise (Antoine). — Chaise, 111.

Chaise (Honoré), — 111.

Chaldron (Claudon de). — Rattel, 678.

Chaligny (Antoine). — Chaligny, 111.

Chaligny (David). — Chaligny 111.

Chaligny (Jean).— Chaligny, 111

Chaligny (Paul). —Chaligny, 111.

Chaligny (Pierre). — 111.

Chaligny (Pierre). — Chaligny, 111.

Chalus (Claude-Étienne de). — Sallet, 731.

Chalus (Claude Étiennette de). — Sauville, 742.

Chalus (Lazarre de). — Sallet, 731.

Chamant (Anne). — Chamant, 112.

Chamant (Catherine).— Chamant, 112.

Chamant (Claude). — Chamant, 112.

Chamant (Claude-Christine). —Chamant, 112.

Chamant (Françoise). — Chamant, 112.

Chamant (Jean), — 112.

Chamant (Jean). — Fournier, 256.

Chamant (Jean II). — Chamant, 112.

Chamant (Jean IV.). — Chamant, 112.

Chamant (Jeanne). — Chamant, 112.

Chamant(Marie).—Chamant, 112.

Chambellan (Marguerite). — Hennequin B. de Boinville, 363.

Chambley(Jeanne-Elisabeth). — Richard, 695.

Chambley (Léonard). — Richard, 695.

Chambon (Marie - Geneviève de). — Thomas, 785.

Chambon (Pierre de). — Thomas, 785.

Chambre (André de La). — Villers en Haye, 821.

Chamissot (Nicole de) . — Bourgeois, 75.

Champagne (Marie de). — Dubois, 212.

Champenois(Anne).—Champenois, 113.

Champenois (Béatrix) . — Champenois, 113.

Champenois (Catherine). — Champenois, 113.

Champenois (Claude) . — Champenois, 113.

Champenois (Dominique). — Champenois, 113.

Champenois (Élisabeth). — Champenois B. Silloncourt, 114.

Champenois (Élisabeth). — Xaubourel, 836.

Champenois (François). — Champenois, 112-113.

Champenois (François). — Champenois B. Neufvelotte, 113.

Champenois (François). — Champenois B. Silloncourt, 114.

Champenois (François). — Fournier, 254.

Champenois (Françoise). — Champenois, 113.

Champenois (Françoise). — Le Nerf, 473.

Champenois (Gérard). — Lespée, 489.

Champenois (Gérard). — De Silloncourt, 114.

Champenois (Gérard) . — Xaubourel, 835.

Champenois (Jean), — 112.

Champenois (Jean). — Champenois, 113.

Champenois (Jean). — Marchand, 532.

Champenois (Jean). — Ranffaing dit de Vosges, 675.

Champenois (Marie) . — Champenois B. Silloncourt, 114.

Champenois (Nicolas) . — Champenois, 112-113.

Champenois (Nicolas) . — Warin, 838.

6

Charnolin (Catherine). — Hobert, 343.

Charnolin (Catherine). — Merigault, 567.

Charnolin (Catherine). — Vion, 826.

Charpentier (Jacqueline). — Feriet, 237.

Charpentier (Jean). — Loys ou Louis, 500.

Charpentier (Louis - François), — 118.

Charpentier (Marie). — Loys ou Louis, 500.

Charpentier (Marie-Jeanne). — Rathier, 677.

Charpentier (Michel-Joseph), — Rathier, 677.

Charpentier (N.).— Durand, 222.

Charpentier (Pierre) . — Charpentier, 118.

Chartreux (François-Joseph). — 118.

Chartreux (N .). — Hiant, 381.

Charvet (Claude), — 119.

Charvet (Claude).— Charvet, 119.

Charvet (François), — 119.

Charvet (François). — Charvet, 119.

Charvet (François). — Fabvier, 229.

Charvet (François-Dieudonné). — Charvet, 119.

Charvet (Hubert).—Charvet, 119.

Charvet (Hubert). — Senturier, 744.

Chasaulx (Oudet de). — Prudhomme, 665.

Chaslas (Claude). — Monginot, 580.

Chaslons (Mariette de). — Xaubourel, 836.

Chassagot ou **Chaussagot** (Bertrand), — 120.

Chassagot (Bertrand). — De Faulx, 234.

Chassagot (Bertrand). — Des Moynes, 588.

Chassel (Claude). — Hanus, 350.

Chassier (Jeanne le). — Masson, 543.

Chasteau (Antoine du), — 120.

Chasteau (Antoine des). — Chasteau (du), 120.

Chasteau (Martin du). — Du Chasteau, 120.

Chasteauneuf (François). — Chasteauneuf, 121.

Chasteauneuf ou **Chateauneuf** (Jean de), — 121.

Chasteauneuf (Marguerite). — Chasteauneuf, 121.

Chastel (Agnès de). — Des Pilliers, 649.

Chastel (Claudine). — Chastel, 121.

Chevalier (Claude). — Fourot, 259.

Chevalier (Claude).—Friant, 268.

Chevalier (François). — Blistain, 60.

Chevalier (Françoise). — Millet, 575.

Chevalier (Guillaume). — Friant, 268.

Chevalier (Madeleine). — Bertinet, 52.

Chevalier (Marguerite). — Bailly, 23.

Chevalier (Marie-Charlotte). — De l'Espée, 490.

Chevalier (Marie-Charlotte). — Parisot, 613.

Chevalier (N.). — Protin, 665.

Chevalier (Pierre). — Fourot, 260.

Chevalier (Pierre).—Friant, 268.

Chevalier (Pierre). — Thélot ou Thilot, 771.

Chevalier (Prudente). — Fourot, 259.

Chevalier de Dompaire (Pierre). — Lauretain, 454.

Chevé dit la Brosse (Pierre). — Sagay, 728.

Chevers (Martin de). — Feriet à Metz, 237.

Chevers (Martin de). — Saulnier, 737.

Chevet (Michel-Madelaine).— Racle, 673.

Chevin (Claudine). — Mauljean, 551.

Chevrier (Charles-Claude).— Chevrier, 127.

Chevrier (Claude-Dominique). — Chevrier, 126.

Chevrier (Louise).—Dordelu, 203.

Chevrier (Pierre-Paul), — 126.

Chiche (Huyn), — 127.

Chinoir (Jean de), — 127.

Chinoir (Mathieu-Joseph). — Huguet, 390.

Chiqaut (Edeline). — Regnauld, 686.

Chiqaut (Etienne). — Regnauld, 686.

Chirat de Montrouge de Bellaire (François), — 127.

Chobillon (Robert). — 128.

Chocquard (Etienne). — Chocquard, 128.

Chocquard (Mathieu-François), —128.

Choctin (Islande). — Des Colsons, 160.

Choël (Mengin), — 128.

Choiseul (Anne de). — Gleisenove, 308.

Choiseul (Antoine de).—Gleisenove, 308.

Choiseul (Catherine de) dit d'Aigremont. — Thiaucourt, 772.

Choiseul (Charles de). — Thouand, 789.

Choiseul (Christophe de). — Médard, 557.

Choiseul (Claude-Marguerite-Christine).—Loys ou Louis, 501.

Choiseul (David de). — Willermin, 834.

Choiseul (Ferry de). — Hennequin B. du Ferray, 361.

Choiseul (Jean de) dit d'Aigremont.--Thiaucourt, 772.

Choiseul (Jean-Edme de). — Durand, 221.

Choiseul (Jeanne de). — Simony B. Germainvilliers, 754.

Choiseul (Louise de) . — Gleisenove, 308.

Choiseul (Nicolas de). — Bermand, 48.

Choiseul (Sr de). — Bressoncourt, 86.

Choiseul (Tècle de). — Bernard, 48.

Choisis ou Choisy (Charles). — 128.

Choisis (Catherine). — Choisis, 129.

Choisis (Claude). — Choisis, 129.

Choisis (Daniel). — Choisis, 129.

Choisis (Jean de). — Choisis, 129.

Choisy (Charles-Jérôme de). — Courcol, 177.

Choisy (Charles-Jérôme de). — Durand, 222.

Choisy (Gilles de). — Fournier, 258.

Cholet (François). — Perrin ou Perin, 627.

Cholet (Jean). — Perrin ou Perin, 627.

Cholet (Marguerite).—Oryot, 604.

Choley (Jean). — Bertrand, 53.

Chollet (Antoine). — Chollet, 129.

Chollet (Charles). — Chollet, 129.

Chollet (François). — Chollet, 129.

Chollet (Jean), — 129.

Chonet (François). — Chonet, 129.

Chonet (Jean), — 129.

Choppin (Catherine). — Coyel, 179.

Choppin (Catherine). — Malaumont, 521.

Choüel (Jacques), — 129.

Choüilly (Élisabeth de). — Gallois, 275.

Chrestien (Grégoire) , — 130.

Chrestien (Marguerite de).— Saulget, 736.

— 91 —

Chrétien (Christine). — Cha-copt, 110.

Christophe (Claude), — 130.

Christophe (N.). — Jacquier, 406.

Christophorin (Claude), — 130.

Chuppin (Alexis). — Chuppin, 130.

Chuppin (Anne). — Chuppin, 130.

Chuppin (Charles). — Chuppin, 130.

Chuppin (Charles). — Philippe, 640.

Chuppin (Laurent). — Chuppin, 130.

Chuppin (Médard). — Chuppin, 130.

Chuppin (Nicolas). — Chuppin, 130.

Circourt (Anne de). — Des Jardins, 410.

Circourt (Anne de). — Saulnier, 738.

Circourt (Ferry de). — Niclosse, 592.

Circourt (Jean de). — Des Jardins, 410.

Cirier (Jeanne). — Philippe, 640.

Cirier (Jeanne). — Thouvenin, 791.

Civalar (Reine de). — Gauvain, 285.

Civalart (Jean-Jacques). — Gillet, 303.

Clairier (Suzanne). — François, 265.

Claristein (Polixène-Élisabeth de). — Des Fours, 262.

Clauce (Gilles). — Milot, 576.

Claude (Henri), — 130.

Claude (Philippe). — Le Prieur dit l'Allouette, 479.

Claudon (Claude). — Bouquenom, 67.

Claudot (Gabriel-Antoine), — 131.

Clausman (Michel), — 131.

Clausse (Dieudonnée). — Monginot, 579.

Clausse (François). — Monginot, 580.

Clausse (Jacques), — 132.

Clausse (Jacques). — De Jouy, 420.

Clausse (Maître François). — 131.

Clavery (Regnault de). — Volkier, 834.

Clément (Catherine). — Caillet, 101.

Clément (Charles). — Clément, 133.

Clément (Claude). — Chacopt, 110.

Clément (Claudon). — Clément, 132.

Clément (Clément), — 133.

— 93 —

Clémery (Arianne de). — Warin, 838.

Clémery (René de).— Warin, 837.

Clerc (René Le). — François, 265.

Clerc (Anne). — Gaucher, 278.

Clerc (Barbe Le). — Lescut, 486.

Clerc (Barbe Le).—Lescuyer, 489.

Clerc (Barbe Le). — Rutant de Hanonville, 725.

Clerc (Barbe-Catherine Le).— Lombillon, 498.

Clerc (Catherine de). — Heilotz, 357.

Clerc (Catherine Le). — Bannerot, 26.

Clerc (Catherine Le). — Prudhomme, 668.

Clerc (Catherine Le). — Roder, 699.

Clerc (Catherine le). — Rutant B. Hannonv. 725.

Clerc (Catherine Le). — Tervenu de Saulxerotte, 768.

Clerc (Claude Le). — Bardin, 30.

Clerc (Claude Le).—Gondrecourt, 315.

Clerc (Claude Le). —Humbelot, 390.

Clerc (Claude Le). —Lescut, 486, 487.

Clerc (Claude Le). — Trèves, 797.

Clerc (Élisabeth Le). — Maillet, 514.

Clerc (Élizabeth Le). — Xaubourel, 836.

Clerc (Françoise). — Arnoult, 12.

Clerc (Françoise). — Caboat, 97.

Clerc (Françoise). — Gillet, 304.

Clerc (Isabellion).— Calabre, 102.

Clerc (Jacques Le). — Taillefumier, 764.

Clerc (Jean Le). — Champenois B. Silloncourt, 114.

Clerc (Jean Le). — Courcol, 176.

Clerc (Jean Le). — Gondrecourt B. Parrois 315.

Clerc (Jean Le).—Roder,699.

Clerc (Jean Le). —Xaubourel, 836.

Clerc (Jeanne Le). — Platel, 655.

Clerc (Marguerite Le). — Estienne, 228.

Clerc (Marguerite le).—Gombervaulx, 312.

Clerc (Marguerite le).— Taillefumier B. de la Hayville, 765.

Clerc (Marie le). — Humbelot, 390.

Cogney (Antoine). — d'Ar-
dennes, 11.

Cogney (Antoinette). — d'Ardennes, 11.

Cogney (Antoinette). — Cogney, 135.

Cogney (Claude), — 135.

Cogney (François). — Co-
gney, 135.

Cogney (Marie-Elisabeth). —
Cogney, 135.

Cogney (Pierre). — Cogney,
135.

Cogney (Pierre). — Reboursel, 685.

Cognon (Jean). — Thomas,
783.

Coïn (Andrieu). — Coïn, 136.

Coïn (Humbert), — 136.

Coïn (Humbert). — Hombil-
lon, 382.

Coïn (Humbert). — Platel,
655.

Coïn (Jean-Bexon du). —
Lombillon, 498.

Coïn (Marguerite). — Coïn,
136.

Coïn (Marguerite). — Pla-
tel, 655.

Coïn (Marie-Eléonore du). —
Lombillon, 498.

Coïntin ou Coïentin (Charles),·— 136.

Coimot (Chrétien de). —
Briel, 88.

Coissart (Nicolas). — Hennequin, 359.

Coissart (Nicole). — Hennequin, 359.

Colart (Gérard). — Colart,
136.

Colart (Hugues). — Colart,
136.

Colart (Jean), — 136.

Colart (Mangette). — Ber-
trand, 52.

Colart (Mengette). — Gerlet,
298.

Colart (Mangette ou Marguerite). — Jénin ou Genin, 414.

Colart (Mengette). — Saulxures, 740.

Colart (Pierre). — de Ville-
sur-Cousance, 136.

Colart ou Collart de Hatrise
(François), — 136.

Colas (François). — Colas,
157.

Colas (Mengette ou Marguerite). — Xaubourel, 835.

Colas (Nicolas), — 157.

Colas (Pierre). — Colas, 157.

Colesson (Anne). — Gaulmé,
281.

Colesson (Varnault). — Gaulmé, 281.

Colette (Anne). — Regnauld,
686.

Colibet (Bertrand). — Colibet, 157.

Colliquet (Charles-Henri). — Colliquet, 166-167.

Colliquet (Claude-François). — Colliquet, 167.

Colliquet (François). — Colliquet, 166.

Colliquet (Françoise). — Colliquet, 166-167.

Colliquet (Jacques). — Colliquet, 166-167.

Colliquet (Jacques). — Marchal, 532.

Colliquet (Jacques-Joseph). — Colliquet, 167.

Colliquet (Jacques-Pierre). — Colliquet, 167.

Colliquet (Jean). — Colliquet, 166.

Colliquet (Jean). — Hannel, 348.

Colliquet (Jérôme). — Colliquet, 166.

Colliquet (Louis). — Colliquet, 166.

Colliquet ou **Collicquet** (Mengin), — 166.

Colliquet (Mengin). — Collignon, 165.

Colliquet (Nicolas). — Colliquet, 167.

Colliquet (Nicole). — Colliquet, 166.

Colliquet (Pierre). — Colliquet, 166.

Colliquet (Pierre-François.) — Colliquet, 167.

Colliquet de Brion (Nicolas). — Boudet, 68.

Colliquet de Levoncourt (Hyacinthe). — Colliquet, 167.

Collonet (Françoise). — Chanteheux, 115.

Collonet (Jean). — Pariset, 612.

Collonet (Henry). — Chanteheux, 115.

Collonet (Marie). — Callot, 103.

Collonnet (Catherine). — Collonnet, 167.

Collonnet (Catherine). — Pariset, 612.

Collonnet (Françoise). — Collonnet, 167.

Collonnet (Henry), — 167.

Collonnet (Henry). — Flandres, 242.

Collonnet (Jean). — Collonnet, 167.

Collonnet (Louise). — Collonnet, 167.

Collonnet (Madelaine). — Collonnet, 167.

Collonnet (Marie). — Collonnet, 167.

Collonnet (Marie). — Flandres, 242.

Collot (Anne). — Chacopt, 110.

Collot (Gérard-Hyacinthe), — 167.

Combles (Jacques de). — Combles, 169.

Comble's (Jacques de).— Hennequin, 368.

Combles (Jacques de). — Rutant, 725.

Combles (Jean de), — 169.

Combles (Jean de). — Combles, 168.

Combles (Jean de). — Maillette, 515.

Combles (Jean de). — Prud'homme, 667.

Combles (Jean de). — Simonet, 753.

Combles (Jean des). — Thieriet, 777.

Combles (Jeanne de).— Combles, 168.

Combles (Jeanne de). — Le Grand, 465.

Combles (Marguerite de). — Combles, 168-169.

Combles (Marguerite de). — Simony, 753.

Combles (Marguerite des). — Ferry, 239.

Combles (Marie).— Combles, 169.

Combles (Marie). — De Combles, 170.

Combles (Marie de). — Combles, 169.

Combles (Marie de). — Simony, 754.

Combles (Marie des). — Gombervaulx, 312.

Combles (Marie des). — Mazerules, 556.

Combles (Marie des). — Paticier ou Pasticier, 617.

Combles (Marie des). — Thieriet, 777.

Combles (Noël de). — Combles, 286.

Combles (N. de). — Blaires, 58.

Combles (Pierre de). — Bardin, 30.

Combles (Pierre de). — Combles, 168.

Comeau (Sylvestre). — Thierion, 778.

Comel (Philippe).—Fourrier, B. Neydesk, 256.

Comitin (Louise). — De Laguerre, 435.

Commarque (Louis de). — Rutant, 725.

Compagnot (Charles). — François, 265.

Compagnot (Marguerite). — François, 265.

Comtal (Alexis). — Gallant, 273.

Comte (Anne le). — Perrin, 629.

Comte (Barbe-Marie le). — Saulget, 736.

Comte (Charles).— Doridant, 204.

Conreux (Élisabeth). — de Malvoisin, 527.

Constant (Catherine) . — Constant, 172.

Constant (Claude). — Constant, 171-172.

Constant (Claude). — Prudhomme, 667.

Constant (François), — 171.

Constant (François). — Prudhomme, 667.

Constant (François). — Saint-Belin, 729.

Constant (Guillem.). — Constant, 171.

Constant (Jean). — Constant, 171.

Constant (Louis). — Constant, 171.

Constant (Louis). — Prudhomme, 667.

Constant (Marie). — Constant, 171.

Constant (Nicolas). — Constant, 171, 172.

Constant (Nicole). — Colart, 136.

Constant (Nicol). — Prudhomme, 667.

Contenot (Claude). — Rousières, 706.

Contenot (Didier). — Contenot, 172.

Contenot (François). — Contenot, 172.

Contenot (Jean). — Contenot, 172.

Contenot (Mengin), — 172.

Contenot (Thomas). — Contenot, 172.

Contenot de Neuville (Barbe) — Prudhomme, 665.

Contenot dit de Neufville (Jean). — Contenot, 172.

Contenot dit de Neufville (Jean). — Prudhomme, 665.

Copecho (Nicole). — Beaufort, 41.

Coppin (Catherine). — La Réaulté, 448.

Coppin (Catherine). — Thévenin, 771.

Coppin (Euvrard), — 172.

Coquet (Louis), — 172.

Coquet (Louis). — Roidat, 700.

Corail (Sr du). — Hucher, 387.

Corberon (Claude). — Alençon, 6.

Corberon (Marie). — Alençon, 6.

Corberon (Simon). — Simony, 753.

Corbey de Lorgeré (Barbe de). — Tabouret, 764.

Cordelier (Marguerite). — Hennequin, 359.

Cordier (Errie), — 173.

Corel (Claude). — Corel, 173.

Corel (Paul), — 173.

Cornardins (Henriette Noël des). — Hennequin, 362.

Cornardins (Jean Noël des). — Hennequin, 362.

Corne dit d'Asselaincourt (Israël de la). — Bonnet, 64.

Corne dit d'Asselaincourt (Israël de la). — Ruis ou Ruyz, 723.

Cornille (Anne). — Gondrecourt, 317.

Cornillon (Claude). — Hatton, 352.

Cornu de la Chapelle (Bernard Le). — Bauldoulx, 38.

Cossade (N. de La). — Lisle, 495.

Cosserat (Henri), — 173.

Cosserat (Jean-Maurice). — Cosserat, 173.

Cosson (Antoine), — 173.

Cossu (Anne). — Cossu, 174.

Cossu (Charles-Christophe). — Cossu, 174.

Cossu (Charles–Henri) . — Cossu, 174.

Cossu (Charlotte). — Cossu, 174.

Cossu (Christophe).— Abram, 2.

Cossu (Christophe). — Cossu, 174.

Cossu (Denys). — Cossu, 174.

Cossu (Dominique). — Cossu, 174.

Cossu (François). — Cossu, 174.

Cossu (François). — Petitdidier, 633.

Cossu (Jean). — Cossu, 174.

Cossu (Jean). — Magnien, 506.

Cossu (Jeanne). — Cossu, 174.

Cossu (Marthe). — Cossu, 174.

Cossu (Nicolas, — 174.

Cossu (Nicole). — Cossu, 174.

Coste (N. de la). — Gaudel, 279.

Coté (Madeleine). — Jacquinet, 407.

Cotte (Dominique de) . — Cotte, 175.

Cotte dit Mitzwich (Jean), — 175.

Cotte (Jean – Charles) . — Cotte 175.

Cotte (Jean-Charles de). — Kiecler, 422.

Cotte (Marguerite). — Cotte, 175.

Cotte (Marguerite de) . — Kiecler, 422.

Cotte (N.). — Cotte, 175.

Cotte (N.). — Kiecler, 422.

Cotte (N.). — Rousselot, 715.

Cottenot (Marie-Christine).
— Drouot, 2 du supplément.

Cottignon de Mousson (Jean).
— Mauljean, 549.

Cottin (Jean), — 175.

Couet (Jacques). — Nicolas, 593.

Coulayne (Jacqueline). — Raulot, 682.

Coulet (Élisabeth). — Senturier, 744.

Cour (Claude de la). — Payen, 619.

Cour (Fiacre de la). — Villers-en-Haye, 821.

Cour (Jean de la). — Parent, 610.

Cour (Marie de la). — Parent, 610.

Cour (Michel de la). — Floquet, 243.

Cour (Nicolas de la). — Hugo, 388.

Cour (Nicole de la). — Viart, 816.

Cour (Paul de la). — Parent, 610.

Courcelle (Jeanne de). — Payen, 619.

Courcelles (Didon de). — Vion, 826.

Courcier (Anne). — Courcier, 175.

Courcier (Françoise). — Alençon, 6.

Courcier (Jean-Baptiste). — Courcier, 175.

Courcier (Thiébault), —175.

Courcier de Metz (Anne). — Rutant, 725.

Courcière (Louise-Thérèse de la). — Fontaine (de la), 246.

Courcol (Anne-Marguerite). — Courcol, 176.

Courcol (Antoinette). — Courcol, 177.

Courcol (Antoinette). — Serre, 747.

Courcol (Charles). — Courcol, 176.

Courcol (Chrestienne). — Lambert, 443.

Courcol (Claude). — Courcol, 176.

Courcol (Claude). — Hiérosme, 381.

Courcol (Claude). — Le Mareschal, 468.

Courcol (Claude). — Philbert, 638.

Courcol (Claudon). — Chanteheux, 115.

Courcol (Claudon). — Collonnet, 167.

Courcol (Didier). — Cour, 176.

Courcol (Didier). — Courcol, 176.

Courcol (Didier). — Fournier, 255.

Courcol (Didier). — Lambert, 443.

Courcol (Didier). — Mérigault, 567.

Courcol (Didier). — Poirot, 660.

Courcol (Didier). — Philbert, 638.

Courcol (Ferry). — Courcol, 176.

Courcol (Ferry). — Le Mareschal, 468.

Courcol (Françoise-Marguerite). — Courcol, 177.

Courcol (Gabriel). — Courcol, 176.

Courcol (Gilles). — Courcol, 176.

Courcol (Gilles). — Hiérosme, 381.

Courcol (Gilles). — Serre, 747.

Courcol (Henri), — 175.

Courcol (Jean). — Courcol, 176.

Courcol (Jean). — Girmont, 307.

Courcol (Jeanne). — Courcol, 176.

Courcol (Marguerite - Françoise). — Hiérosme, 381.

Courcol (Marie). — Fournier, 255.

Courcol (Mengin), — 176.

Courcol (Mengin). — Lambert, 443.

Courcol (Nicolas). — Courcol, 176.

Courcol (Nicolas-François). — Petitgo, 636.

Courcol (Pierre). — Courcol, 176.

Courcol (Pierson), — 176.

Courdemanche (Madelaine de). — Massu, 545.

Coureux ou Conreux (Didier), — 177.

Courlot (Jean), — 177.

Court (Jeanne de la). — Gentil, 290.

Court (Jeanne de la). — Le Gouverneur, 321.

Courtaillon (Antoine). — Courtaillon, 177.

Courtaillon (Antoine-Bénigne). — Courtaillon, 177, 178.

Courtaillon (Bénigne). — Courtaillon, 177.

Courtaillon (Clément). — Courtaillon, 177-178.

Courtaillon (François). — Courtaillon, 177-178.

Courtaillon (Héleine). — Courtaillon, 177-178.

Courtaillon (Jacob), — 177.

Courtaillon (Jacques). — Courtaillon, 177.

Courtaillon (Jean-Baptiste). — Courtaillon, 178.

Courtaillon (Louis-Auguste). — Courtaillon, 178.

Courtaillon (Marie). — Courtaillon, 178.

Courtaillon (Noël). — Courtaillon, 177.

Courtignon (N.). — Tardvenu, 767.

Courtin (Jean). — Hennequin d'Assy, 365.

Courtois (Antoine). — Mauljean, 548.

Courtois (Cuny), — 178.

Courtois (Françoise). — Hableinville, 344.

Courtois (Jean), — 178.

Courtois dit Prothocolle (Macé), — 178.

Courtois (N.). — Vallée, 803.

Courtois (Pierre). — Courtois, 178.

Courville (Guillaume de), — 178.

Courville (Marquis de). — Greneteau, 326.

Courvisier (Michel Le). — Lauretain, 454.

Cousin (Jeanne). — Xaubourel, 835.

Coussy (François de). — Hennequin, 368.

Couteau (Anne). — Vallée, 802.

Couteau (Catherine). — Collenel, 161.

Couteau (Catherine). — Perrin, 628.

Couteau (Jean). — Perrin, 628.

Couteau (Anne). — Seurot, 750.

Coutteau (Jean). — Seurot, 750.

Couvenance (Jean), — 179.

Coyel (Blaise), — 179.

Coyrenot (Chrétien). — Coyrenot, 179.

Coyrenot (Claude). — Coyrenot, 179.

Coyrenot (Élizabeth). — Coyrenot, 179.

Coyrenot (Gabrielle). — Coyrenot, 179.

Coyrenot (I. de). — Coyrenot, 179.

Coyrenot (Jean). — Coyrenot, 179.

Coyrenot (Mangeotte), — 179.

Coyrenot (Michel), — 179.

Coytel (Claude), — 180.

Coytel (Gérard). — Coytel, 180.

Craincourt (Anne de). — Thelot, 771.

Craincourt (Georges de). — Thélot, 771.

Crame (Anne). — Roidat, 700.

Cranne (Claude). — Gratinot, 324.

Crebillot (Anne-Claude). — Marchis, 533.

Crelot (Jacques), — 180.

Crelot (Charles). — Crelot, 180.

Crespin (Christophe), — 180.

Crespin (François). — Thouvenin, 791.

Crespin de Metz (Alexandre). — Crespin, 180.

Crétal (Joseph), — 180.

Cretenois ou **Crantenois** (Didier), — 181.

Creuset (Marie du). — Arnoult, 13.

Creuve (Claude de). — Des Pilliers, 649, 651.

Creuve (Didier de), — 181.

Creuve (Jean de). — Pilliers, 651.

Creuve (Jean de). — Thelot, 771.

Crevoisier, — 181.

Crevoisier (Agnès). — Crevoisier, 181.

Crevoisier (Anne-Louise). — Crevoisier, 181.

Crevoisier (Claude). — Courtaillon, 177.

Crevoisier (Claude). — Crevoisier, 181.

Crevoisier (Claude-Nicolas). — Crevoisier, 181.

Crevoisier (Clément). — Crevoisier, 181.

Crevoisier (Frédéric). — Crevoisier, 181.

Crocq ou **Crocx** (Claude), — 181.

Crocq (Antoinette). — Crocq, 181.

Crocq (Antoinette). — Rousselot, 712.

Crocq (Antoinette). — Tenel, 769.

Crocq (Antoinette). — Thouvenin, 791.

Crocq (Balthazar). — Houdal, 383.

Crocq (Balthazard). — Crocq, 181.

Crocq (Charles). — Crocq, 181.

Crocq (François). — Crocq, 181.

Croiset (François). — Croiset, 182.

Croiset (Gennin des). — Pillart, 647.

Croiset (Gillette). — Pillart, 647.

Croiset (Mathieu), — 181.

Croiset (N.). — Croiset, 182.

Croix (Cécile de La). — Rousières, 707.

Croix (Claude de Ste). — Brigeot, 89.

Croix (Françoise de Ste). — Alscheidt, 5.

Croix (N. de La). — Maras, 530.

Cueüllet (Nicolas). — Gondrecourt, 317.

Cueüllet (N.). — Le Febvre, 462.

Cueüllet (N.). — Reboucher, 683.

Cueüllet (Théodore). — Cueüllet, 182.

Cueüllet de Villers (N.). — Dubois, 212.

Cugnon (Barbe de). — Saulnier, 737.

Cugnon (Évrard de). — Saulnier, 738.

Cugnon (Jacques de). — Saulnier, 738.

Cugnon (Nicolas). — Saulnier, 738.

Cugnon (Valentin de). — Saulnier, 738.

Cuillier (Abraham). — Des Ruetz, 723.

Cuimat (Marguerite). — Fallois, 233.

Cultz (Charles-Henry de). — Serre, 747.

Cuny (Anne). — Gregy, 325.

Cuny (Antoine). — Cuny, 184.

Cuny (Antoine). — Thouvenot, 792.

Cuny (Bertrand), — 184.

Cuny (Bertrand). — Cachet de Pulligny, 100.

Cuny (Bertrand). — Charpentier, 118.

Cuny (Christophe). — Durand, 223.

Cuny (Jacques), — 184.

Cuny (Jacques). — Thouvenot, 791.

Cuny (Jean). — Cuny, 184.

Cuny (Marie). — Thouvenot, 791.

Cuny (Marie-Anne). — Durand, 223.

Cuny (Marie-Élisabeth). — Dietremann, 197.

Cuny (Nicolas), — 184.

Cuny (Nicolas-Ferdinand). — Cuny, 184.

Cuny (Nicolas). — Viriet, 827.

Cuny (N.). — Charpentier, 118.

Cuny (N.). — Huvé, 398.

Curel (Françoise). — Mengeot, 559.

Curel (Hyacinthe), — 184.

Curel (Jean). — Curel, 184.

Curel (Noël). — Curel, 184.

Curel (Pierre). — Curel, 184.

Cusançon (Béatrix de). — Nay ou Nasi, 591.

Cussin (Françoise). — Bertinet, 52.

D

Dablange ou **Damblange** (Alexandre), — 186.

Daie (Marie-Anne).— Pilliers, 651.

Dalle (Françoise). — Gervaise, 299.

Dalle (Nicole de).— Gervaise, 299.

Dallée (Jean) dit de Roch. — 1 du supplément.

Damas (Philippe - Emmanuel de). — Legrand, 466.

Dambly (Nicolas).— Cardon, 105.

Dameté (François), — 186.

Damon (Jean-Georges). — Vallée, 804.

Damon (Marie-Béatrix-Violante). — Vallée, 804.

Danès (Jacques). — Hennequin, 361.

Dannemarck (Christine de). — Callot, 103.

Dannemarck (Christienne de). — Constant, 171.

Dannemarck (Christine de). — Clément, 132.

Dannemarck (Christine de). — Fleury, 242.

Danois (Louis-Hubert). — Le Begue, 455.

Danonville (Marguerite). — Gratinot, 324.

Darconat (Marc-Antoine). — Hatton, 353.

Dard (Marguerite Le).— Raulet, 680.

Dard (Marguerite Le).—Thouvenin, 790.

Dardenet (Honoré-Jacques). — Laudinot, 452.

Dardon (Claude), — 186.

Darimont (Jean). — Michel, 573.

Darlin (Alexandre). — Lescamoussier, 482.

Darmur (Jean). — Gombervaux, 312.

Darniel (Christophe). — Tonnoy, 793.

Darnolet (Jean). — Fournier B. Neydeck, 255.

Darouville (Jean). — Merklin, 567.

Dart (Barbe Le). — Dart, 186.

Dart (Barbe Le). — De Metz, 572.

Dart (Didier Le), — 186.

Dart (Jacques Le). — Dart, 186.

Dart (Suzanne Le). — Rouyer, 718.

Dart (Suzanne Le). — Taillefumier, 765.

Darville (François). — Friant, 268.

Dattel (Anne). — B. Veinsberg, 188.

Dattel (Anne-Françoise). — B. Marzéville, 187.

Dattel (Barbe). — Dattel, 187.

Dattel (Charles – Henri). — Dattel, 186-188.

Dattel (Claude). — Dattel, 187.

Dattel (Claude). — Touppet, 794.

Dattel (Didier), — 186.

Dattel (Didier). — Dattel, 187.

Dattel (Didier). — Legrand, 465.

Dattel (Didier). — Mahuhet, 508.

Dattel (Didier). — Maler, 526.

Dattel (Didier). — Mazerulles, 555.

Dattel (Didier). — Touppet, 795.

Dattel (Élisabeth). — Dattel, 187, 188.

Dattel (Élisabeth). — Dattel B. Veinsberg, 188.

Dattel (Élisabeth). — Legrand, 465.

Dattel (Élisabeth. — Mahuhet, 508.

Dattel (François). — Dattel, 187.

Dattel (François). — Mahuhet, 508.

Dattel (François). — Marien, 536.

Dattel (François), — 468.

Dattel (François-Coisé). — Dattel, 187.

Dattel (François-Louis-Xavier). — Dattel, 188.

Dattel (Françoise). — Brigeot. 89.

Dattel (Françoise). — Dattel, 187-188.

Dattel (Françoise). — Marien, 536.

Didelot (Christophe). — Didelot, 195.

Didelot (Christophe). — Hennezon, 371.

Didelot (Christophe). — De Mory, 586.

Didelot (Christophe). — Warin, 838.

Didelot (Christophe), — 194.

Didelot (Claude), — 194.

Didelot (Claude). — Didelot, 194-195.

Didelot (Claude). — Lescaille, 481.

Didelot (Claude II). — Bauldoux, 38.

Didelot (François). — Didelot, 194.

Didelot (Françoise). — Alençon, 5.

Didelot (Françoise). — Bauldoux, 38.

Didelot (Isaac). — Didelot, 194.

Didelot (Isaac). — Gondrecourt, 314.

Didelot (Jeanne). — Boudet, 68.

Didelot (Jeanne). — De Mory, 586.

Didelot (Jean). — Didelot, 194.

Didelot (Louise). — Didelot, 194.

Didelot (Louise). — Fisson, 241.

Didelot (Louise). — Lamorre, 444.

Didelot (Louise). — Lescaille, 481.

Didelot (Marguerite). — Didelot, 194.

Didelot (Marie). — Nay ou Nasi, 591.

Didelot (Nicolas). — Xaubourel, 836.

Didelot (Pierre), — 195.

Didier (Catherine). — Saulget, 736.

Didier (Claude). — Didier dit Mortal, 195.

Didier (Demange). — Saulget, 736.

Didier (Dieudonné), — 196.

Didier (Fiacre), — 195.

Didier (Henri). — Jeaugeon, 413.

Didier (Jacques-Henri), — 196.

Didier (Joseph). — Saulget, 736.

Didier (Marguerite). — Paton, 617.

Didier dit Mortal (Cœsar), — 195.

Didier dit Mortal (Cœsar). — Mortal, 585.

Didier dit du Rosier (Jean), — 195.

Didot dit Duhan (Jean), — 190.

Dordelu (Henriette - Angélique). — Dordelu, 203.

Dordelu (Jean). — Dordelu, 203.

Dordelu (Jean). — Dordelu, 1ʳᵉ du supplément.

Dordelu (Louise-Claire). — Dordelu, 203.

Dordières (Renée de).— Merlin, 568.

Doré (Charles). — Doré, 203.

Doré (Charles-Joseph), — 203.

Doré (Charles-Joseph). — Doré, 203.

Doré (Charles-Joseph). — Henry, 374.

Doré (Claude). — Doré, 203.

Doré (Nicolas). — Doré, 203.

Doré (Nicolas-Joseph). — Doré, 203,

Doré (N.). — Doré, 203.

Dorey (Françoise). — Huame, 386.

Doridant (Antoine-François). — Doridant, 204.

Doridant (Barbe).— Mairesse, 520.

Doridant (Catherine).— Luyton, 502.

Doridant (Catherine). — Doridant, 204.

Doridant (Françoise - Thérèse). — Doridant, 204.

Doridant (Jean), — 204.

Doridant (Jean-Charles). — Doridant, 204.

Doridant (Jean-François). — Doridant, 204.

Doridant (Jean-François). — Luyton, 502.

Doridant (Jean-François). — Mathieu, 546.

Doridant (Jeanne). — Gaudel, 279.

Doridant (Jeanne). — Guilbert, 336.

Doridant (Jeanne). — Guyot, 341.

Doridant (Louise). — Doridant, 204.

Doridant (Madeleine). — Collinet, 166.

Doridant (Marguerite). — Doridant, 204.

Doridant (Marie-Anne). — Doridant, 204.

Doridant (Marie-Thérèse). — Doridant, 204.

Doridant (Philippe). — Doridant, 204.

Doridant (Toussaint). — Doridant, 204.

Doridant (Toussaint). — Raulin, 631.

Dorigny (Anne).— Prudhomme B. Font., 667.

Dorin (Jacques). — Mayart, 555.

Dorin (Nicolas). — Boucquenom, 67.

Dorin (Nicolas). — Mayart, 555.

Dorion (Sébastienne). — Poirot, 661.

Dormes (Richard), — 205.

Doron (Georges). — Grand-maire, 322.

Dorton (Henri). — Jénin ou Génin, 414.

Dosne (Pierre), — 205.

Doulcet (Antoine). — Doulcet, 205.

Doulcet (Bastien). — Doulcet, 205.

Doulcet (Catherine). — Doulcet, 205.

Doulcet (Catherine). — Moines, 579.

Doulcet (Daniel). — Doulcet, 205.

Doulcet (Didier). — Doulcet, 205.

Doulcet (Didier). — Moines, 579.

Doulcet (François). — Doulcet, 205.

Doulcet (Judith). — Doulcet, 205.

Doulcet (Jules). — Doulcet, 205.

Doulcet (Marguerite).—D'Asselaincourt, 14.

Doulcet (Marguerite). — Doulcet, 205.

Doulcet (Marie). — Doulcet, 205.

Doulcet (Marie). — Hazards, 355.

Doulcet (Pierre). — Doulcet, 205.

Doulcet (Pierre). — Hazards, 355.

Doulcet (Valentin). — Doulcet, 205.

Dourches (Charles I.).—Collignon, 164.

Doyart (Charlotte). — Maras, 530.

Doyen (Jean), — 205.

Doyen (Marie). — Bazelaire, 41.

Doyer (Odette du). — Lacloche, 430.

Doyer (Odette du). — Serre. 746.

Doyer (Oudette du). — Lebègue, 455.

Doyer (Oudette du). — Moines, 579.

Doyette (Phillippe), — 206.

Drague (N. la).— 206.

Dramart (François de). — Hennequin B. Lentages et Curel, 366.

Dramart (Marguerite de). — Hennequin B. Lentages et Curel, 366.

Drappier (Anne le).—Rutant, 724.

Drapier (Christophe).— Thomassin, 786.

Drapier (Jeanne le). — Heilotz, 357.

Drey (Aimée le). — Sagay, 728.

Drey (Gabrielle le). — Sagay, 728.

Drey (Guyot le). — Sagay, 728.

Droüart (Anne de). — Oryot, 605.

Droüart (Charles). — Drouart, 206

Droüart (Didier). — Drouart, 206.

Droüart (Jean), — 206.

Droüart (Jean-Guillaume). — Drouart, 206.

Droüart (Jean-Guillaume). — Gondrecourt, 317.

Droüart (Marie-Nicole). — Gondrecourt, 206.

Droüart (N.). — Touppet, 795.

Droüart (N. Joseph). — Drouart, 206.

Drouat (Anne). — Roguier, 700.

Drouet (Françoise de). — De Malvoisin, 528.

Drouet (Jean), — 206.

Drouet (Marie-Catherine). — Bellerose, 46.

Drouin (Claude). — Drouin, 207.

Drouin (Dominique), — 208.

Drouin (François), — 208.

Drouin (Guillaume) . — Drouin, 207.

Drouin (Henri). — Drouin, 207.

Drouin (Jacques), — 207.

Drouin (Jean) . — Drouin, 207.

Drouin (Nicolas), — 207.

Drouin de Rozières (Agnès). — Mélian, 558.

Drouin de Rozières (Simon). — Mélian, 558.

Drouot (Antoinette). — Dattel B. Veinsberg, 188.

Drouot (Barbe). — Simonin, 753.

Drouot (Barbe). — Thomas, 783.

Drouot (Charlotte). — Droüot, 1 supplément.

Drouot (Claude). — 209.

Drouot (Claude). — Dattel B. Veinsberg, 188.

Drouot (François). — Droüot, 2 supplément.

Drouot (Jean). — Droüot, 783.

Drouot (Nicolas-François). — 2 du supplément.

Drouville (N.). — Doré, 203.

Drouville (Pierre-Dieudonné). — 209.

Duban (Aulcix). — Chastenoy, 122.

Duban (Claude), — 209.

Dubois (Anne). — Dubois, 210.

Dubois (Anne). — Jeandeverd, 411.

Dubois (Anne-Marie). — Dubois, 212.

Dubois (Antoine), — 211.

Dubois (Antoine). — Dubois, 212.

Dubois (Antoine). — Pilliers, B. de Fontet, 651.

Dubois (Antoine II.). — Dubois, 212.

Dubois (Antoine-François).— Dubois, 212.

Dubois (Antoine-Phillippe-Léopold). — Dubois, 212.

Dubois (Cécile). — Dubois, 210.

Dubois (Cécile). — Gaudel, 279.

Dubois (Charles), — 213.

Dubois (Charles). — Dubois, 212.

Dubois (Claude), — 211.

Dubois (Claude). — Dubois, 210, 212.

Dubois (Claude). — Lauretain, 454.

Dubois (Claude).—Mauljean, 552.

Dubois (Claudette). — Dubois, 210.

Dubois (Élizabeth). — Collinet, 165.

Dubois (Élizabeth).—Dubois, 211.

Dubois (Élisabeth). — Thibault, 773.

Dubois (Estienne), — 210.

Dubois (François), — 210.

Dubois (François). — Dubois, 210.

Dubois (François de). — Rauffaing, 676.

Dubois (François). — Thévenin, 772.

Dubois (François-Réné), — 210.

Dubois (François-René). — Mauljean, 551.

Dubois (Françoise). — Dubois, 210.

Dubois (Gaspard). — Dubois, 210, 211.

Dubois (Gérard), — 209.

Dubois (Guillaume). — Hennequin B. Lentanges et Curel, 366.

Dubois (Jean).—Dubois, 210.

Dubois (Jean-François). — Dubois, 211.

Dubois (Jean-François). — Reboursel, 685.

Dubois (Joseph). — Dubois, 212.

Dubois (Louis). — Dubois, 210.

Dubois (Marguerite). — Dubois, 211, 212.

Dubois (Marguerite - Françoise). — Thévenin, 772.

Dubois (Marie). — Dubois, 210, 212.

Dubois (Marie). — Pilliers B. de Fontet, 651.

Dubois (Marie-Odette). — Dubois, 212.

Dubois (Nicolas). — Daudenet, 189.

Dubois (Nicolas). — Dubois, 211, 212.

Dubois (N.). — Dubois, 212.

Dubois (N.).— Des Fossés, 250.

Dubois (N.). — Jacquinet, 407.

Dubois (Oger). — Dubois, 210.

Dubois (René-François). — Mauljean, 552.

Dubois d'Arches (Catherine). — Belmont, 44.

Dubois-Emable (Dieudonné). — Humbelot, 391.

Dubois-Emable (Simon). — Humbelot, 391.

Dubois d'Hoëville (François). — Mauljean, 549.

Dubois de Riocourt (Nicolas-François). — Dubois, 212.

Dubourg (Adam).— Hurault, 396.

Dubourg (Catherine) . — Rouyer, 717.

Dubourg (Claude).— De Montez, 582.

Dubourg (Henri). — Cliquot, 134.

Dubourg (Jean). — Magnien, 506.

Dubourg (Marguerite) . — Hurault, 396.

Dubourg (Suzanne).— Boyer, 82.

Dubourg de Wullemont (N.) — Mariot, 538.

Dubreüil (Alexandre) . — Hennequin, 360.

Dubreüil (Anne). — Hennequin, 360.

Duc (Emmanuel). — Roder, 698.

Ducas (Jean-Philippe). — Dietremann, 197.

Duchastel ou Ducastel (Jean-Baptiste), — 213.

Duchat (Gabrielle Le). — Estienne, 227.

Duchat (Jean Le).— Estienne, 227.

Dufort (Jacques). — Villaucourt, 820.

Dufour (Louise). — De Mory, 586.

Dufour (Michel-Baptiste). — De Mory, 586.

Duhault (Nicolas). — Simony, B. Germainvilliers, 755.

Duhomme (Antoine - François). — Duhomme, 213.

Duhomme (François),— 213.

Duhomme (Jean - Baptiste - Thomas). — Duhomme, 213.

Duhoux (Bonne). — Simony de Germainvilliers, 754.

Duhoux (Louis–François). — Marien, 536.

Duhoux (Marc). — Simony de Germainvilliers, 754.

Duhoux (Nicole). — Chastel, 121.

Duhoux (N.). — Chastel, 121.

Dujard (Catherine). — Grandemange, 321.

Dujard (Catherine). — Guillemin, 339.

Dujard (Catherine). — Mathieu, 546.

Dujard (Jean-Dieudonné), — 213.

Dujard (Joseph). — Dujard, 214.

Dulot (Barbe). — Mengin, 562.

Dulys (Henriette). — Hordal, 383 (Voyez Arc).

Dulys (Pierre). — Hordal, 383 (Voyez Arc).

Dumans (Pierre), — 214.

Dumas (Jacques-Charles), — 214.

Dumas (Pierre), — 215.

Dumesnil (Catherine). — Pilliers, 650.

Dumesnil (Gabriel). — Dumesnil, 215.

Dumesnil (Gabriel). — Henry, 374.

Dumesnil (Gabriel-Didier).- Dumesnil, 215.

Dumesnil (Marie-Françoise). — Bardin, 30,

Dumesnil (Michel), — 215.

Dumesnil (N.). — Durand, 222.

Dumesnil (Olry), — 215.

Dumesnil (Robert-Stable).— Dumesnil, 215.

Dumesnil (Stable), — 215.

Dumont, — 216.

Dumont (Abraham). — Le Braconnier, 457.

Dumont (Anne). — Perrin, 628.

Dumont (Annibal), — 217.

Dumont (Barbe-Marguerite). — Constant, 172.

Dumont (Béatrix). — Boyer, 82.

Dumont (Béatrix). — Le Braconnier, 83.

Dumont (Béatrix). — Prudhomme, 666.

Dumont (Catherine).— Constant, 172.

Dumont (Catherine). — Prudhomme B. Font, 667.

Dumont (Christophe). — Dumont, 216.

Dumont (Comtesse). — Boisleau, 82.

E

Eckstein (Genev. D'). — Falaise, 232.

Ecu (Claude de L'). — Chastenoy, 122.

Ecut (Anne de L'). — Jean ou Jault, 410.

Ecuyer (N. L'). — Feriet B. Pulligny, 236.

Eglise (Anne de L'). — Boucquet, 67.

Eglise (Catherine de L'). — Alençon, 6.

Eglise (Marguerite de L'). — Cachedenier, 98.

Eglise (Marie de L'). — Bournon, 78.

Einville (Charles-Emmanuel D'). — Xaubourel B. Domnon, 837.

Einville (Charles-Henri D'). — Kiecler, 422.

Einville (Charles-Hyacinthe D'). — Du Chasteau, 120.

Einville (Etienne D'). — Des Fours, 261.

Einville (Etienne D'). — Serrières, 748.

Einville (Etienne D'). — Thelot, 771.

Einville (Jean D').— Arnould, 13.

Einville (Louise D'). — Du Chasteau, 120.

Einville (Madelaine D'). — Des Fours, 261.

Einville (Marguerite D'). — Des Fours, 262.

Einville (Marguerite D'). — Serrières, 748.

Einville (Marie D'). — Gaultier, 282.

Einville (Marie D'). — Thieriet, 775.

Einville (Nicolas D') . — Bailly, 23.

Einville (Nicolas D').— Thieriet, 775.

Einville (Nicole D'). — Bailly, 23.

Einville (Nicole D'). — De
Malvoisin, 528.

Einville (N. D'). — Thelot,
770.

Einville de Guéblange
(Anne-Marie D'). — Arnould,
13.

Einville de Guéblange
(Anne-Marie D'). — Maurice,
553.

Ekemberg (Anne-Marie D').
— Des Fours, 262.

Ekemberg (Jean-Ulric D').—
Des Fours, 262.

Elleville (Bernard D'). —
Le Febvre, 461.

Elmel (Marie D'). — Norment
dit Punays, 598.

Emmequin (Colart). — Em-
mequin, 225.

Emmequin (Jean), — 225.

Emmequin (N.). — Emme-
quin, 225.

Epée (Denarge de L'). —
Champenois B. Silloncourt, 114.

Epée (Jenon de L'). — Champenois B. Silloncourt, 114.

Epée (Nicolas de L')— Grandmaire, 323.

Epinal (Antoinette D'). —
Bourgongne, 76.

Epine (Nicolas de L').— Monginot, 580.

Errard (Adrias). — Errard,
225.

Errard (Anne). — Fourot,
259.

Errard (Jean), — 225.

Errard (Jeanne). — Fourot,
259.

Errard (Louis I.). — Errard,
225.

Errard (Louis Des). — Forgeault, 248.

Errard (Olivier), — 225.

Errard (Paul). — Errard,
225.

Errard (Royer). — Fourot,
259.

Errard de Bar (Vaultrin).—
Trèves, 797.

Erval (Alexandre D'). — Erval, 226.

Erval (Estienne d'). — Erval,
226.

Erval (Ivonnet d'), — 225.

Erval (Jean d'). — D'Erval,
225, 226.

Erval (Lucie d'). — Raulot,
682.

Esberad de la Neuville
(Élisabeth-Françoise). — Klopstein, 426.

Escalot (Blanche d'). — Simony B. Broutière, 754.

Escamoussier (Christ. L.),—
Jacquot, 408.

Escamoussier (Gaspard L'). — Oryot, 605.

Escamoussier (Marguerite ʟ'). — Bertrand, 53.

Escamoussier (N. de). — Klein, 424.

Esch (Bernard d'), — 226.

Eschicault (Anne L'). — Barbillot de l'Eschicault, 29.

Escrute (Barbe d'). — Jardins, 410.

Escuyer (Claire l'). — Boussemart, 79.

Escuyer (Jeanne l'). — Bournon, 78.

Esmiet (François). — Esmiet, 226.

Esmiet (Jean), — 226.

Esmiet (René). — Cueüllet, 182.

Esmiet (René). — Esmiet, 226.

Esmiet (René). — Feriet, 235.

Espine (Hector de L'). — Coyrenot, 179.

Espine (Hector de L'). — Héraudel, 376.

Espinette (Jean d'). — 226.

Espingalle d'Aumale L' (Suzanne de). — Racle, 673.

Esselin (Barbe). — Perrin ou Perin, 627.

Est (Cornélie d'). — Paviette B. d'Olim, 618.

Est (Geoffroy d'). — Paviette B. d'Olim, 619.

Esther (Jean). — Dietremann, 197.

Estienne (Catherine). — Estienne, 227.

Estienne (Charles-Estienne). — Estienne, 227.

Estienne (Charlotte). — Estienne, 227.

Estienne (Christine). — Estienne, 227.

Estienne (Claude). — Estienne, 227.

Estienne (Didier), — 227.

Estienne (Didier). — Estienne, 227.

Estienne (Dominique), — 228.

Estienne (Laurent). — Estienne, 227.

Estienne (Marie). — Estienne, 227.

Estienne (Marie-Anne). — Estienne, 227.

Estienne (Mathias), — 228.

Estienne (Pierre). — Estiene, 227.

Estienne de Procheville (Anne-Marie-Julienne). — Estienne, 228.

Estienne de Procheville (Pierre-Joseph). — Etienne, 228.

Etienne (Anne-Marie de Saint). — Le Prieur, 480.

F

Fabert (Abraham). — Richard, 693.

Fabry (Denis), — 229.

Fabvier (Anne). — Fabvier, 229.

Fabvier (Jean). — Fabvier, 229.

Fabvier (Joseph-François), — 229.

Fabvier (Joseph-François). — Rouot, 705.

Fabvier (Madelaine). — Fabvier, 229.

Fabvier ou Favyer (Nicolas), — 229.

Fage (Marguerite-Geneviève de). — Delagarde, 276.

Fagnan ou Fagan (Jacques), — 230.

Fagnosesel (Catherine). — Cachet, 100.

Fagon (N. de). — Klein, 424.

Faillonnet (Barbe de). — Boussemard, 79.

Faillonnet (François). — Hennezon, 371.

Faillonnet (François). — Levain, 491.

Faillonnet (Henri de). — Boussemart, 79.

Faillonnet (Henri). — Gondrecourt B. Gond., 317.

Faillonnet (Marguerite). — Levain, 491.

Faillonnet (Andrette). — Faillonnet, 230.

Faillonnet (Anne). — Gondrecourt, 317.

Faillonnet (Charles). — Thierry, 779.

Faillonnet (Charles de). — Faillonnet, 231.

Faillonnet (Charlotte de). — Faillonnet, 231.

Faulx (Claudon de). — De Faulx, 234.

Faulx (Françoise de.). — Faulx, 234.

Faulx (Hellouy de). — De Faulx, 234.

Faulx (Hélovy de). — Chassagot, 120.

Faulx (Hellovy de). — Moynes, 588.

Faulx (Jean de), — 234.

Faulx (Madelaine de). — Triplot, 798.

Faulx (Mengeon de). — Bourgongne, 76.

Faulx (Richard de). — Chassagot, 120.

Faulx (Richard de). — De Faulx, 234.

Faulx (Richard de). — Melian, 558.

Faulx (Richard de). — Moynes, 588.

Faulx (Willemin de). — Bourgongne, 76.

Fauvel (Alix). — Fours, 263.

Faux (Alizon de). — Cachet, 100.

Faux (Claude de). — Bannerot, 26.

Faux (Claude de). — Malclerc, 522.

Faux (Didon La). — Dubois, 212.

Faux (Henry Le). — Le Faux, 459.

Faux (Jacquemin de), — 234.

Faux (Jean de). — Bannerot, 26.

Faux (Jeanne de). — Fourot, 259.

Faux (Marguerite de). — Des Pilliers, 650.

Faux (N. de). — Le Braconnier, 457.

Faydeau (Denys). — Hennequin B. d'Assy, 365.

Faye (Hugues de la). — Des Fours, 261.

Febvre (Anne-Charlotte Le). — Febvre, 462.

Febvre (Anne-Charlotte Le). — Millet, 575.

Febvre (Antoinette Le). — Febvre, 460.

Febvre (Antoinette Le). — Le Febvre, 461.

Febvre (Antoinette Le). — De Malvoisin, 528.

Febvre (Antoinette Le). — Pulenois, 671.

Febvre (Charles-François Le). — Collenel, 162.

Febvre (Charles-François Le). — Le Febvre, 463.

Febvre (Claude Le). — Lescarnelot J., 485.

Febvre (Claude-Catherine Le). — Le Febvre, 462.

Febvre (Claude-Jose Le). — Millet, 575.

Febvre (Cuny Le). — Vignolles, 819.

Febvre (Élisabeth Le). — Le Febvre, 461.

Febvre (Élisabeth Le). — Touppet, 795.

Febvre (Élisabeth-Ursule Le). — Collenel, 162.

Febvre (Élisabeth-Ursule Le). — Le Febvre, 463.

Febvre (Estienne - Charles Le). — Le Febvre, 463.

Febvre (François-Xavier Le). — Le Febvre, 462.

Febvre (Jean Le). — Le Febvre, 461.

Febvre (Jean-Claude Le). — Le Febvre, 461.

Febvre (Jeanne Le). — Le Febvre, 461.

Febvre (Joseph-Charles Le). — Le Febvre, 463.

Febvre (Joseph-Claude-François Le). — Le Febvre, 462.

Febvre (Léopold-Charles Le). — Le Febvre, 463.

Febvre (Madeleine Le). — Lescarnelot, 484.

Febvre (Marguerite Le). — Braux, 85.

Febvre (Marie Le). — Le Febvre, 461.

Febvre (Mengeon Le). — Mengin, 561.

Febvre (Mengin Le). — De Malvoisin, 528.

Febvre (Nicolas Le). — Le Febvre, 460, 461, 463.

Febvre (Nicolas Le). — Mengin, 561.

Febvre (Nicolas Le). — Reboucher, 683.

Febvre (Nicolas-Dominique Le). — Le Febvre, 463.

Febvre (Nicolas-Joseph Le). — Maimbourg, 520.

Febvre (N. Le). — Le Febvre, 460, 461.

Febvre (Simon - Xavier Le). — Le Febvre, 463.

Febvre (Thérèse Le).* — Le Febvre, 463.

Febvre (Thérèse Le). — Maimbourg, 520.

Febvre (Xavier Le). — Le Febvre, 462.

Febvre d'Ancy Le (Elisabeth). — Mesguin, 569.

Febvre d'Ancy Le (Nicolas). — Mesguin, 569.

Febvre d'Aucy (Catherine Le). — Gondrecourt, 314.

Febvre de Henamenil (Nicolas-Léopold Le). — Le Febvre, 463.

Febvre de Monjoye (Christ-Michel Le). — Le Febvre, 463.

Febvre de Saint-Germain (Claude-Joseph Le) — Henry, 374.

Febvre de Saint-Germain (Joseph-François Le). — Lombillon, 498.

Fedo (Charles-Louis de). — Tonnoy, 793.

Félix (Germain-François de Saint). — Gaillard, 272.

Félix (Joseph-François de Saint). — Xaubourel B. Domnon, 837.

Férandière (François de La). — De La Forge, 248.

Ferandière (François de La). — Maillard, 511.

Ferchencourt (Antoine de). — Le Nice, 473.

Ferfald (Marie-Anne de). — Falaise, 232.

Ferette (Anne de). — Des Colsons, 160.

Ferette (Philippe de). — Des Colsons, 160.

Feriet (Agnès). — Petit, 632.

Feriet (Agnès, dite la vieille Tailleresse). — Mélian, 558.

Feriet (Alix). — Feriet B. Pulligny, 236.

Feriet (Anne). — Feriet, 235.

Feriet (Anne). — Feriet B. Pulligny, 236.

Feriet (Anne). — Feriet B. Metz, 237.

Feriet (Anne). — Go, 309.

Feriet (Anne). — Guérard, 331.

Feriet (Anne). — Mengin, 560.

Feriet (Balthazard). — Durand, 221.

Feriet (Balthazard). — Feriet, 235.

Feriet (Barbe). — Esmiet, 226.

Feriet (Barbe). — Feriet, 235.

Feriet (Barbe). — Feriet B. Metz, 237.

Feriet (Catherine). — Feriet, 236.

Feriet (Catherine). — Feriet B. Metz, 237.

Feriet (Charles). — Feriet, 236.

Feriet (Charles). — B. Metz, 237.

Feriet (Charles-François-Cœsar). — Feriet, 236.

Feriet (Claude). — Feriet, 235.

Feriet (Claude). — Mathieu, 546.

Feriet (Claude-Marguerite). — Dietremann, 197.

Feriet (Cœsar). — Feriet, 235.

Feriet (Didier). — Bertrand, 52.

Feriet (Didier). — Feriet, 234, 236.

Feriet (Didier). — Fer. B. Pulligny, 236.

Feriet (Didier). — Gaillard, 271.

Feriet (Didier). — Jénin ou Génin, 414.

Feriet (Didier). — Triplot, 798.

Feriet (Dominique). — Feriet B. Metz, 237.

Feriet (Élisabeth). — Feriet, 235.

Feriet (Élisabeth). — Feriet, B. Metz, 237.

Feriet (Élisabeth). — Guérard, 331.

Feriet (Elisabeth). — Jobal, 416.

Feriet (Elisabeth). — La Grotte, 434.

Feriet (Elisabeth). — Louis dit Saint-Vallier, 499.

Feriet (Elisabeth). — Malclerc, B. Neufv. et C. S, 523.

Feriet (Emmanuel). — Feriet, 235.

Feriet (Fiacre). — Feriet, 234.

Feriet (Fiacre). — Guérard, 331.

Feriet (Fiacre). — Go, 309.

Feriet (Fiacre). — Mengin, 560.

Feriet (François). — Dietremann, 197.

Feriet (François). — Esmict, 226.

Feriet (François). — Feriet, 235, 236.

Feriet (François). — Touppet, 798.

Feriet (François II). — Feriet, 235.

Feriet (François III.). — Feriet, 236.

Feriet (Frédéric). — Feriet, 236.

Feriet (Georges). — Feriet, 236.

Feriet (Georges). — Feriet B. Pulligny, 236.

Feriet (Georges). — Metz, 237.

Feriet (Gergonne). — Feriet, 234.

Feriet (Gergonne). — Feriet B. Metz, 237.

Feriet (Gergonne). — Feriet, B. Pulligny, 236.

Feriet (Gergone). — Gauvain, 285.

Feriet (Gorgonne). — Beurges, 55.

Feriet (Henri). — Busselot, 95.

Feriet (Henri). — Feriet, 235.

Feriet (Henri). — Huyn, 399.

Feriet (Hubert). — Feriet, 235.

Feriet (Jean). — Feriet, 234.

Feriet (Jean). — Feriet B. Pulligny, 236.

Feriet (Jean). — Feriet à Metz, 237.

Feriet (Jean). — Ginet, 306.

Feriet (Jean). — Louis dit Saint-Vallier, 499.

Feriet (Jean). — Saulnier 737.

Feriet (Jean II). — B. Metz, 237.

Feriet (Jeanne). — Cachet de Pulligny, 100.

Feriet (Jeanne). — Feriet, 236.

Feriet (Joseph). — Feriet, 236.

Feriet (Louis). — Feriet, 234, 235, 236.

Feriet (Louis). — Feriet Metz, 237.

Feriet (Louis). — Mathieu, 546.

Feriet (Louis). — Molnet, 579.

Feriet (Lucie). — Feriet, 234.

Feriet (Lucie). — Gaillard, 271.

Feriet (Lucie). — Le Lombart, 496.

Feriet (Lucie). — Le Nerf, 473.

Feriet (Marguerite). — Basselot, 95.

Feriet (Marguerite). — Feriet, 235.

Feriet (Marie). — Feriet, 235.

Feriet (Marie). — Feriet B. Metz, 237.

Feriet (Marie). — Fer. B. Pulligny, 236.

Feriet (Marie). — Saulnier, 737.

Feriet (Mathieu). — Feriet, 237.

Feriet (Mengin). — Feriet 236.

Feriet (Mengin). — Regnauld ou Renault, 687.

Feriet ou Ferriet (Nicolas), — 234.

Feriet (Nicolas). — Feriet, 236.

Feriet (Nic.). — Feriet B. Pulligny, 236.

Feriet (Nic.). — Gallant, 273.

Feriet (Nicolas). — Le Lombart, 496.

Feriet (Nicolas II). — Feriet, 234.

Feriet (Nicolas II). — Fériet B. Pulligny, 236.

Feriet (Nicolas III). — Pulligny, 236.

Feriet (Nicolas IV). — Feriet B. Pulligny, 236.

Feriet (N.). — Dietremann, 197.

Feriet (N.). — Feriet, 234, 236.

Feriet (Paul). — Feriet B. Metz, 237.

Feriet (Philippe). — Feriet B. Metz, 237.

Feriet (René). — Feriet, 235.

Feriet (Renée). — Feriet, 235.

Feriet (Renée). — Molnet, 579.

Feriet (Suzanne). — B. Metz, 237.

Flavigny (Pierre de). — Fe-riet de Metz, 237.

Fleurant (Collin). — Gombault, 311.

Fleury (Catherine). — Cuny, 184.

Fleury (Catherine). — Thouvenot, 792.

Fleury (Didier), — 242.

Fleury (Didier). — Cuny, 184.

Fleury (Henri). — Fleury, 242.

Fleury (Jean). — Fleury, 242.

Fleury (Lionnet), — 242.

Fleury (Catherine de). — Massu, 544.

Fleury (Catherine de). — Saulget, 736.

Fleury (Claude de). — Massu, 544.

Fleury (Jacques de). — Lescamoussier, 482.

Fleury (Jeanne de). — Massu, 544.

Fleury (Marguerite de). — Lescamoussier, 482.

Fleury (N. de). — Saulget, 736.

Fleury dit **Pérignon** (Jean). — Pérignon, 622.

Fleury dit **Pérignon** (N.). — Pérignon, 622.

Fleutot (Barbe). — Fleutot, 243.

Fleutot (Charles). — Fleutot, 243.

Fleutot (Claude). — 242.

Fleutot (Claude de). — Fleutot, 243.

Fleutot (François-Joseph). — Fleutot, 243.

Fligny (Anne-Nicole de). — Levain, 491.

Fligny (Barbe de). — Gervaise, 299.

Fligny (Claude de) — Mageron, 504.

Fligny (Claude de). — Rutant B. Hanonville, 725.

Fligny (Marie de). — La Mothe, 445.

Flin (N. de Saint). — Jénin ou Génin, 414.

Floquet (Claude). — Floquet, 244.

Floquet (François), — 243.

Floquet (Françoise). — Floquet, 244.

Floquet (Jean). — Floquet, 243.

Floquet (Jean). — Labbé, 428.

Florainville (Antoinette de). — Gastinois, 278.

Florainville (Claude de). — Lescaille, 481.

Florainville (Marguerite de). — Loys ou Louis, 501.

Florange (François de), — 244.

Florange (Jean-Baptiste de). — Florange, 244.

Florange (René de). — Florange, 244.

Florenges (Jean-Baptiste de). — Clémery, 134.

Florent (Nicolas). — Saillet, 729.

Florentin (Anne). — Hugo, 389.

Florentin (Anne). — Lhuilier, 493.

Florentin (Florentin). — Monginot, 580.

Florentin (Louise). — Monginot, 580.

Florentin (Marguerite). — Mengin, 561.

Floriot (Anne). — Floriot, 244.

Floriot (Anne-Catherine). — Tardvenu, 767.

Floriot (Anne-Elisabeth). — Floriot, 244.

Floriot (Florentin), — 244

Floriot (Florentin). — Tardvenu, 767.

Floriot (Florentin). — Thillequin, 781.

Floriot (Françoise). — Floriot, 244.

Floriot (Françoise). — Jacquier, 406.

Floriot (Jean-François). — Floriot, 244.

Floriot (Marguerite). — Colonel, 160.

Floriot (Marie-Anne). — Floriot, 244.

Floriot (Nicolas-François). — Floriot, 244.

Floriot (Nicolas-François). — Tardvenu, 767.

Flory dit de Condé (Bertrand de). — Valleroy, 805.

Flory dite de Condé (Catherine de). — Valleroy, 805.

Floyel (Jean-Christophe), — 245.

Floyel de Briey (Jean). — Floyel, 245.

Foës (François). — Le Poignant, 477.

Foës (N). — Durand, 222.

Foinot ou Foynot (François), — 245.

Foncel (Gérard Le). — Hurault, 394.

Foncel (Jeannette Le). — Hurault, 394.

Fond (Charles de La). — Hacqueteau, 344.

Fontaine (Anne de La). — Didelot, 194.

Fontaine (Charles - Jérôme de). — Durand, 222.

Fontaine (Dominique de), — 245.

Fontaine (Ferry de La). — Lescamoussier, 482.

Forgeau (Jeanne). — Noirel, 597.

Forgeault (Claude les). — Forgeault, 247.

Forgeault (Didier). — Forgeault, 246.

Forgeault (Henri). — Forgeault, 247.

Forgeault (Jacqueline). — Nusement, 600.

Forgeault (Jacques les). — Forgeault, 247.

Forgeault (Jacquotin),—247.

Forgeault (Jacquotin). — Forgeault, 247.

Forgeault (Jean). — Forgeault, 247.

Forgeault (Jeanne). — Forgeault, 247.

Forgeault (Nicolas). — Forgeault, 247.

Forgeault (Nicolas). — Noirel, 246.

Forgeault (Perlette). — Forgeault, 247.

Forgeault (Perrin). — Forgeault, 247.

Forges (Anne des).— Hubert, 387.

Forges (Colin de), — 249.

Forget (Anne). — Caillou, 102.

Forget (Barbe). — Antoine, 9.

Forget (François). — Busselot, 95.

Forget (François).— Caillou, 102.

Forget (Jacques). — Forget, 249.

Forget (Jacques). — Cronders, 329.

Forget (Jean), — 249.

Forget (Jean-Henri). — Forget, 249.

Forget de Barge (N.). — Forget, 249.

Forget de Barge (N). — Magnien, 506.

Forgot (Simon), — 249.

Forrestier (Jeanne). — Sirejean, 756.

Forruye (Yolande de). — Bailly, 23.

Fort (Françoise du). — Busselot, 95.

Fort (Jeanne-Claude le). — Barette, 31.

Fort (Michel le). — Barette, 31.

Fossard (Roger de). — Fabvier, 229.

Fosse (Aubriot de La). — Roder, 698.

Fosse (Marguerite de La). — Roder, 698.

Fosse (Marie-Charlotte La). — Gillet, 303.

Fosse (Nicolas de La). — Des Fours, 262.

Fosse (Nicolas de la). — Noirel, 597.

Fosse (Nicolas de La). — Roder, 698.

Fosse (Nicolas de La). — De Villiers, 822.

Fossés (Jabien des). — Des Fossés, 250.

Fossés (Philippe des), — 249.

Fossés (Philippe I et II des). — Des Fossés, 250.

Fossés de la Huchandière (Anne des). — Fourier, 253.

Foucault (Nicolas). — Le Prieur, 480.

Foudreval (Barthelémy de). — Roussel, 709.

Foullon (Jacques de). — Saulnier, 738.

Foulon (Anne). — Gondrecourt, 316.

Foulon (Isabelle Le). — Mageron, 504.

Fouquel (Robert). — Hennequin B. d'Ozon, 362.

Fouquesolles (François de). — Hennequin, 360.

Four (Charles du). — Du Four, 251.

Four (Charlotte du). — Du Four, 251.

Four (Claude du). — Du Four, 251.

Four (Claude II et III du). — Du Four, 254.

Four (Claude-François du). — Du Four, 251.

Four (Élizabeth du). — Du Four, 251.

Four (Jeanne du). — Du Four, 251.

Four (Louise du). — Du Four, 251.

Four (Marie du). — Du Four, 251.

Four (Michel-Baptiste du), — 250.

Four (Nicolas du). — Du Four, 251.

Four (Pétronille de). — Canon, 105.

Four (Petronille du). — Du Four, 250.

Fouraire (Antoine), — 251.

Fouraire (Daniel). — Fouraire, 251.

Fouraire (François). — Fouraire, 251.

Fouraire (Françoise). — Thieriet, 777.

Fouraire (Jean). — Le Braconnier, 457.

Fouraire (Jean). — Fouraire, 251.

Fouraire (Melchior). — Andernach, 8.

Fouraire (Melchior). — Parisot, 612.

Fouraire (Melchior). — Thieriet, 777.

Fouraire (Melchior). — Thomassin, 786.

Fourier (Élisabeth). — Fourier, 253.

Fourier (Françoise). — Fourier, 252.

Fourier (Gabrielle). — Fourier, 252.

Fourier (Henri). — Fourier, 252.

Fourier (Jacques). — Fourier, 252.

Fourier (Jean). — Fourier, 252, 253.

Fourier (Jean II). — Fourier, 252.

Fourier (Jean-Pierre). — Fourier, 253.

Fourier (Madeleine). — Fourier, 252.

Fourier (Marguerite). — Fourier, 252.

Fourier (Marguerite). — Ravinel, 678.

Fourier (Marie). — Fourier, 252.

Fourier (Marie ou Catherine). — Saillet, 729.

Fourier (Nicolas). — Fourier, 252, 253.

Fourier (Nicole). — Merey, 566.

Fourier (N.). — Fourier, 253.

Fourier (Pierre), — 253.

Fourier (Pierre). — Fourier, 252, 253.

Fournier (Agnès). — Fournier, 256.

Fournier (Anne). — Fournier, 254, 256, 257.

Fournier (Anne). — Girmont, 307.

Fournier (Anne-Antoinette). — D'Arnolet, 12.

Fournier (Anne-Marthe). — Le Febvre, 463.

Fournier (Anne-Thérèse). — Fisson, 241.

Fournier (Anne-Thérèse). — Fournier, 256.

Fournier (Antoine-Affricain). — Fournier, 255.

Fournier (Balthazar) . — Fournier, 257.

Fournier (Balthazard). — Humbert, 392.

Fournier (Barbe). — Fournier 255.

Fournier (Barbe). — Jacob, 402.

Fournier (Bastien). — Fournier, 257.

Fournier (Catherine). — Fournier, 255.

Fournier (Catherine). — Rousselot, 712.

Fournier (Charles). — Fournier, 258.

Fournier (Charlotte-Madeleine). — Villaucourt, 820.

Fournier (Claude), — 258.

Fournier (Claude). — Fournier, 254, 257.

Fournier (Claude). — Guerin, 333.

Fournier (Claude). — La Ruelle, 449.

Fournier (Claude). — Rousselot, 714.

Fournier (Claude).— Voillot, 833.

Fournier (Claude). — Wara, 837.

Fournier (Claude II). — Fournier, 255.

Fournier (Claude-Françoise). — Feron, 238.

Fournier (Claude-Françoise). — Fournier B. Zugmantel, 256.

Fournier (Claude-Françoise). — Gaudel, 279.

Fournier (Claude-Louis). — Fournier, 255.

Fournier (Claudine).— Fournier, 256.

Fournier (Claudine - Agnès). — Fournier, 257.

Fournier (Élizabeth). — Caboat, 97.

Fournier (Élizabeth). — Dolmaire, 200.

Fournier (Élizabeth). — Fournier, 256, 257.

Fournier (François). — Caboat, 97.

Fournier (François). — Chacopt, 110.

Fournier (François).— Fournier, 254, 255, 256, 257.

Fournier (François). — Grandmaire, 323.

Fournier (François-Charles). — Fournier B. Neydeck, 255.

Fournier (Françoise). — Fournier, 255, 256.

Fournier (Françoise).— Guichart ou Duport, 335.

Fournier (Françoise). — Sarrazin, 733.

Fournier (Gabriel). — Fournier, 255.

Fournier (Gabrielle-Christine). — Fournier, 256.

Fournier (Gertrude).—Bourgeois, 73.

Fournier (Gertrude).—Fournier, 256, 257.

Fournier (Guillaume). — Fournier, 258.

Fournier (Hanzo), — 257.

Fournier (Henri). — Le Febvre, 463.

Fournier (Henry). — Fournier, 258.

Fournier (Isabeau). — Gaillard, 272.

Fournier (Isabeau). — Le Pois, 478.

Fournier (Izabeau). —Fournier, 256, 257.

Fournier (Jacob). — Fournier, 257.

Fournier (Jacques).—Fournier, 256, 257.

Fournier de Raon (François). — Tabouret, 763.

Fournier de Raon (Isabeau). — Poirot, 660.

Fournier de Raon (Madelaine). — Fournier, 254.

Fournier de Raon (Madeleine). — Guichard ou Dupont, 335.

Fournier de Raon (Madelaine). — Rousselot, 712.

Fournier de Raon (Marguerite). — Jacob, 402.

Fournier de Raon (Pierre). — Bourgeois, 73.

Fournier de Sully (Jean).— Fournier, 255.

Fourny (Louise). — Fourny, 259.

Fourny (Louise de). — Henn. B. Lentages et Curel, 367.

Fourny (Sébastien de). — Henn. B. Lentages et Curel, 367.

Fourny dit du Jonc (Sébastien), — 258.

Fourny dit du Jonc (Sébastien). — De Pullenois, 672.

Fourot ou Fourault (Jean), — 259.

Fourquignon (Nicole). — Drouin, 208.

Fours (Adalbert des). — Des Fours, 263.

Fours (Albert des). — Fours, 262.

Fours (Albert-Maximilien des). — Des Fours, 262.

Fours (Anne des). — Des Fours, 262.

Fours (Anne-Polixène des).— Des Fours, 262.

Fours (Barbe des). — Chavenel, 124.

Fours (Barbe des). — Des Fours, 261.

Fours (Barbe des). — Pariset, 611.

Fours (Barbe-Euphémie des). — Des Fours, 262.

Fours (Catherine des). — Fours, 261, 262.

Fours (Charles des). — Des Fours, 263.

Fours (Christine des). — Des Fours, 262.

Fours (Claude des). — Des Fours, 260, 261.

Fours (Élisabeth des). — Des Fours, 262.

Fours (Etienne des). — Des Fours, 261.

Fours (Ferdinand des). — Des Fours, 262.

Fours (François des). — Des Fours, 260, 262, 263.

Fours (Guillemin des),— 260.

Fours (Jacques des). — Des Fours, 260.

Fours (Jean des). — Des Fours, 260.

Fours (Jeanne des). — Bautriset, 39.

Fours (Jeanne des).— Le Briseur, 90.

Fours (Jeanne des). — Chastenoy, 122.

Fours (Jeanne des). — Des
Fours, 260, 263.

Fours (Joachim des).—Fours,
261, 262.

Fours (Joachim des). — Lescut, 486.

Fours (Joseph des).— Fours,
262.

Fours (Louis des). — Fours,
262.

Fours (Louis des). — Serrières, 749.

Fours (Louise des). — Des
Fours, 262.

Fours (Ludomelle des) . —
Des Fours, 262.

Fours (Marguerite des). —
Le Briseur, 90.

Fours (Marguerite des). —
Dubois, 210.

Fours (Marguerite des). —
Des Fours, 260, 261.

Fours (Marguerite des). —
Jénin ou Génin, 414.

Fours (Marie des). — Fours,
262.

Fours (Marie-Anne des). —
Des Fours, 262.

Fours (Marthe des). — Des
Fours, 261.

Fours (Marthe des). — Mittate, 577.

Fours (Méline des). — Des
Fours, 260.

Fours (Nicolas des). — Des
Fours, 260, 262.

Fours (Nicolas des). — Jénin
ou Génin, 414.

Fours (Nicolas des). — Mittate, 577.

Fours (Nicolas des). — Pariset, 611.

Fours (Nicolas III des). —
Des Fours, 261.

Fours (N. des). — Taupinet
ou Taupignet, 769.

Fours (Polixène des). — Des
Fours, 263.

Fours (Thérèse des). — Des
Fours, 262.

Fours (Toussaint des). — Des
Fours, 260, 261, 263.

Fours (Venceslas des). — Des
Fours, 262.

Fourville (Antoine). — Four-
ville, 263.

Fourville (Jacques-Hyacin-
the), — 263.

Foux de Lemnitz (Anne). —
Vallée, 802.

Fouyn (N. de). — Fanchon,
233.

Foynot (François), — 263.

Fraise ou Fresse (Didier de
la). — 264.

Francenot (François),—264.

François (Antoinette). — De
la Lance, 437.

François (Bernardin). — François, 264.

François (Catherine). — François, 265.

François (Catherine). — Mageron, 504.

François (Charles), — 265, 266.

François (Charles). — François, 265.

François (Charles). — Grandoyen, 323.

François (Claude). — D'Arbois, 11.

François (Claude). — François, 265.

François (Claude). Grandoyen, 323.

François (Clément), — 265.

François (Clément). — Poural, 663.

François (Gabriel), — 266.

François (Ignace). — François, 265.

François (Jean), — 264.

François (Jean). — François, 264.

François (Jean). — Marguerite, 504.

François (Jean-Gabriel), — 266.

François (Jean-Gabriel). — François, 266.

François (Jean-Gabriel). — Ory, 603.

François (Jeanne). — Des Fossés, 250.

François (Jeanne). — Girard, 306.

François (Jeanne-Marie). — Margueron, 535.

François (Marguerite). — François, 264.

François (Marguerite). — Pierron, 645.

François (Marguerite). — Rutant, 724.

François (N.). — François, 265.

François (N.). — Poural, 663.

François (Simon), — 264.

François (Simon). — Pierron, 645.

François (Suzanne). — François, 264.

François de Lombillon (André). — Jeanmaire, 412.

Francquemont (Gabriel-Georges de). — Maillet, 513.

Francquemont (Nicolas-Joseph de). — Maillet, 514.

Francquinet (Henri), — 267.

Fraye (Anne). — Gondrecourt, 316.

Fraye (Claude). — Gondrecourt, 316.

Fraye (Hélène). — Keiseler, 422.

Frédérich (François - Guillaume). — Frédérich, 267.

Frédérich (Hans), — 267.

Frédérich (Hans). — Go, 309.

Frédérich (Mathide). — Fréderic, 267.

Frédérich (N.). —Frédérich, 267.

Frederich (N.). — Go. 309.

Freistroff ou Freistorff (Jean-Fréderich), — 268.

Fremin (Louis). — De Pulenois, 671.

Freminet (Gérard).— Grand-Pierre, 324.

Freminet (Marie-Thérèse).— Durand, 223.

Freminez (Barbe des). — Freminet, 267.

Freminez (Gérard des). — Freminet, 267.

Freminez (Gérard). — Freminez, 267.

Freminez (Jean). — Freminet, 267.

Freminez (Jean des). — Freminet, 267.

Freminez (Jérosme des). — Freminet, 267.

Freminez (Nicolas), — 267.

Fremion (Catherine). — Friant, 269.

Fremy (Claudon). — Hordal, 384.

Fremy (Claudon). — Pagel, 608.

Frénel (Marien), — 267.

Freschart (Humbert), —268.

Freschart (Nicolas). — Freschart, 268.

Fresnaye (Jean de La). — Humbelot, 391.

Fresneau (Claude de). — Prudhomme, 665.

Fresnel (Claude de). — Lescamoussier, 482.

Fresnes (Claude de). — Platel, 654.

Fresnes (Nicole de). — Hennequin B. Lentages et Curel, 366.

Fresnière (Charles de). — Remy, 691.

Fresnières (Françoise de).— Remy, 691.

Fresnières (Charles de). — Touppet, 795.

Fresnoy (Marie-Élizabeth des). — Du Mesnil, 571.

Fresnoy (Nicolas du). — Du Mesnil, 571.

Friant (Charles). — Friant, 269.

Friant (Charles-François).— Friant, 269.

Friant (Charles II).— Friant, 269.

Friant (Claude). — Friant, 269.

Friant (Claude-Françoise).— Friant, 269.

Friant (Claude-Françoise).— Petit, 633.

Friant (Didier), — 268.

Friant (Dominique-François). — Friant, 269.

Friant (Hugues). — Friant, 269.

Friant (Isabelle). — Friant, 268.

Friant (Jeanne-Françoise). — Friant, 269.

Friant (Nicolas). — Friant, 269.

Friant (Nicolas). — Petit, 633.

Friant (N.). — Friant, 269.

Friant (Pierre). — Friant, 268.

Friant (Pierre). — Petit, 633.

Friant (Renée). — Friant, 269.

Friant d'Alaincourt (Charles-François). — Sirejean, 756.

Friant d'Alaincourt (Dominique). — Thibault, 773.

Fricaudet (Barbe). — De Villers, 822.

Friche (Barbe). — Friche, 270.

Friche (Barbe). — Des Halles, 346.

Friche (Barbe). — Poiresson, 658.

Friche (Jean). — Friche, 270.

Friche (Jenon ou Jeanne). — Friche, 270.

Friche (Joseph), — 269.

Frichet (Jeanne). — Bailly, 24.

Frichon (Jenon). — Fournier, 257.

Fricourt (Claude). — Machon, 503.

Fricourt (Claude de). — Callot, 102.

Fricourt (Marguerite de). — De Pullenois, 672.

Fricourt (Pernette de). — Fournier, 257.

Frische (Jenon). — Henry, 371.

Frische (Jenon). — Maimbourg, 517.

Froimont (Louis de). — Legrand B..Rehainviller,466.

Fromenteau (François). — Fromenteau, 270.

Fromenteau (Mathieu), — 270.

Fronteney ou Frontenoy (Jeanne de). — Merlin, 568.

Frotin (Léopold-Henry). — Protin, 665.

Frouart (Agnès de). — Cavot, 108.

Frouart (Ferry de). — Mauljean, 548.

Fumée (Dion). — Caboat, 97.

Fumée (Dion). — Forgeault, 247.

Fumeulx (François), — 270.

Fumeulx (Gérard). — Fumeulx, 270.

Fusy (Claude). — Le Grand, 465.

Fusy (Pierre), — 270.

Fusy (Pierre). — Le Grand, 465.

Fuzelier (François). — Maras, 530.

Fuzelier (N.). — Le Braconnier, 457.

Fuzy (Catherine).—Caboche, 97.

Fuzy (Catherine). — Fusy, 270.

Fuzy (Claude). — Datel B. Marzéville, 187.

Fuzy (Claude). — Fusy, 270.

Fuzy (Pierre). — Caboche, 97.

G

Gabillon (Nicolas). — Dattel, 187.

Gâdine (Didon). — Contenot, 172.

Gagnedenier (Nicolas). — Maillot, 517.

Gaillard (Alix du). — Gaillard, 272.

Gaillard (Ange du). — Gaillard, 272.

Gaillard (Anne). — Henry, 372.

Gaillard (Anne-Catherine). — Gaillard, 272.

Gaillard (Anne-Catherine du). — Martiny, 541.

Gaillard (Anne-Diane du). — Gaillard, 272.

Gaillard (Antoine-Philippe du). — Gaillard, 272.

Gaillard ou Baillard (Barbe). — Laudinot, 451.

Gaillard (Catherine de). — Payen, 620.

Gaillard (Charlotte du). — Gaillard, 272.

Gaillard (Charlotte du). — Vallée, 802.

Gaillard (Chrétien). — Gaillard, 271.

Gaillard (Christine du). — Gaillard, 272.

Gaillard (Claude du).— Gaillard, 272.

Gaillard (Claude du). — Rousselot B. d'Hédival, 713.

Gaillard (Élisabeth du). — Gaillard, 272.

Gaillard (François du). — Gaillard, 272.

Gaillard (Françoise du). — Gallant, 273.

Gaillard (Françoise Le). — Aubertin, 16.

Gaillard (Frédéric). — Gaillard, 271.

Gaillard (Gabrielle du). — Gaillard, 272.

Gaillard (Georges). — Gaillard, 271, 272.

Gaillard (Georges de).— Tervenu de Saulxerotte, 768.

Gaillard (Georges de). — Xaubourel B. Domnon, 836.

Gaillard (Georges-Benjamin du). — Gaillard, 272.

Gaillard (Georges-Benjamin du). — Martiny, 541.

Gaillard (Georges-Benjamin de). — Vigneulles, 818.

Gaillard (Georges II). — Gaillard, 271.

Gaillard (Jean de). — Mazures, 556.

Gaillard (Jean-Nicolas Du).— Gaillard, 272.

Gaillard (Jeanne). — Feriet, 234.

Gaillard (Jeanne). — Gaillard, 271.

Gaillard (Joachim). — Gaillard, 272.

Gaillard (Julien-François).— Gaillard, 272.

Gaillard (Julien-François du). — Vallée, 802.

Gaillard (Louis). — Gaillart, 271.

Gaillard (Louis Le). — Feriet, 234.

Gaillard (Lucie). — Gaillard, 271.

Gaillard (Lucie du). — Xaubourel, 836.

Gaillard (Nicolas), — 271.

Gaillard (N.). — Gaillard, 272.

Gaillard (N. du). — Gallant, 273.

Gaillard (Pernette). — Gaillard, 271.

Gaillard (Pernette Du). — Xaubourel B. Domnon, 836.

Gaillet (François). — Braux, 85.

Gainot (Claude).— Pérignon, 622.

Galand (Alix Le). — Aubertin, 16.

Galand (Mangin Le). — Aubertin, 16.

Galand (Méline Le). — Baudouin, 37.

Galavaux (Isabelle).—Gillet, 304.

Galcher (Théophile). — Pariset, 612.

Galland (Méline Le). — Marchand, 532.

Galland (Méline Le). — Remy, 690.

Galland (Mengin).—Gallant, 273.

Galland (Richard), — 273.

Gallant (Alix). — Gallant, 273.

Gallant (Barbe Le). — Feriet B. Pulligny, 236.

Gallant (Barbe). — Gallant, 273.

Gallant (Claudon). — Gallant, 273.

Gallant (Jeanne). — Gallant, 273.

Gallant (Jeanne Le). — Bermand, 48.

Gallant (Méline).— Du Bourg, 72.

Gallavault (Claudin). — Gallavault, 273.

Gallavault (Jean). — Gallavault, 273.

Gallavault (Nicolas), — 273.

Gallavault (Norbert). — Gallavault, 273.

Gallavault (Vaultrin).— Gallavault, 273.

Gallet (Georges). — 274.

Galliot (Chrétienne ou Christine). — Galliot, 274.

Galliot (Chrétienne). — Notta, 599.

Galliot (Didier). — Galliot, 274.

Galliot (Didier).—Notta,599.

Galliot (Nicolas), — 274.

Galliot (Nicolas). — Notta, 599.

Gallo (Françoise de). — Des Fours, 262.

Gallo (Pompée de). — Des Fours, 262.

Gallois (Anne). — Gallois, 275.

Gallois (Antoine), — 274.

Gallois (Antoine). — Gallois, 530.

Gallois (Antoine). — Jarny, 410.

Gallois (Antoine). — Millet, 575.

Gallois (Daniel). — Gallois, 275.

Gallois (Daniel). —Mageron, 505.

Gallois (Daniel). — Platel, 655.

Gallois (Dinier ou Daniel). — Gallois, 275.

Gallois (François). —Gallois, 274, 275.

Gallois (Georges). — Gallois, 274.

Gallois (Hyacinthe-Ignace). — Gallois, 275.

Gallois (Jacques). — Gallois, 274.

Gallois (Jean). — Gallois, 274.

Gallois (Judith). — Gallois, 275.

Gallois (Madelaine).—Maras, 530.

Gallois (Marguerite). — Gallois, 274.

Gallois (Nicolas). — Gallois, 274.

Garnot (Robert). — Garnot, 276.

Garoche (Charles). — 276.

Garrigue de Saint-Quentin (Jean de La). — Reboursel, 685.

Gascon (Guionne). — Mesnil, 571.

Gaspard (Claude), — 277.

Gaspard (Claude). — Gaspard, 277.

Gaspard (Claude). — Peltre, 621.

Gaspard (Marguerite). — Gaspard, 277.

Gaspard (Mengeon). — Gaspard, 277.

Gaspard (Nicolas). — Bouveron, 80.

Gaspard (Nicolas). — Gaspard, 277.

Gaspard (Nicole). — Gaspard, 277.

Gaspard (Réné). — Gaspard, 277.

Gasselin (Élizabeth). — Beurges, 55.

Gastebois (Thiébault), — 277.

Gastinois (Anne de). — Gastinois, 277.

Gastinois (Anne Le). — Cardon, 106.

Gastinois (Antoine de). — Gastinois, 277.

Gastinois (Antoinette de). — Gastinois, 278.

Gastinois (Christophe), — 277.

Gaston (Jean), — 278.

Gatinois (Jeanne). — Leschicault, 485.

Gattelier (François-Louis le). — Mazerulles, 556.

Gaucher (Blaise). — Gaucher, 278.

Gaucher (Didier). — Gaucher, 278.

Gaucher (Jean), — 278.

Gaucher (Jean I). — Gaucher, 278.

Gaucher (Jean II). — Gaucher, 278.

Gaucher (Marie-Dieudonnée). — Gaucher, 278.

Gaucher (Marie-Dieudonnée). — Gillet, 305.

Gaucher (Marie-Dieudonnée). — Parizot, 614.

Gaucher (Marie-Dieudonnée). — Sellier, 744.

Gaudel (Anne). — Abram, 2.

Gaudel (Anne). — Gaudel, 280.

Gaudel (Anne). — Thomassin, 788.

Gaudel (Anne-Françoise). — Gaudel, 279.

Gaudel (Bastienne). — Gaudel, 279.

Gaudel (Claude), — 278.

Gauvain (Jeanne). — Gauvin, 285.

Gauvain (Jeanne). — Loys ou Louis, 500.

Gauvain (Louis). — Gauvain, 285.

Gauvain (Louis-Alexandre). — Gauvin, 285.

Gauvain (Louis-Alexandre). — Rousselot, 715.

Gauvain (Louis II). — Gauvain, 285.

Gauvain (Marguerite) . — Gauvain, 286.

Gauvain (Marguerite de). — Boussemart, 79.

Gauvain (Marthe). — Gauvin, 285.

Gauvain (Melchior). — Gauvain, 285.

Gauvain (N.). — Gauvin, 286.

Gauvain (N). — Marien, 537.

Gauvain (Pierre).— Roussel, 709.

Gauvain (Thérèse). — Gauvin, 286.

Gauvain de Champé (Thérèse). — Labbé, 429.

Gay (Béatrix Le). — Vion, 826.

Gayetel (Claude), — 286.

Gayette (Christophe). — Le Prieur, 480.

Gaynot (François).— Gaynot, 286.

Gaynot (Jean). — Cachedenier, 98.

Gaynot (Jean). — Gaynot, 286.

Gaynot (Marguerite). — Cachedenier, 98.

Gaynot (Marguerite). — Gaynot, 286.

Gaynot (Marie). — Cachedenier, 98.

Gaynot (Pierre), — 286.

Gaynot (Pierre). — Gaynot, 286.

Gaynot (René). — Gaynot, 286.

Gaynot (René). — Henrion, 286.

Gaynot (René II). — Gaynot, 287.

Géant (Clément du), — 287.

Géant (Clément du).—Gruyer, 330.

Gebenhausen (Dion). — Poiresson, 658.

Geberry (Michel). — Guérin, 333.

Gedoine (Arthur). — Hennequin, 359.

Gelée (Anne). — Ginet, 306.

Gelée (Didière). — Bournon, 77.

Gelée (Didière). — Marionnelz, 537.

Gelée (Michel), — 287.

Gelée (Nicolas). — Adam, 2.

Gelée (Nicole). — Adam, 2.

Gelhay (Baron de). — Huyn, 401.

Gelin (Jean). — Despicy, 191.

Gelin (Perron). — Despicy, 191.

Gelinot (Anne-Françoise). — Le Paige, 475.

Gelinot (N.). — Le Paige, 475.

Gellée (Catherine). — Jobal, 416.

Gellée (Nicolas), — 287.

Gellenoncourt (Anne-François). — Beaufort, 42.

Gellenoncourt (Charles - François). — Beaufort, 42.

Gellenoncourt (Charles-Henry-François de). — Beaufort, 43.

Gellenoncourt (Charles-Henry-François de). — Henry, 372.

Gellenoncourt (Charlotte - Madeleine de). — Beaufort, 42.

Gellenoncourt (Chrétienne-Françoise). — Beaufort, 42.

Géllenoncourt (Claude de). — Beaufort, 42.

Gellenoncourt (François de). — Beaufort, 42.

Gellenoncourt (Henri de). — Beaufort B. Darnieulle, 43.

Gellenoncourt (Jean-Charles de). — Beaufort, 42.

Gellenoncourt (Joseph de). — Beaufort, Darnieulle, 43.

Gellenoncourt (Joseph-Charles-Benoit de). — Beaufort, 43.

Gellenoncourt (Nicolas de). — Beaufort, 42.

Gellenoncourt (Nicolas-François de). — Beaufort, 42.

Gellenoncourt (Paul-François de). — Beaufort, 42.

Gellenoncourt (Philippe de). — Beaufort, 42.

Gellenoncourt (Philippe de). — Beaufort B. de Darnieulle, 42.

Gellenoncourt (Philippe de). — Bertrand, 52.

Gellenoncourt (Théodore de). — Beaufort, 42.

Gemel (Nicolas). — Chacopt, 109.

Gendon (Edme). — Philippe, 641.

Gendon (Marie-Renée). — Philippe, 641.

Genest (Anne). — Jeaugeon, 413.

Genest (Anne). — Saulget, 736.

Genest (Nicolas), — 288.

Geneval (Joseph). — Gaspard, 277.

Génicourt (Anne de). — Vincent, 823.

Génicourt (Jacquemin de). — Des Fours, 260.

Génicourt (Max de). — Des Fours, 260.

Génin (Anne). — Le Briseur, 90.

Génin (Anne).— Collinet,165.

Génin (Claude-Hyacinthe),— 288.

Génin (Claude et Nicolas). — Génin, 288.

Génin (Daniel), – 288.

Génin (Gaspard), — Génin, 288.

Génin (Marthe). — Champenois B. Neufrelotte, 113.

Gennesson (Marie-Anne). — Gillet, 303.

Gennetaire (Anne). — Gennetaire, 290.

Gennetaire (Anne de). — Le Grand B. Rehainviller, 465.

Gennetaire (Claude), — 289.

Gennetaire (Claude). —Gennetaire, 290.

Gennetaire (Claude). — Jenin ou Génin, 415.

Gennetaire (Claude). — Maimbourg, 518.

Gennetaire (Claude de). — Le Grand B. Rehainviller, 465.

Gennetaire (Claude-François). — Gennetaire, 289.

Gennetaire (Jeanne de). — Callot, 103.

Gennetaire (Claude-Françoise). — Maimbourg, 520.

Gennetaire (Éléonore). — Gennetaire, 289.

Gennetaire (Éléonore).— Jenin ou Génin, 415.

Gennetaire (Éléonore). — Mengin, 561.

Gennetaire (Éléonore).— Urguet, 836.

Gennetaire (Élisabeth). — Gennetaire, 289.

Gennetaire (François).·— Gennetaire, 290.

Gennetaire (Françoise). — Guinet, 340.

Gennetaire (Françoise de).— Guichart, 336.

Gennetaire (Jacqueline). — Bermand, 49.

Gennetaire (Jacqueline). — Gennetaire, 290.

Gennetaire (Marguerite de). — Mittate, 577.

Gennetaire (Marie). — Andernach, 8.

Gennetaire (Marie). — Gennetaire, 289, 290.

Gennetaire (Marie).— Huyn, 400.

Gennetaire (Marie). — Malcuit, 524.

Gennetaire (Marie-Agnès).— Alcouffe, 5.

Gennetaire (Marie-Agnès).— Gennetaire, 289.

Gennetaire (Mengin).— Gennetaire, 289.

Gennetaire (Mengin).·—Malcuit, 524.

Gennetaire (Mengin de). — Villaume de Porses, 832.

Gennetaire (Nicolas). — Callot, 103.

Gennetaire (Nicolas).— Gennetaire, 289, 290.

Gennetaire (Nicolas). — Guinet, 340.

Gennetaire (Nicolas). — Peltre, 621.

Gennetaire (N.). — Cachet de Nancy, 100.

Gennetaire (Nicolas) de Mirecourt. — Virion, 828.

Génot (Jeannette ou Marguerite). — Bélamy, 44.

Gentil (Adrien). — Gentil, 290.

Gentil (Albert).— Gentil, 290.

Gentil (Jacques). — Gentil, 290.

Gentil (Jean), — 290.

Gentil (Jean). — Gentil, 290.

Gentil (Nicolas). — Gentil, 290.

Gentil (Nicolas). — Gentil, 291.

Gentil (Philippe). — Gentil, 290.

Gentil de la Jonchapt (Léonard de). — Rutant B. Marainville, 726.

Gentil de la Jonchapt (Marie-Françoise de). — Rutant B. Marainville, 726.

Gentot (Philibert). — Simony, 753.

Geoffroy(Bastien).—Geoffroy 291.

Geoffroy (Cuny). — Geoffroy, 291.

Geoffroy (Gérard). — Geoffroy, 291.

Geoffroy (Jean), — 291.

Geoffroy (Jean). — Baudinet, 37.

Geoffroy (Jeanne). — Baudinet, 37.

Geoffroy (Jeanne). — Geoffroy, 291.

Geoffroy (Lucie). — Maucervel, 547.

Geoffroy (Mayelle). — Geoffroy, 291.

Geoffroy (Nicolas). — Machon, 503.

Geoffroy (Noël). — Geoffroy, 291.

Geoffroy (N.). — Bazard, 21.

Geoffroy (N.). — Geoffroy, 291.

Geoffroy (N.). — Vallée, 801.

Georges (Antoinette).— Georges, 292.

Georges (Charles). — Georges, 292.

Georges (Christophe-Thérèse). — Georges, 293.

Georges (Claude), — 293.

Gérin (Jeanne). — Thierion, 778.

Gerlet (Jean), — 298.

Gerlet (Jean). — Saulxures, 740.

Gerlet (Jean). — Warin, 837.

Germiny (Philippe de). — Jacob, 402.

Germiny (Louis-Charles de). — Gaulthier, 284.

Germiny (Marthe - Charles de). — Gaulthier, 284.

Germonville (Sʳ de). — Le Paige, 475.

Gervaise (André). — Gervaise, 299.

Gervaise (Anne). — Gervais, 298.

Gervaise (Barbe). — Gervaise, 299.

Gervaise (Barbe). — Gondrecourt, 317.

Gervaise (Caton). — Gervaise, 299.

Gervaise (Claude). — Gervaise, 299.

Gervaise (Claudine). — Gervaise, 299.

Gervaise (Didier), — 300.

Gervaise (François). — Gervaise, 299.

Gervaise (Françoise). — Gervais, 299.

Gervaise (Genon). — Gervaise, 299.

Gervaise (Gérard). — Gervaise, 299, 300.

Gervaise (Gérard). — Jacob, 403.

Gervaise (Gerard). — Toignart, 792.

Gervaise (Guillaume). — Gervaise, 300.

Gervaise (Guillaume). — Volkier, 834.

Gervaise (Jean), — 300.

Gervaise (Jean). — Gervaise, 299.

Gervaise (Jean). — Malaumont, 521.

Gervaise (Jean). — Maras, 529.

Gervaise (Jean). — Thomas, 783.

Gervaise (Jeanne). — Gervaise, 300.

Gervaise (Jeanne). — Maras, 529.

Gervaise (Jennon). — Volkier, 834.

Gervaise (Louis). — Gervaise, 299.

Gervaise (Marguerite). — Gervaise, 300.

Gervaise (Marguerite). — Jobal, 417.

Gervaise (Marguerite). — Martin, 540.

Gervaise (Marguerite). — Parvy ou Parny, 616.

12

Gillet (Elisabeth). — Gillet, 303.

Gillet (Elisabeth). — Viart, 818.

Gillet (Estevin). — Gillet, 303.

Gillet (Ferry Les). — Gillet, 304.

Gillet (François). — Arnould, 12.

Gillet (François). — Caboat, 97.

Gillet (François). — Gillet, 300, 304.

Gillet (Jean). — Gillet, 303.

Gillet (Jean Les). — Gillet, 304.

Gillet (Jeanne). — Gillet, 300.

Gillet (Jeanne). — Pierre, 644.

Gillet (Jeanne). — Vosgien, 835.

Gillet (Jean-Baptiste) . — Gillet, 303.

Gillet (Marie). — Gillet, 303.

Gillet (Marie-Anne-Antoine). — Gillet, 303.

Gillet (Nicolas), — 304.

Gillet (Nicolas). — Conrard, 171.

Gillet (Nicolas). — Dumont, 216.

Gillet (Nicolas). — Gillet, 303.

Gillet (Nicolas). — Vosgien, 835.

Gillet (Paul Les). — Gillet, 304.

Gillet (Pierre). — Gillet, 303.

Gillet de la Vallée. — De la Forge, 248.

Gillet de la Vallée (Antoine). — Gillet, 303.

Gillet de la Vallée (Charles III). — Gillet, 303.

Gillet de la Vallée (Charles-Gabriel). — Gillet, 303.

Gillet de la Vallée (Christophe). — Gillet, 303.

Gillet de la Vallée (Claude). — Viart, 818.

Gillet de la Vallée (Jean). — Faillonnet, 230.

Gillet de la Vallée (Marie). — Buison, 93.

Gillet de la Vallée (Valtrin). — Gillet, 302.

Gillet de Vaucourt (Charles). — Gillet, 304.

Gillet de Vaucourt (Nicolas). — Gillet, 304.

Gillon (Françoise) . — Des Rouyers, 719.

Gillot (Françoise). — Gourdot, 319.

Gillot (Françoise). — Saulget, 736.

Gillot (N.). — Gourdot, 319.

Gillot du **Lys** (Claude). — Perrin, 625.

Gillot du **Lys** (Louis). — Perrin, 625.

Gilson (Jacques), — 305.

Gilson (Marguerite). — Lamorre (de), 444.

Gilvescourt (Anne - Martin de). — Jobal, 417.

Gilvescourt (Paul - Martin de). — Jobal, 417.

Ginet (Albert), — 305.

Ginet (Albert). — Ginet, 305, 306.

Ginet (Claude). — Ginet, 306.

Ginet (Claude). — Mauljean, 550.

Ginet (Claude). — Vignolles, 819.

Ginet (Claudon). — Ginet, 306.

Ginet (David). — Ginet, 305.

Ginet (François). — Ginet, 306.

Ginet (Françoise). — Ginet, 306.

Ginet (Gérard). — Ginet, 305.

Ginet (Jeanne). — Dattel B. Veinsberg, 188.

Ginet (Jeanne). — Ginet, 305.

Ginet (Joseph). — Ginet, 306.

Ginet (Madelaine). — Ginet, 306.

Ginet (Marguerite). — Ginet, 306.

Ginet (Marie). — Ginet, 306.

Ginet (Nicolas). — Ginet, 306.

Ginet (N.). — Lefevre, 461.

Ginet (Thirion). — Ginet, 305, 306.

Girard (Anne). — Senturier, 744.

Girard (Charles). — Hennequin B. Boinville, 364.

Girard (David). — Senturier, 744.

Girard (Élisabeth). — Hennequin B. Boinville, 364.

Girard (François), — 306.

Girard (Jean). — Girard, 306.

Girardin (Jeanne). — Baillet, 21.

Girecourt (Anne de). — Pilliers, 651.

Girecourt (Madelaine de). — Champenois, 113.

Girken de Eberdingen (Marie-Madelaine de). — Hame, 346.

Girmont (Alix de). — Gaillard, 271.

Girmont (Alix de). — Le Poignant, 478.

Girmont (Alix de). — Magnien, 506.

Girmont (Alix de). — Tervenu de Saulxerotte, 768.

Girmont (Barbe de). — Habert, 343.

Girmont (Charles de). — Fournier, 257.

Girmont (Charles de).— Girmont, 307.

Girmont (Charles de).— Habert, 343.

Girmont (Christine de). — Fournier, 255.

Girmont (Henri de). — Bardin, 30.

Girmont (Henri de). —Fournier, 257.

Girmont (Henri de). — Girmont, 307.

Girmont (Henri II de).— Girmont, 307.

Girmont (Nicolas de),— 307.

Girmont (Nicolas de).—Saulnier, 737.

Girmont (N.). — Garat, 275.

Girmont (Renée de). —Courcol, 176.

Girmont (Renée de). — Girmont, 307.

Gisles (Gueury), — 307.

Gisson (Barbe).—Gombault, 311.

Givray (N. de). — Reboucher, 683.

Gleisenove (Charles). — Gleisenove, 308.

Gleisenove (Christine). — Gleisenove, 308.

Gleisenove (François de). — Gleisenove, 308.

Gleisenove (Guillaume), — 307.

Gleisenove (Nicolas de). — Gleisenove, 308.

Gleisenove (Nicolas de). — Hennequin B. d'Assy, 366.

Gleisenove (Nicolas de). — Vincent, 823.

Gleisenove (N.). — Gleisenove, 308.

Glesse (Jean), — 308.

Go (Antoine), — 309.

Go (Antoine). — Guérard, 331.

Go (Antoine). — Mengin, 560.

Go (Claude-Étienne), — 309.

Go (Marguerite). — Pelletier dit de Germiny, 620.

Go (N.). — Fréderich, 267.

Go (N.). — Pelletier dit de Germiny, 620.

Go (Regnault), — 309.

Go (Regnault).— Perrin, 623.

Go de Vicherey (Henri). — Maillette, 515.

Goault de Montaran (Dominique-François). — Maillette, 586.

Goault de Montaran (Jeanne). — De Mory, 586.

Gobaille (Catherine).— Hennequin, B. d'Assy, 365.

Gombervaux (François de). — Mazerulles, 556.

Gombervaulx (Jean de). — Gombervaulx, 312.

Gombervaux (Jean de). — Mazerulles, 556.

Gombervaux (Jean de). — La Ruelle, 449.

Gombervaulx (Jean-François de). — Gombervaulx, 312.

Gombervaulx (Jean-François de). — Philbert B. Gérardcourt, 639.

Gombervaux (Jeanne de). — Gombervaulx, 312.

Gombervaulx (Mathieu). — De Bourg, 73.

Gombervaux (Mathieu). — Gombervaulx, 312.

Gombervaux (Nicolas-François). — Collignon, 164.

Gombervaulx (Nicolas-François de). — Gombervaulx, 312.

Gombervaux (Nicolas-François de). — Rousselot B. d'Hédival, 713.

Gombervaux (N. de). — Mazerulles, 556.

Gombervaux (Pierre-François de). — Gombervaulx, 312.

Gombervaux (Thérèse de). — Mahuet, 509.

Gombervaux (Ursule). — Collignon, 164.

Gombervaux (Ursule). — Gombervaulx, 312.

Goncourt (Claude). — Du Four, 251.

Gondrecourt (Adam de), — 318.

Gondrecourt (Adam de). — Gondrecourt B. des comtes de Gondrecourt, 317.

Gondreconrt (Alexandre de). — Médard, 557.

Gondrecourt (Antoine). — Gondrecourt, 318.

Gondrecourt (Antoine de). — Gondrecourt, 317.

Gondrecourt (Béatrix de). — Gondrecourt B. Parrois, 316.

Gondrecourt (Catherine). — Gondrecourt, 315.

Gondrecourt (Catherine de). — Gondrecourt, 317.

Gondrecourt (Catherine de). — Hennezon, 371.

Gondrecourt (Catherine de). — Le Molleur, 471.

Gondrecourt (Catherine de). — Sarrazin, 733.

Gondrecourt (Charles). — Gondrecourt, 315, 316.

Gondrecourt (Charles de). — Le Grand, 465.

Gondrecourt (Christophe de). — Didelot, 194.

Gondrecourt (Christophe de). — Gondrecourt, 314, 315 et 316.

Gondrecourt (Christophe de). — Maras, 530.

Gondrecourt (Christophe de). — Mauljean B. Liouville, 550.

Gondrecourt (Claude de). — Gondrecourt, 316.

Gondrecourt (Claude de). — Maras, 530.

Gondrecourt (Claude - Antoine). — Gondrecourt, 316.

Gondrecourt (Didier de), — 314.

Gondrecourt (Élisabeth de). — Humbelot, 391.

Gondrecourt (Emmanuel - Charles de).—Gondrecourt, 317.

Gondrecourt (Erric de). — Gondrecourt, 316.

Gondrecourt (François). — Gondrecourt, 313, 314.

Gondrecourt (François de). — Gondrecourt, 316, 317.

Gondrecourt (François-Hyacinthe de). — Gondrecourt, 317.

Gondrecourt (Gaspard-Mathieu de). — Gondrecourt, 317.

Gondrecourt (Jacquemin de). — Gondrecourt, 313.

Gondrecourt (Jacques de).— Gondrecourt, 316.

Gondrecourt (Jean de). — Didelot, 194.

Gondrecourt (Jean de). — Fournier, 254.

Gondrecourt (Jean de). — Gondrecourt, 313, 314.

Gondrecourt (Jean de). — Philbert, 638.

Gondrecourt (Jean de). — Raulet, 680.

Gondrecourt (Jean de). — Royer, 720.

Gondrecourt (Jean de). — Simony, 753.

Gondrecourt (Jean II de). — Gondrecourt, 314.

Gondrecourt (Jean-Mathieu). — Gondrecourt, 315.

Gondrecourt (Jean-Mathieu de). — Philbert, 639.

Gondrecourt (Jeanne de). — Drouart, 206.

Gondrecourt (Jeanne de). — Toupet, 795.

Gondrecourt (Joseph). — Gondrecourt, 316.

Gondrecourt (Joseph-Ignace de). — Gondrecourt, 317.

Gondrecourt (Joseph-Ignace de). — Sarrazin, 734.

Gondrecourt (Henriette de). — Lisle, 495.

Gondrecourt (Humbert de). — Gondrecourt, 315 et 317.

Gondrecourt (Humbert de). — La Réaulté, 448.

Gondrecourt (Humblet de), — 313.

Gondrecourt (Marguerite de). — Girmont, 307.

Gondrecourt (Marguerite).— Gondrecourt, 315.

Gondrecourt (Marguerite de). — Rutant, 727.

Gondrecourt (Marie de). — Drouart, 206.

Gondrecourt (Marie de). — Gondrecourt, 317.

Gondrecourt (Marie - Anne de). — Cueullet B. Ceintrey, 183.

Gondrecourt (Marie - Anne de). — Gondrecourt, 316, 317.

Gondrecourt (Marie - Anne de). — Vatrin, 809.

Gondrecourt (Nicolas). — Gondrecourt, 315.

Gondrecourt (Nicolas de).— Gondrecourt, 314, 316, 317.

Gondrecourt (Nicolas-François de). — Cueullet B. Ceintrey, 183.

Gondrecourt (Nicolas-François de). — Gondrecourt, 317.

Gondrecourt (Nicolas-François de). — Vatrin, 809.

Gondrecourt (Nicolas II de). — Gondrecourt, 316.

Gondrecourt (Nicole de). — Albert, 4.

Gondrecourt (Nicole de). — Gondrecourt, 314.

Gondrecourt (Nicole de). — Thouvenin, 790.

Gondrecourt (N. de). — Cueullet B. Ceintrey, 183.

Gondrecourt (N. de). — Faillonnet, 231.

Gondrecourt (N. de). — Gondrecourt, 316, 317.

Gondrecourt (N. de). — Vatrin, 809.

Gondrecourt (Philippe), — 317.

Gondrecourt (Philippe). — Drouart, 206.

Gondrecourt (Philippe). — Gervaise, 299.

Gondrecourt (Regnault de). — Gondrecourt, 313.

Gondrecourt (Warin de). — Gondrecourt, 314, 316, 317.

Gondrecourt (Warin de). — Rutant, 727.

Gondrecourt (Warin de). — Sarrazin, 733.

Gondreville (Nicolas de). — Philbert, 638.

Gongniès (N. de). — Tonnoy, 794.

Gonnet (Florentin), — 318.

Gonnevoux (Françoise de).— Klopstein, 424.

Gorcy (François de). — Gaillard, 272.

Gorcy (Gérard de). — Niclosse, 592.

Gorcy (Jean de).— Lescuyer, 488.

Gorcy (Regnault de). — Gaillard, 272.

Gorge (Claude de La). — La Gorge, 432.

Gorge (Jean de La). — La Gorge, 432.

Gorge (Joseph de La). — La Gorge, 433.

Gorge (Mathieu de La). — La Gorge, 433.

Gorge (N. de la). — La Gorge, 433.

Gorge (N. de La). — Cueüllet B. Villers, 183.

Gormans (Anne). — Friant, 269.

Gosmé (François). — Cachedenier, 98.

Gosseryes (Claude de), — 318.

Goubin (Anne). — Rouillon, 705.

Gouffier (Charlotte). — Hennequin B. du Perray, 361.

Gouffier (Henry). — Hennequin B. du Perray, 361.

Gouffier (Louis). — Hennequin B. du Perray, 361.

Gougeat (Nicolas), — 319.

Goujeat (Claude). — Durand, 222.

Goujon (Éléonore). — Hennequin B. d'Ozon, 362.

Goujon (Jacques), — 320.

Goujon (Jean). — Hennequin, B. d'Ozon, 362.

Goujon (N.). — Du Buisson, 94.

Goulart (N. Le). — Maras, 530.

Goulin (Jean), — 319.

Goullon (Élizabeth Le). — Chavenel, 124.

Goullon (Eve Le). — Nicolas, 593.

Goulon (Auguste Le). — Gauvain, 285.

Goulon (Élizabeth Le). — Chacopt, 109, 110.

Goulon (François Le), — 319.

Goulon (Marie-Angélique). — Boyer, 82.

Gourcy (François Du). — Champenois B. Neufvelotte, 113.

Gourcy (François de). — Pierron, 646.

Gourdot (Antoinette). — Gourdot, 319.

Gourdot (Antoinette). — Saulget, 736.

Gourdot (Claude). — Gourdot, 319.

Gourdot (Claude). — Martin, 540.

Gourdot (Claude). — Rouyer, 718.

Gourdot (Claude II). — Gourdot, 319.

Gourdot dit D'Ambrières (Didier), — 320.

Gourdot (Jacques). — Gourdot, 320.

Gourdot (Jean), — 319.

Gourdot (Jean). — Gourdot, 320.

Gourdot (Jean). — Saulget, 736.

Gourdot (Jean II). — Gourdot, 319.

Gourdot (Jean III). — Gourdot, 319.

Gourdot (Jehan). — Gourdot d'Ambriers, 320.

Gourdot (Marguerite). — Gourdot, 319.

Gourdot (Marie). — Gourdot, 320.

Gourdot (Mengin), — 320.

Gournay (François de). — Warin, 838.

Gournay (Françoise de). — Warin, 837.

Gournay (Françoise de). — Willaucourt, 820.

Gournay (Louise-Dorothée de). — Bailly, 23.

Gournay (N. de). — Mittolot, 578.

Gournay (Regnault de). — Rollin dit de Mouron, 701.

Gournay (Renaud de). — Bailly, 23.

Gourvier (Julien de) . — Gaillard, 272.

Gousselet (Charlotte). — Courtaillon, 177.

Gouverneur (Nicolas et Gilles Le), — 321.

Gouverneur (Pierron Le). — Le Gouverneur, 321.

Gouzy (N.). — Malaumont, 521.

Graffigny (Huguet de). — Callot, 103.

Grain de Saint-Marsault (N. Le). — Jacob, 402.

Grainville (Marie de). — Braux, 85.

Grammont (Claude de). — Fréderich, 267.

Grammont (Claude de). — Go, 309.

Gramont (Claude de). — De Malvoisin, 528.

Gramont (Jean de). — De Malvoisin, 528.

Grand (Alexandre - François Le). — Feriet B. Metz, 237.

Grand (Anne Le). — Dattel B. Marzéville, 187.

Grand (Anne Le). — Le Grand, 465, 466.

Grand (Anne Le). — Marien, 536.

Grand (Antoine Le). — Combles, 169.

Grand (Antoine Le). — Marien, 536.

Grand (Antoine-Africain le).— Legrand B. de Rehainvillers, 466.

Grand (Benoit Le). — Hennequin B. Boinvillle, 363.

Grand (Charles ou Nicolas Le). — Legrand B. de Rehainvillers, 466.

Grand (Charlotte Le).— Hennequin B. Boinville, 363.

Grand (Claude Le). — Dattel B. Marzéville, 187.

Grand (Claude Le). — Le Grand, 465.

Grand (Claude Le). — Herpont, 379.

Grand (Claude-Louis Le). — Le Grand B. Rehainvillers, 466.

Grand (Dominique le). — Le Grand, 466.

Grand (Henri Le). — De la Forge, 248.

Grand (Henry Le). — Le Grand, 465.

Grand (Henry-Charles Le).— Gondrecourt B. Parrois, 316.

Grand (Henri-Joseph-Hyacinthe Le). — Le Grand B. Rehainviller, 466.

Grand (Jean Le). — Combles, 168.

Grand (Jean Le). — Dattel B. Veinsberg, 188.

Grand (Jeanne Le). — Le Grand, 465.

Grand (Joseph Le). — Le Grand B. Rehainviller, 466.

Grand (Joseph-Henry Le). — Le Grand B. Rehainviller, 466.

Grand (Marie Le). — Gondrecourt B. Parrois, 316.

Grand (Marie Le). — Le Grand, 465, 466.

Grand (Marie-Lucie Le).— Le Grand B. Rehainvillers, 466.

Grand (Thérèse Le). — Le Grand B. Rehainviller, 466.

Grandelas (Maurice), — 321.

Grandemange (Anne). — Grandem, 321.

Grandemange (Anne).—Margueron, 535.

Grandemange (Joseph), — 321.

Grandemange (Joseph). — Margueron, 535.

Grandemange (Nicolas-François). — Grandem, 321.

Grandemange (Nicolas-François). — Mathieu, 546.

Grandidier (Curien).—Grandidier, 322.

Grandidier (Jean), — 321.

Grandidier (Quirien). — Sorel ou Soirel, 759.

Grandin (Marie). — Doré, 203.

Grandin (N.). — Doré, 203.

Grandjean (Anne). — Fourier, 252.

Grandjean (Anne). — Jacob, 403.

Grandjean (Anne). — Paviette, 618.

Grandjean (Charles-Nicolas-Charles). — Grandjean, 322.

Grandjean (Didier-Louis),— 322.

Grandjean (François-Dieudonné). — Grandjean, 322.

Grandjean (Jean-François-Charles). — Grandjean, 322.

Grandjean (Louis).— Grandjean, 322.

Grandjean (Louis-François). — Grandjean, 322.

Grand-Pierre (Gérard). — Grand-Pierre, 324.

Grand-Pierre (Jean) . — Grand-Pierre, 324.

Grand-Pierre (Marie) . — Grand-Pierre, 324.

Grand-Pierre (Nicolas). — Grand-Pierre, 324.

Grand-Pierre (Rouvain, Nicolas et Jean), — 324.

Grand-Pierre (Ursule). — Grand-Pierre, 324.

Grandprey (Marguerite de). — Champenois, 113.

Grandvillars (M. de). — Cardon, 106.

Grange (Anne-Aimée de La). — Malvoisin, 528.

Grange (Antoinette de La). — Busselot, 94.

Grange (Collignon de La). — Fisson, 241.

Grange (Collignon de La). — Grange, 323.

Grange (François-Valérien de La). — Loys ou Louis, 501.

Grange (Jacquemotte de La). — Albert, 4.

Grange (Jacquemotte de La). — Hombillon, 382.

Grange (Jacques de La). — Grange, 323.

Grange (Jacques - Louis de La). — Grange, 323.

Grange (Jacquot de La). — Grange, 323.

Grange (Jacquotte de La). — Fisson, 241.

Grange (Jean de La). — Hennequin B. Lentages et Curel, 367.

Grange (Jeanne de La). — Hennequin B. Lentages et Curel, 367.

Grange (Mauriset de La). — La Grange, 433.

Grange (Pérignon de La). — Grange, 323.

Grange d'Arquien (Jeanne de La). — Hennequin B. Lentages et Curel, 367.

Grange de Loupmont (Jacquemotte de La). — Raulet, 679.

Gratinot (Barbe). — Paviette, 618.

Gratinot (Béatrix). — Gratinot, 324.

Gratinot (Gille de). — Gratinot, 324.

Gratinot (Gilles). — Paviette, 618.

Gratinot (Jean), — 324.

Gratinot (Jean). — Gentil, 290.

Gratinot (Robert de). — Gratinot, 324.

Graux (Claude), — 325.

Gravel (N.). — Pernot, 623.

Gravel (Pierre). — Pernet, 623.

Gravelle (Claude). — Saulcourt, 735.

Gravelotte (Toussaint), — 324.

Gravisset (Claude-François). — Dattel B. Marzéville, 188.

Gravisset (Françoise).—Marcol, 534.

Gravisset (Nicolas). — Dattel B. Marzéville, 188.

Grèche (Nicolas de). — Champenois B. Neufvelotte, 113.

Gréder (Marie - Marthe - Louise). — Hennequin B. Lentages et Curel, 367.

Grégoire (Le capitaine), dit Manteau, — 325.

Grégy dit **Saint - André** (Charles), — 325.

Grégy (Jean). — Grégy, 325.

Greiche (N. de).—Le Febvre, 462.

Grenet (Jean de). — Rouyer, 718.

Greneteau (Charles). — Greneteau, 326.

Greneteau (Claudinette). — Greneteau, 326.

Greneteau (Ferdinand). — Greneteau, 326.

Greneteau (François).—Greneteau 325, 326.

Greneteau (Françoise). — Greneteau, 326.

Greneteau (Jean), — 325.

Greneteau (Léopold). — Greneteau, 326.

Grenetier de **Vézelise** (François-Louis). — Dubois, 210.

Grenon (Jeanne).— Bourcier, 71.

Grignon (Jean), — 325.

Grillon dit **Symon** (Epvre).— 326.

Grillot (Gérard). — Ginet, 306.

Grisard (Antoine).— Grisart, 327.

Grisard (Antoine). — Saulget, 736.

Grisard (Jean-Baptiste). — Grisard, 327.

Grisard (Jeanne). — Grisart, 327.

Grisard (Marguerite-Thérèse). — Grisart, 327.

Grisard (Thiébauld), — 327.

Grisart (Agnès). — Grisart, 327.

Grisart (Joseph). — Grisart, 327.

Grison (Charles). — Grison, 329.

Grison (Jacques), — 328.

Grobert (François), — 328.

Grollau (Guillaume), — 328.

Grollet (Demenge), — 329.

Grollot (Guyot), — 329.

Grollot (Mahaut). — Dart, 186.

Grollot (Toussaint). — Dart, 186.

Gronain (Françoise de).—Warin, 838.

Gronders (Antoine). — Busselot, 95.

Gronders (Antoinette). — Gronders, 329.

Gronders (François).—Gronders, 329.

Gronders (Jean).— Gronders, 329.

Gronders (Jean). — Selzer, 745.

Gronders (Jean-François).— Forget, 249.

Gronders (Jean-François). — Gronders, 329.

Gronders (Pierre), — 329.

Gronders (Pierre). — Gronders, 329.

Grondertz (Pierre).— Peltre, 621.

Groselier ou Grozelier (Jean-Baptiste), — 330.

Groselier (Pierre). — Groselier, 330.

Grossoles (Françoise de). — Alençon, 6.

Grossoles de Saint-Martin (N.). — Billault, 57.

Grotte (Anne de La). — La Grotte, 434.

Grotte (Anne de La). — Maillart, 511.

Grotte (Anto de La). — Maillart, 511.

Grotte (Marie - Élisabeth de La). — La Grotte, 434.

Grotte (Nicolas-François de La). — La Grotte, 434.

Grue (Bernard de La). — Fisson, 241.

Gruthus (Jean-Baptiste de). — Chastel, 121.

Gruthus (N.) — Gervaise, 299.

Gruyer (Claire). — Gruyer, 331.

Gruyer (Claire). — Jacquemin, 405.

Gruyer (François).—Gruyer, 331.

Gruyer (Henri), — 330.

Gruyer (Henri Le). — Du Géant, 287.

Gruyer (Henry). — Gruyer, 330.

Gruyer (Henry). — Hanus, 350.

Gruyer (Simon). — Gruyer, 330.

Guarin (Marie). — Manginot, 580.

Guebenhousen (Barbe de).— Guebenhousen, 331.

Guebenhousen (Cœsar de). — 331.

Guebenhousen (Cœsar de). — Feriet, 234.

Guebenhauzen (Dion de). —
Des Halles, 345.

Guebenhousen (Cœsar de).
— Guebenhousen, 331.

Guebenhousen (Dion de). —
Guebenhousen, 331.

Guebenhousen (Henri de). —
Guebenhousen, 331.

Guebenhousen (Marguerite
de). — Guebenhousen, 331.

Guenneville (Didette de). —
Lescuyette, 488.

Guérard (Daniel). — Gué-
rard, 331.

Guérard (Daniel). (Men-
gin, 560.

Guérard (Élisabeth). — Guérard, 332.

Guérard (François). — Guérard, 331, 332.

Guérard (François).—Raoul,
676.

Guérard (Jean-Baptiste). —
Guérard, 332.

Guérard (Manne ou Margue-
rite). — Guérard, 332.

Guérard (Marie). — Guérard,
332.

Guérard (Nicolas), — 332.

Guérard (Nicolas). — Gau-
lard, 280.

Guérard (Nicolas). — Gué-
rard, 331.

Guérard (Nicolas et François),
— 331.

Guérard (Paul). — Guérard,
332.

Guercy (Antoine). — Hennequin, 359.

Guérin (Adeline).—Courcier,
175.

Guérin (Arembourg). — Guérin, 333.

Guérin (Arembourg). — Mérigault ou Mérigot, 567.

Guérin (Balthazard). — Bermand B. Pixerecourt, 49.

Guérin (Balthazard). — Guérin, 333.

Guérin (Balthazard). — De
la Ruelle, 449.

Guérin (Barbe). — Bermand-
Pixerecourt, 49.

Guérin (Barbe). — Guérin,
333.

Guérin (Claude), — 332.

Guérin (Claude).— Fournier,
254.

Guérin (Claude). — Guérin,
333.

Guérin (Claude). — Hures-
sier, 396.

Guérin (Claude). — Lescut,
486.

Guérin (Claude). — Maul-
jean, 550.

Guérin (François).— Dubois,
210.

Guérin (François).— Guérin,
332.

13

Guillaume (Étienne). — Le Pois, 478.

Guillaume (Jean), — 336.

Guillaume (Jeanne). — Grand-Pierre, 324.

Guillaume (N.). — Canon, 104.

Guillaume (Pierre), — 337.

Guillaume (Pierre). — Guillaume, 337.

Guillaume dit de Richecourt (Mengin), — 337.

Guillaume de la Vieuville (Henriette). — Remy, 691.

Guillerme (Anne). — Guillerme, 339.

Guillerme (Balthazard), — 339.

Guillerme (Balthazard). — Guillerme, 339, 340.

Guillerme (Balthazard). — Merigault, 567.

Guillerme (Bernard ou Bertrand). — Guillerme, 339.

Guillerme (Bermand). — Rousson, 715.

Guillerme (Catherine). — Guillerme, 339.

Guillerme (Jacques ou Jacob). — Guillerme, 339, 340.

Guillerme (Jean). — Guillerme, 339, 340.

Guillerme (Marguerite). — Guillerme, 339.

Guillerme (Marguerite). — Rousson, 715.

Guillerme (Mathias).— Guillerme, 339, 340.

Guillerme (Nicolas). — Guillerme, 339, 340.

Guillerme (Nicolas).— Rousson, 715.

Guillerme de Rœninguen (Bertrand). — Guillerme, 339.

Guillemin (Élisabeth). — Guillemin, 338.

Guillemin (Élisabeth). — Henry, 375.

Guillemin (Élisabeth). — Tardvenu, 767.

Guillemin (François).—Guillemin, 338.

Guillemin (François).—Henry, 376.

Guillemin (Gaston-Jean-Baptiste). — Guillemin, 339.

Guillemin (Georges).—Guillemin, 339.

Guillemin (Jean), — 338.

Guillemin (Jeanne). — Guillemin, 339.

Guillemin (Joseph). — Guillemin, 339.

Guillemin (Marie-Thérèse). — Haldat, 345.

Guillemin (Nicolas), — 337, 338.

Guillemin (Nicolas). — Guillemin, 338.

Guillemin (Nicolas). — Henry, 376.

Guillemin (Nicolas - Fran - çois). — Guillemin, 339.

Guillemin (Nicolas - Fran - çois). — Mathieu, 546.

Guillemin (Nicole). — Malaumont, 521.

Guillemin (N.). — Bœuf ou Millet, 61.

Guillemin (N.).— Guillemin, 339.

Guillemin (Simon de). — Tonnoy, 793.

Guillemin (Thérèse).— Guillemin, 339.

Guillermin (Claude). — Gaspard, 277.

Guillermin (Dominique ou Demenge). — Jobal, 416.

Guillermin (Élisabeth).— Jobal, 416.

Guillermin (Jacquemin), — 340.

Guillermin (Jacques). — Dattel, B. Veinsberg, 188.

Guillermin (Marguerite). — Courcol, 176.

Guillermin (Marguerite). — Dattel B. Veinsberg, 188.

Guillermin (Marguerite). — Le Mareschal, 468.

Guillos (Anne). — Boussemart, 79.

Guillot (Didier). — Hordal, 384.

Guillot (François). — Humbelot, 391.

Guillot de Ville (Élisabeth-Suzanne). — Humbert, 392.

Guinaut (Marguerite). — Dubois, 210.

Guinet (François), — 340.

Guinet (François). — Gennetaire, 290.

Guiot (Alexandre). — Guyot, 340.

Guiot (Barbe). — Viart, 816.

Guiot (Georges), — 340.

Guiot (Jean). — Virion, 828.

Guiot (Laurence).—Jacquot, 408.

Guiot (Laurence). — Virion, 828.

Guiot (Lucie des). — Charbonnier, 116.

Guiot (Marie). — Guilbert, 336.

Guiot (Méline). — Colliquet, 166.

Guiot (Nicolas). — Rouillon, 705.

Guiot (René). — Guilbert, 336.

Guizaucourt (Catherine Pauline de).— Perrin ou Perin, 627.

Gusaudé (N.). — Saillet, 729.

Guyot (Catherine). — Lescamoussier, 482.

Guyot (Catherine). — Platel, 654.

Guyot (Christine). — Hugo, 388.

Guyot (Christine). — Raulet, 680.

Guyot (Claude - Henry), — 340.

Guyot (Claude - Joseph). — Guyot, 342.

Guyot (Dominique).— Guyot, 342.

Guyot (François). — Guyot, 341.

Guyot (François). — Viart, 816.

Guyot (Jean - Charles). — Guyot, 341.

Guyot (Jean-Dieudonné). — Guyot, 341.

Guyot (Jean–François). — Guyot, 341.

Guyot (Léopold), — 342.

Guyot (Marie). — Guyot, 341.

Guyot (Marie ou Marguerite). — Gaudel, 279.

Guyot (Marie ou Marg). — Guyot, 341.

Guyot (Marie-Thérèse). — Guyot, 341.

Guyot (Nicolas), — 341.

Guyot (Nicolas). — Guyot, 341.

Guyot (René), — 341.

Guyot (René). — Gaudel, 279.

Guyot (Samson). — Guyot, 342.

H

Habert (Charles), — 343.

Habert dit de la Hutterie (Etienne). — Habert, 343.

Habert de la Hutterie (Etienne). — Vion, 826.

Habert de la Hutterie (Etienne II). — Habert, 343.

Habillon (Didier). — Saulget, 736.

Habillon (Ezéchiel). — Habillon, 343.

Habillon (Françoise). — Habillon, 343.

Habillon (Georges). — Habillon, 343.

Habillon (Henri).—Habillon, 343.

Habillon (Nicolas), — 343.

Habillon (Nicolas). — Habillon, 343.

Habillon (Nicolas). — Heilotz, 356.

Habillon (N.). — Habillon, 343.

Habillon (Pauline). — Habillon, 343.

Hableinville (Catherine d'). — Hableinville, 344.

Hableinville (Didier d'). — Hableinville, 344.

Hableinville (Etienne d'), — 344.

Hableinville (Etienne d').— Marchis, 533.

Hableinville (François d'). Hableinville, 344.

Hableinville (Jeanne d'). — Hableinville, 344.

Hableinville (N. d'). — Hableinville, 344.

Hacart (Marguerite). — Paviette B. d'Olim, 619.

Haccourt (Anne d'). — Dubois, 212.

Hardy de **Vidambourg** (Marie-Françoise). — Hardy, 351.

Hardy de **Vidembourg** (Georges). — Touppet, 795.

Haretel (Jean). — Prudhomme B. Fontenoy, 667.

Haretel (Marie). — Prudhomme B. Fontenoy, 667.

Harmand (Alexis), — 352.

Harmand (Dominique). — Harmand, 352.

Harmand (Jacques-Charles). — Harmand, 352.

Harmand (Jean-Frédéric), — 351.

Harmand (Jean-Joseph), — 352.

Harmand (Louis). — Hanus, 350.

Harmand (Maurice). — Harmand, 352.

Harmant (Nicolas), — 351.

Harodel (Jeanne). — Simony, 753.

Harze (Jeanne Le). — Alscheidt, 5.

Hatoy (Jeanne du). — Paviette, 618.

Hatrise (Louise de). — Colart de Hatrize, 157.

Hatrise (Marie-Gabrielle de). — Colart de Hatrize, 157.

Hatterise (Louise de). — De Mory, 586.

Hatton (Charles). — Hatton, 353.

Hatton (Claude). — Hatton, 352.

Hatton (Dominique), — 352.

Hatton (Jean-Baptiste). — Hatton, 353.

Hatton (Libaire). — Caboat, 97.

Hatton (Richier). — Hatton, 352.

Hatton (Séraphine). — Hatton, 353.

Haudonviller (Barbe de). — Humbert B. 393.

Hault (Barbe de). — Niclosse, 592.

Hault (Claudon de). — Fisson, 241.

Hault (Henri de). — Durand, 222.

Hault (Jacques de). — Fourav, 252.

Hault (Jacques de). — Romur, 704.

Hault (Jeanne de). — Fourey, 252.

Hault (Jeannon de). — Romur, 704.

Hault (N. de). — Bailly, 23.

Hault (N. de). — Durand, 222.

Haultoy (Jeanne du). — Gratinot, 324.

Hausen (Étienne), — 353.

Haussen (N.). — Serre, 748.

Hédault (Claude).—Philbert, 637.

Hédault (Claudon). — Maillot, 516.

Hédault (Claudon). — Picard, 643.

Hegelsom (Corneille de). — Hegelsom, 356.

Hegelsom (Jean-Bernard de), — 356.

Hegelsom (François de). — Hegelsom, 356.

Heilbette (Marie). — Drouin, 208.

Heilotz (Anne). — Heilotz, 357.

Heilotz (Charles). — Heilotz, 357.

Heilotz (Françoise). — Martigny, 541.

Heilotz, Hellotte ou Hellot (Henri), — 356.

Heilotz (Henry). — Heilotz, 357.

Heilotz (Henry). — Roder, 699.

Heilotz (Henry). — Rutant, 724.

Heilotz (Jacques). — Heilotz, 357.

Heilotz (Louis). — Heilotz, 357.

Heilotz (Louis). — Roder, 699.

Heilotz (Louis-Alexandre). — Heilotz, 357.

Heilotz (Philippe). — Heilotz, 357.

Heilotz (Philippe). — Hiérosne, 381.

Hein (Mathias), — 357.

Héleine (Arambourg de Ste). — Cachet, 99.

Hellor ou **Hellot** (Claude). — Chamant, 112.

Hellotte ou **Heilotz** (Jeanne). — Habillon, 343.

Hellotte ou **Heilotz** (Henri). Habillon, 343.

Hellotte (Henry). — Heilotz, 356.

Hellotte (Guillaume). — Heilotz, 356.

Hellotte (Jeanne). — Heilotz, 356.

Hellotte (N.). — ~~Doulet,~~ 205.

Hellotte (Philippe). — Heilotz, 356.

Hemmonet (Claude de). — Champenois, 113.

Hemonet (Claude de). — Ranffaing dit de Vosges, 675.

Hemmonet (Françoise de). — Champenois, 113.

Hénard (Affricain). — Hénart, 358.

Hénard (Anne). — Hénart, 358.

Hénard (Anne). — Cueullet B. Villers, 183.

14

Hennequin (Gabrielle). — Hennequin, 360.

Hennequin (Gabrielle). — Hennequin B. d'Assy, 365.

Hennequin (Gabrielle-Fél.-cité). — Hennequin B. de Charmont, 369.

Hennequin (Geneviève). — Hennequin B. Dammartin, 361.

Hennequin (Geneviève). — Hennequin B. de Soyndre, 363.

Hennequin (Gillette).— Hennepuin B. d'Espagne, 360.

Hennequin (Gillette). — Hennequin B. Lentages et Curel, 366.

Hennequin (Guillaume). — Hennequin, 359.

Hennequin (Guillemette). — Hennequin 358, 359.

Hennequin (Guillemotte). — Hennequin B. Lentages, 367.

Hennequin (Henriette). — Hennequin B. Lentages et Curel, 366.

Hennequin (Henriette). — Hennequin B. de Soyndre, 363.

Hennequin (Henry). — Hennequin B. Boinville, 363, 364.

Hennequin (Isabeau). — Hennequin B. d'Ozon, 362.

Hennequin (Isabelle).— Hennequin B. d'Assy, 366.

Hennequin (Jaquette). — Hennequin B. Lentages, 368.

Hennequin (Jean). — Hennequin, 359.

Hennequin (Jean). — Hennequin B. d'Assy, 365.

Hennequin (Jean). — Hennequin B. Boinville, 363.

Hennequin (Jean). — Hennequin B. de Charmont, 368, 369, 370.

Hennequin (Jean). — Hennequin B. Dammartin, 361.

Hennequin (Jean). — Hennequin B. d'Espagne, 360.

Hennequin (Jean). — Hennequin B. Lentages et Curel, 366, 367, 368.

Hennequin (Jean). — Hennequin B. d'Ozon, 362.

Hennequin (Jean), dit la Vallée, — 370.

Hennequin (Jean-Antoine).— Hennequin B. de Charmont, 369.

Hennequin (Jean-Jacques). — Hennequin B. Boinville, 363.

Hennequin (Jean II). — Hennequin B. Lentages et Curel, 366.

Hennequin (Jean III). — Hennequin B. Lentages et Curel, 366.

Hennequin (Jeanne). — Hennequin, 359, 360.

Hennequin (Jeanne). — Hennequin B. d'Assy, 365.

Hennequin (Jeanne). — Hennequin B. Boinville, 363, 364.

Hennequin (Jeanne). — Hennequin B. Dammartin, 361.

Hennequin (Jeanne). — Hennequin B. d'Espagne, 360.

Hennezel (François de). — Maillart, 511.

Hennezel (Hyacinthe). — De la Fontaine, 246.

Hennezel (Isaac de). — La Gorge, 433.

Hennezel (Jeanne de). — La Gorge, 433.

Hennezel (Marie de).— Saulxures, 740.

Hennezel (Nicolas de). — Grandoyen, 323.

Hennezel (Nicolas de).— Saulxures, 740.

Hennezel (Pierre de).— Saulxures, 740.

Hennezel de Champigny (Dom-Joseph-François de). — Tardvenu, 767.

Hennezon (Christ.). — Faillonnet, 230.

Hennezon (Christine).— Gondrecourt B. Gond, 317.

Hennezon (Christine ou Chrétienne). — Hennezon, 371.

Hennezon (Christine). — Humbert, 392.

Hennezon (Christine).—Malclerc, 522.

Hennezon (Dom Henry). — Malclerc, 522.

Hennezon (Henri). — Faillonnet, 230.

Hennezon (Henri).— Hennezon, 371.

Hennezon (Henri). — Sarrazin, 733.

Hennezon (Jean), — 370.

Hennezon (Jean). — Hennezon, 371.

Hennezon (Jean). — Royer, 719.

Hennezon (Jean). — Sarrazin, 733.

Hennezon (Jean II). — Mauljean B. Liouville, 550.

Hennezon (N.). — Gondrecourt, 314.

Hennezon (N.). — Hennezon, 371.

Hennezon (N.). — Royer, 719.

Henri (Catherine-Rose). — Lombillon, 498.

Henri (Christophe). — Fournier, 257.

Henri (Henri). — Remy, 690.

Henri (Marguerite).— Boyer, 82.

Henri (Marie-Anne). — Gondrecourt B. Gond. 317.

Henri (Melchior). — Fournier, 257.

Henri (N). — Joly, 418.

Henri d'Hœville (Catherine-Rose). — Le Febvre, 463.

Henri d'Hœville (Henry). — Le Febvre, 462.

Henrion (Jeanne). — Haussonville, 354.

Henrion (Jeanne).— Henrion, 371.

Henrion (Michel). — Gaynot, 286.

Henrion ou Henryon (Michel), — 371.

Henrot (Élisabeth). — Regnault Toussaint, 688.

Henry (Anne-Catherine). — Henry, 374.

Henry (Anne-Françoise). — Henry, 372.

Henry (Balthazard-Benoit).— Henry, 373.

Henry (Balthazard-Joseph-Dieudonné). — Henry, 373.

Henry (Catherine-Gabrielle). — Henry, 374.

Henry (Catherine-Gabrielle). — Marien, 537.

Henry (Catherine-Rose). — Henry, 374.

Henry (Charles). — Henry, 372, 375.

Henry (Charles-Dominique). — Henry, 372.

Henry (Charles-François). — Henry, 375.

Henry (Charles-Sigisbert-François-Xavier). — Henry, 373.

Henry (Christine). — Fournier, 257.

Henry (Christine). — Henry, 371.

Henry (Claude). — Henry, 372, 374, 375.

Henry (Claude). — Pouget, 662.

Henry (Dominique). — Chamant, 112.

Henry (François). — Henry, 372.

Henry (François). — Hordal, 384.

Henry (François-Joseph). — Henry, 374.

Henry (François-Joseph). — Marien, 537.

Henry (Françoise-Acolastique). — Henry, 373.

Henry (Fréminc). — Le Poivre, 479.

Henry (Henry). — Henry, 374.

Henry (Humbert), — 374.

Henry (Humbert). — Henry, 374.

Henry (Jacob). — Platel, 655.

Henry (Jacob). — Sarrazin, 734.

Henry (Jacques). — Henry, 372.

Henry (Jacques-Paul). — Henry, 372.

Henry (Jean). — Freminez, 267.

Henry (Jeanne). — Henry, 372.

Henry (Jules-Armand). — Henry, 374.

Henry (Léopold). — Henry, 372.

Henry (Louis).— Henry, 371, 372.

Hérault (Jean), — 377.

Herbel (Charles). — Herbel, 377.

Herbel (Charles) . — Des Ruetz, 723.

Herbel (Claude). — Herbel, 378.

Herbel (Étienne de), dit Touppet. — Touppet, 794.

Herbel (Étiennette).— Cachet de Neufchâteau, 100.

Herbel (Nicolas), — 377.

Herbel (Nicolas I). —Herbel, 378.

Herbel (Nicolas II). — Herbel, 378.

Herbel (Nicolas III). — Herbel, 378.

Herbel (Nicolas IV). — Herbel, 377, 378.

Herbel (Simon). — Herbel, 377.

Herbelet (Béatrix).— Auburtin, 17.

Herbin (Isabeau d').—Le Noir, 473.

Herbin d'Ambly (Jeanne).— Bérard, 46.

Herbin d'Ambly (Jeanne).— Paviette, 618.

Heré (Emmanuel), — 378.

Hergugny (Bailly-Philibert de). — 378.

Herman (Alix). — Rouzières, 707.

Herman (Jean). — Lescut, 486.

Herman (Jean-Frédérick), — 379.

Hermand (Barbe). — Hermand, 379.

Hermand (Christophe), — 379.

Hermand (Claude). — Hermand, 379.

Hermand (Claude). — Laurent, 453.

Hermand (Collignon ou Nicolas), — 379.

Hermand (Guillaume) . — Hermant, 379.

Hermand (Nicolas). — Hermand, 379.

Hermanin (Marie-Anne). — Greneteau, 326.

Hermant (Catherine) . — Maimbourg, 519.

Hermant (Claude). — Maimbourg, 519

Herpont (André), — 379.

Herpont (Maurice). — Herpont, 379.

Herquel (Catherine). — Ferry, 240.

Herquel (Catherine). — Gaulthier, 282.

Hesecques (René de) . — Fourot, 260.

Heu (Catherine de). — Dubois, 210.

Hilaire de la Grange (Jeanne). — Philippe, 640.

Hinchelot (Léonard), — 382.

Hindembourg (Frédéric de). — Pilliers B. de Fontet, 651.

Hinzelin (Claude-Albert). — Klopstein, 426.

Hinzelin (Françoise) . — Klopstein, 425.

Hocart (Louis) . — Baillet, 22.

Hocart (Louise). — Baillet, 22.

Hocquart (Anne). — Constant, 171.

Hocquart (Anne). — Prud'homme B. Vitrimont Fontenoy, 667.

Hocquart (Claude). — Hacqueteau, 344.

Hocquart (Jean). — Constant, 171.

Hocquart (Marie). — Fourot, 260.

Hoéville (Anne - Catherine - Henry). — Doré, 203.

Hoéville (Catherine – Henry d'). — Doré, 203.

Hoéville (François - Joseph - Henri d'). — Doré, 203.

Hoffelize (Alix d'). — Rambouillet, 673.

Hoffelise (Claude-Cœsar d'). — Dubois, 212.

Hoffelise (Cœsar d'). — Rousselot B. d'Hédival, 713.

Hoffelize (Didier d'). — Perrin, 625.

Hoffelise (Élisabeth d'), — Rousières, 707.

Hoffelize (Françoise d'). — Mahuhet, 509.

Hoffelize (Georges d').— Martiny, 541.

Hoffelize (Jeanne d'). — Mahuhet, 508.

Hoffelize (Marie - Nicole - Christophorine d'). — Mahuhet, 509.

Hoffelise (N. d'). — Dubois, 212.

Hoffelise (N. d'). — Rousselot B. d'Hédival, 713.

Hoffelise (Pierre d'). — Bertrand, 54.

Hofflise (César d'). — Gaillard, 271.

Hofflise (César d'). — Fournier, 257.

Hofflise (César d').— Legrand Rehainviller, 466.

Hofflise (César-François d'). — Fournier B. Zugmantel, 256.

Hofflise (Claude d'). — Cueullet B. Villers, 183.

Hofflise (Georges d'). — Gaillard, 272.

Hofflise (Georges d'). — Henry, 374.

Hofflise (Gertrude d') . — Gaillard, 271, 272.

Hordal (Nicolas). — Hordal, 383, 384.

Hordal (Nicole). — Mauljean, 549.

Hordal (N.). — Hordal, 383.

Hordal (Sébastien). — Hordal, 384.

Hordal (Simon). — Hordal, 384.

Hordal (Vaultrin). — Hordal, 383.

Hosier (Marguerite-Charlotte d'). — Maillet, 514.

Hoste (Marguerite L'). — Hennequin B. Charmont, 369.

Hostel (Claude d'), — Bernard de la Pommeraye, 46.

Hou (François du). — Guérard, 332.

Houart (Élisabeth). — Gondrecourt, 317.

Houart (Joseph). — Margueron, 535.

Hoüat (Anne). — Houat, 385.

Hoüat (Balthazard). — Houat, 384.

Hoüat (Balthazard). — Trompette, 798.

Hoüat (Christophe). — Houat, 385.

Hoüat (Claude), — 384.

Hoüat (Claude). — La Grotte, 434.

Hoüat (Claude). — Hermand, 379.

Hoüat (Claude). — Houat, 385.

Hoüat (Claude). — Morel, 582.

Hoüat (Claude-Françoise). — Houat, 385.

Hoüat (François). — Houat, 385.

Hoüat (Henri). — Houat, 384, 385.

Hoüat (Louis). — Houat, 385.

Hoüat (Nicolas). — Houat, 385.

Hoüat (René). — Houat, 384.

Houdreville (Anne de). — Des Colsons, 160.

Houdreville (Jean de), — 385.

Houdreville (Jean de). — Héraudel, 376.

Houdreville (Jean de). — Simony B. Germainvilliers, 755.

Houdreville (Jean de). — Vallée B. Neufchateau, 803.

Houdreville (Nicolas de). — Des Colsons, 160.

Houillon (François), — 385.

Houillon (Jacques). — Houillon, 385.

Houldinet (Jean de). — Gillet, 303.

Hourières (Charles de). — Humbert, 392.

Hourières (Charles de). — Prudhomme B. Fontenoy, 669.

Hourières (Charles de). — Virion, 828.

Hourières (Marguerite de). — Prudhomme B. Fontenoy, 669.

Housse (François de). — Loys ou Louis, 501.

Housse de Fermont (Henry de). — Vincent, 825.

Housseman (Bastienne). — Bournon, 78.

Houssemant (Agnès).—Vaultrin, 810.

Houssement (Nicole). — Michel, 574.

Houx (Charles-François de). — Maillart, 511.

Houx (Francois du). — Thomas, 784.

Houx (Jean-François du). — Floriot, 244.

Houx (Philippe-Charles du). — Ravinel, 678.

Houx (Remy du). — Pilliers B. de Fontet, 651.

Houx de Henricé (Gabrielle du). — Le Paige, 475.

Houx de Viomesnil (François-Hyacinthe du). — Gillet, 303.

Hozier (Louis-Pierre d'). — Vassart, 808.

Hozier (Louis-Royer d'). — Vassart, 808.

Hozier (Marguerite-Charlotte d'). — Vassart, 808.

Hozier de Sévigny (Marie-Henriette-Louise d'). — Vassart, 808.

Huarne ou Huarme (Antoine), — 386.

Huarne (Antoinette). — Huarne, 386.

Huarne (Rose). — Huarne, 386.

Huart (Jean), — 386.

Huart (Jean). — Humbert N. B. d'Ilbringen, 393.

Huart (Jean-Gaspard). — Huart, 386.

Huart (N.). — Humbert N. B. d'Ilbringen), 393.

Huart (Runacle). — Huart, 386.

Hubert (Jean), — 386.

Hubert (Pierre). — Hubert, 387.

Huchaudière (Anne de La). — Des Fossés, 250.

Huchaudière (Anne de la).— Maillart, 511.

Huchaudière (François-Philippe de la). — Des Fossés, 250.

Huchaudière (N. de la). — Des Fossés, 250.

Huchaudière (Sr de la). — Dubois, 211.

Hucher (Barbe). — Hucher, 387.

Hucher (Bernard).— Hucher, 387.

Huillier (Jeanne L'). — L'Huillier, 493.

Huillier (Léopold L'). — Hugo, 389.

Huillier (Madelaine L'). — L'Huillier, 493.

Huillier (Marguerite L'). — Doridant, 204.

Huillier (Marguerite L'). — L'huillier, 492.

Huillier (Marguerite L'). — Luyton, 502.

Huillier (Marguerite L'). — Merlin, 569.

Huillier (Marguerite - Adéodate L'). — Forget, 249.

Huillier (Marie L'). — L'huillier, 493.

Huillier (Nicolas L') . — L'huillier, 492.

Huillier (N. L'). — Hugo, 389.

Huillier (Philippe L'). — Hennequin B. Lentages et Curel, 366.

Huillier (Philippe L'). — Merlin, 569.

Huillier (Toussaint L'). — L'huillier, 493.

Huillier (Ursule L'). — L'huillier, 493.

Huin (Barbe). — Villaucourt, 820.

Huin (Claude). — Derand, 190.

Huin (Claude). — Vitou, 831.

Huin (François). — Bricart, 87.

Huin (François). — Picquart, 644.

Huin (Gillette). — Perrin, 625, 626.

Huin (Jacques). — Perrin, 625.

Huin (Jean). — Feriet, 235.

Huin (Jean). — Vitou, 831.

Huin (Jeannette). — Bourgongne, 75.

Huin (Marguerite). — Busselot, 95.

Huin (Marguerite). — Feriet, 235.

Huin (Marguerite). — Serre, 747.

Huin (Nicolas). — Malcuit, 524.

Huin (Nicolas) . — Rattel, 677.

Huin (Nicolas). — Willaume de Porsas, 832.

Huin (N.). — Jobal, 417.

Humbelot (Bonaventure). — Humbelot, 391.

Humbelot (Claude). — Humbelot, 390, 391.

Humbelot (Estienne) . — Humblot. 391.

Humbelot (Marguerite). — Humbelot, 391.

Humbelot (Marie). — Humbelot, 391.

Humbert (Jean). — Marien, 536.

Humbert (Jean). — Tonnoy Lepoivre, 479.

Humbert (Jean). — Trompette, 798.

Humbert (Jean-François). — Gaulthier, 282.

Humbert (Jean-François), — Humbert, 392.

Humbert (Jeanne). — Grandmaire, 323.

Humbert (Jeanne). — Humbert, 393.

Humbert (Jeanne). — Rattel, 677.

Humbert (Joseph). — Bénard de la Pommeraye, 46.

Humbert (Joseph). — Tonnoy, 793.

Humbert (Joseph), de Tonnoy — Tonnoy, 793.

Humbert (Léopold).—Vallée, B. Légeville, 803.

Humbert (Louis). — Humbert, 392.

Humbert (Louis). — Humbert B. Moulin, 393.

Humbert (Louis).—Malclerc, 522.

Humbert (Marc-Antoine), de Tonnoy. — Tonnoy, 793, 794.

Humbert (Marguerite). — Humbert, 392.

Humbert (Marguerite-Suzanne). — Humbert, 392.

Humbert (Marguerite), de Tonnoy. — Tonnoy, 794.

Humbert (Marie). — Cachedenier, 99.

Humbert (Marie-Catherine). — Humbert, 392.

Humbert (Michel). — Humbert, 392.

Humbert (Nicolas), — 391, 393.

Humbert (Nicolas). — Bonnet, 64.

Humbert (Nicolas). — Faillonnet, 230.

Humbert (Nicolas). — Hennezon, 371.

Humbert (Nicolas). — Humbert, 391, 392.

Humbert (Nicolas). — Malclerc, 522.

Humbert (Nicolas). — Rattel, 677.

Humbert (Nicolas-Hyacinthe de), de Tonnoy. — Tonnoy, 793.

Humbert (Philippe). — Humbert, 391.

Humbert (Renée). — Lepoivre, 479.

Humbert de Girecourt (Marie-Catherine). — Prudhomme B. Fontenoy, 669.

Humbillon (Martin). — Hombillon, 382.

Humblot (Humbert). — Du Four Claude, 251.

Humblot (Nicolas). — Petitgo, 635.

Humont (Jeanne de). — De Lalance, 437.

Hunolstain (Antoine-François de). — Lebègue, 456.

Hunolstain (Gabriel-Agnès de). — Lebègue, 456.

Hunolstein (Jean-François comte d'). — Canon, 105.

Huot (Blanche). — Baillet, 22.

Huot (Jacques). — Baillet, 22.

Huppeaux (Françoise d'). — Beurges, 55.

Huraul d'Épinal (Marguerite). — Dubois, 210, 211.

Hurault (Antoine I). — Mengin, 562.

Hurault (Antoine II). — Mengin, 562.

Hurault (Aubertin). — Hurault, 396.

Hurault (Barbe). — Hurault, 394.

Hurault ou Hurel (Catherine). — Buel, 88.

Hurault (Catherine). — Hurault, 396.

Hurault (Charles), — 394.

Hurault (Charles). — Hurault, 394.

Hurault (Charles). — Husson, 395, 397.

Hurault (Claudine). — Mengin, 563.

Hurault (François), — 395, 396.

Hurault (François). — Du Bourg, 72.

Hurault (François). — Hurault, 396.

Hurault (Françoise). — Oryot, 604.

Hurault (Henry). — Philippe 4e B. dite Vafraincourt, 642.

Hurault (Jacques). — Bertrand, 53.

Hurault (Jean), — 394.

Hurault (Jean). — Hurault, 394, 396.

Hurault (Jean). — Husson, 395, 397.

Hurault (Jean). — Mengin, 562.

Hurault (Jean). — Oryot, 604.

Hurault (Jean-Baptiste). — Hurault, 395.

Hurault (Jean dit Monet). — Mengin, 562.

Hurault (Jeanne). — Viriet, 827.

Hurault (Joseph-François). — Hurault, 394.

Hurault (Louis). — Gauvin, 285.

Hurault (Louis). — Taillefumier, 765.

Hurault (Marie). — Bertrand, 53.

Hurault (Marie). — Husson, 397.

Hutterie (Jean de La). — Habert, 343.

Huvé (François-Xavier). - - Huvé, 398.

Huvé (Ignace). — Huvé, 398.

Huvé (Jacques), — 397.

Huvé (Madelaine). — Huvé, 398.

Huvé (Nicolas). — Huvé, 398.

Huvé (Nicolas-Florent).—Colin, 159.

Huvé (Nicolas - Florent). — Huvé, 398.

Huyllon (Jacques), — 398.

Huyn (Alix). — Huyn, 399.

Huyn (Anne-Catherine). — Huyn, 399.

Huyn (Balthazard). — Huyn, 400.

Huyn (Balthazard). — Massu, 545.

Huyn (Catherine). — Huyn, 399, 400.

Huyn (César). — Huyn, 399.

Huyn (Claude), — 398.

Huyn (Claude).— Huyn, 398, 399, 400.

Huyn (Claude II). — Huyn, 399.

Huyn (François). — Huyn, 399, 400.

Huyn (François). — Huyn d'Allemagne, 401.

Huyn (François). — Willemin, 833.

Huyn (François II). — Huyn, 400.

Huyn (Françoise). — Huyn, 400.

Huyn (Germaine). — Huyn, 399.

Huyn (Gillette). — Huyn, 398.

Huyn (Guillaume). — Huyn, 398.

Huyn (Henriette). — Huyn, 400.

Huyn (Henriette). — Willemin, 833.

Huyn (Ignace-Christine). — Huyn, 400.

Huyn (Jacques). — Huyn, 398, 399.

Huyn (Jacques-Ignace). — Huyn d'Allemagne, 401.

Huyn (Jean). — Huyn, 398, 399, 400.

Huyn (Jean II).— Huyn, 399.

Huyn (Jean III). — Huyn, 399.

Huyn (Jean-Joseph).— Huyn, 400.

Huyn (Jean-Joseph).— Huyn, B. en Allemagne, 400.

Huyn (Léopold). — Huyn d'Allemagne, 401.

Huyn (Marguerite). — Huyn, 399, 400.

Huyn (Marie). — Huyn, 400.

Huyn (Marie). — Rousselot, 713.

Huyn (Marie-Catherine). — Huyn, 400.

Huyn (Marie - Henriette). — Huyn d'Allemagne, 401.

Huyn (Nicolas). — Huyn, 398, 399, 400.

Huyn (Nicolas). — Rousselot, 714.

Huyn (Nicolas II). — Huyn, 400.

Huyn (Nicolas-François). — Mengin, 562.

Huyn (Poiresson). — Huyn, 399.

Huyn (Rose). — Huyn, 398.

Huyn de Robecourt (Françoise-Hyacinthe).—Grisard,327.

Huyn de Robécourt (François). — Grisard, 327.

Huyn dit de Robécourt (Dominique). — Saulget, 736.

Huz (Marguerite de). — Jacquier, 406.

Huz (N. de).— Jacquier, 406.

Hyerard (Françoise).— Berthemain, 51.

I

Igny (Simon d'). — Prud-homme, 668.

Ilon (Anne). — Lisle, 496.

Ingenheim (Marie d'). — Fériet B. Metz, 237.

Ingeville (Barbe d'). — Sarrazin B. Germainvilliers, 735.

Iroch. — Hame, 346.

Isle (Aimé de L'). — Jacquinet, 407.

Isle (Aimé de L'). — Tabouret, 763.

Isle (Barbe de L'). — Plumerey, 656.

Isle (Charles-Alexis de L'). — Dubois, 212.

Isle (Jean de L'). — Daudenet, 189.

Isle (Jean de L'). — Tabouret, 763.

Isle (Jean de L'). — Voillot, 832.

Isle (Jeanne de L'). — Daudenet, 189.

Isles (Louise de L'). — Fourny, 259.

Issembourg (Gaspard d'). — Callot, 103.

Issembourg (Henry d'). — Callot, 103.

Issembourg du Buisson (Henri-François). — Huguet, 390.

Issoncourt (Catherine d'.)— Daudenet, 189.

J

Jacob (Appoline). — Bournon, 78.

Jacob (Appolline). — Jacob, 403.

Jacob (Anne). — Rutant B. Pullenoy, 726.

Jacob (Barbe). — Bourgeois, 75.

Jacob (Barbe). —Jacob, 403.

Jacob (Barbe). — Paviette, 618.

Jacob (Béatrix-Anne). — Jacob, 402.

Jacob (Catherine). — Gervaise, 299.

Jacob (Catherine). — Jacob, 403.

Jacob (Charles). — Jacob, 403.

Jacob (Charles-François). — Jacob, 402.

Jacob (Clesse), — 402.

Jacob (Clesse). — Paviette, 618.

Jacob (Ferry), — 402.

Jacob (Ferry). — Fournier, 255.

Jacob (Ferry). — Perrin, 624.

Jacob (Ferry). — Ranffaing dit de Vosges, 675.

Jacob (Ferry II). — Jacob, 402.

Jacob (Ferry II). — Perrin, 624.

Jacob (Françoise). — Jacob, 402.

Jacob (Françoise). —Perrin, 624.

Jacob (Jean), — 403.

Jacob (Jean). — Jacob, 402, 403.

Jacob (Jean). — Mengin, 560.

Jacquot (Didier), — 408.

Jacquot (Gilles, Ferry et Clément), — 408.

Jacquot (Jacques), — 408.

Jacquot (Jean). — Maillet, 512.

Jacquot (Remy). — Jacquot, 408.

Jacquot (Watrin), — 407.

Jacquot dit de Louppy (Claude). — Raulin, 681.

Jacquot dit de Louppy (Jean). — Raulin, 681.

Jadelot (Claude). — Bainville, 25.

Jainville (Anne de). — Thelot, 771.

Jainville (Henry de). — Thelot, 771.

Jallan dit Lacroix (Didier), — 409.

Jalot (Marie). — Maras, 530.

Jambon (François). — Maillet, 514.

Jambon (Marguerite). — Maillet, 514.

Jandelaincourt (Claude de). — Des Pilliers, 649.

Jandelaincourt (Nicole de). — Des Pilliers, 649.

Janin (Claude). — Boulanger, 69.

Janin (Claude). — Chastenoy, 122.

Janin (Claude). — Mengin, 561.

Janin (Claude). — Urguet, 836.

Janin (Françoise). — Boulanger, 69.

Janin (Françoise). — Mengin, 560.

Janin (Hellouis). — Mauljean B. Liouville, 550.

Janin (Hellouis). — Tervenus de Saulxerotte, 768.

Janin (Jacqueline). — Henry, 372.

Janin (Jacqueline). — De Pulenois, 671.

Janin (Marguerite). — Urguet, 836.

Janin (Marguerite). — Xaubourel, 836.

Janin (Nicolas). — Grandmaire, 323.

Jardins (Claude des). — Jardins, 410.

Jardins (Jean des), — 409.

Jardins (Jean des). — Jardins, 410.

Jardins (Jean II des). — Jardins, 410.

Jarny (André), — 410.

Jault (Pierre). — Des Fours, 261.

Javie de Richaumé (Antoine-Suxeron de La). — Collenel, 160.

Jean (Anne). — Jean, 411.

Jean (Antoine), — 411.

Jean (Antoine).— Henry, 374.

Jean (Catherine). — Henry, 374.

Jean (Charles).— Henry, 374.

Jean (Claude). — Jean, 411.

Jean (Georges). — Henry, 374.

Jean ou Jault (Pierre), — 410.

Jean de Villeneuve (Georges). — Jean, 411.

Jeandeverd (Antoine). — Jeandeverd, 411.

Jeandeverd (Charles-François-Pantaléon). — Jeandeverd, 411.

Jeandeverd (Christophe). — Jeandeverd, 411.

Jeandeverd (N.), — 411.

Jeanmaire (François), — 412.

Jeanmaire (François). — Lombillon, 497.

Jeanmaire (Gabriel). — Jeanmaire, 412.

Jeanmaire (Gabrielle). — Lombillon, 497.

Jeanmaire (N.). — Guyot, 341.

Jeanmaire dit Bellerose (Nicolas), — 411.

Jeannette (Barbe). — Lafauche, 431.

Jeannon (Jeanne-Marthe). — Thieriet autre, 777.

Jeannot (Catherine). — Hazards, 355.

Jeannot (Jean), — 412.

Jeannot (Jean). — Vincent, 825.

Jeannot (Marthe).— Georges, 292.

Jeannot (Marthe).— Jeannot, 412.

Jeannot (Marthe).— Vincent, 825.

Jeannot (N.).— Blistain, 60.

Jeanpierre (Rose). — Vaultrin, 810.

Jeanrel (Georges), — 412.

Jeanrel (Nicolas). — Jeanrel, 413.

Jeanson du Pont (Antoine). — Colin, 159.

Jeaugeon-Lavaux (Jacques-Henry). — Jeaugeon-Lavaux, 413.

Jeaugon-Lavaux (Léopold-François). — Jeaugeon-Lavaux, 413.

Jeaugeon-Lavaux (Pierre-Henri), — 413.

Jéger (André), — 413.

Jéger (Charles de). — Jéger, 414.

Jéger (Marie-Catherine-Thérèse de). — Jéger, 414.

Jénin (Anne). — Jénin ou Génin, 414.

Jénin (Anne). — Lescamous-sier, 482.

Jénin (Catherine). — Maillard, 510.

Jénin (Claude). — Gennetaire, 289.

Jénin (Claude). — Jénin, 414.

Jénin (Claude). — Jénin ou Génin, 415.

Jénin (Didier), — 415.

Jénin (Didier. — Maillard, 510.

Jénin (Françoise).— Jénin ou Génin, 414, 415.

Jénin (Françoise). — Petit Pain, 637.

Jénin (Hellouis). — Jénin ou Génin, 414.

Jénin (Jacqueline). — Jénin ou Génin, 415.

Jénin (Jacqueline). — Maimbourg, 519.

Jénin (Jean). — Bertrand, 52.

Jénin (Jean). — Jénin ou Génin, 414.

Jénin (Jean). — Petit Pain, 637.

Jénin (Jeanne). — Jénin ou Génin, 415.

Jénin (Marguerite). — Jénin ou Génin, 415.

Jénin (Marie). — Jénin ou Génin, 414, 415.

Jénin (Marthe). — Jénin, 414.

Jénin (Nicolas). — Des Fours, 261.

Jénin (Nicolas). — Jénin ou Génin, 414, 415.

Jénin (Séverin), — 415.

Jénin (Vaultrin). — Simier, 751.

Jénin ou **Génin** (Vaultrin), — 414.

Jennin (Jean) .— Fériet, 234.

Jennot (Didon). — Contenot, 172.

Jensse (Gabrielle de). — Hordal, 384.

Jérôme (Erric). — Sarrazin B. Germainvilliers, 734.

Jeune (Catherine Le). — Niclosse, 592.

Jeune de **Grandmont** (Anne Le). — Saulget, 736.

Jevency (Claudine). — Rousselot, 712.

Joan (Perinne de). — Mauléon, 548.

Joannas ou **Joannes** (Artus de). — Hennequin B. d'Ozon, 362.

Joansance (Gabrielle). — Guérard, 332.

Jobal (Anne). — Jobal, 416, 417.

Jobal (Antoine).— Jobal, 416.

Jobal (Barbe). — Jobal, 417.

Jobal (Catherine). — Jobal, 416.

Jobal (Claude). — Jobal, 416, 417.

Jobal (Claude). — Martin, 540.

Jobal (Clément). — Jobal, 416.

Jobal (François). — Gauvain, 285.

Jobal (François). — Jobal, 416, 417.

Jobal (François). — Philbert, 638.

Jobal (Gilles), — 416.

Jobal (Gilles). — Jobal, 416.

Jobal (Gilles-Philbert). — Jobal, 416.

Jobal (Joséphine). — Jobal, 416.

Jobal (Louis). — Jobal, 416.

Jobal (Louis-Étienne). — Jobal, 417.

Jobal (Nicolas).— Jobal, 416.

Jobal (N.). — Jobal, 417.

Jobal (René). — Jobal, 416.

Jobard (Françoise). — Billault, 57.

Jobard (Gaspard). — Combles, 169.

Jobard (Jeanne des). — Arnould, 13.

Jobards (Françoise des). — Desjardins, 410.

Jobars (Pierre des). — Prudhomme, 666.

Jobart (Dominique), — 417.

Jobart (Jeanne). — De Mesnil, 570.

Jobart (Pierre), — 417.

Jobart (Pierre). — Jobart, 417.

Joffroy (Godefrin). — François, 264.

Joli (Louis). — Hory, 375.

Jolli (Gabrielle). — Henry, 375.

Jolly (Christine). — Plumecey, 656.

Jolly (Collignon), — 417.

Jolly (Françoise). — Cachet de Pulligny, 100.

Joly (Antoine), — 418.

Joly (Gabrielle).— Joly, 418.

Joly (Jean), — 418.

Joly (Jean). — Bazelaire, 40.

Joly (Jean-Charles). — Jacquemin, 405.

Joly (Jean-Charles). — Joly, 419.

Joly (Louis), — 418.

Joly (Louis). — Joly, 418.

Joly (Louis). — Perrin ou Périn, 627.

Joly (Louise). — Joly, 419.

Joly (Marie). — Joly, 418.

Joly (N.). — Joly, 419.

Joly (N.). — Platel, 655.

K

Kamp (Marie-Françoise). — Royer, 720.

Keiscler ou Kiecler (Jean-André, Jean-Jacques, Jean-Adolphe et Thomas), — 422.

Kerbin (Jeannette). — Romur, 704.

Kerver (Geneviève). — Baillet, 22.

Kesper (Hanus). — Hergugny, 378.

Kessel (Marie). — Bourcier, 70.

Kessel (Marie de). — Virion, 828.

Kessel (Marie-Anne de). — Hucher, 387.

Kesselvin (Esther de). — Frédérich, 267.

Kesselman (N. de). Falaise, 232.

Kicler (Rose). — Cossu, 174.

Kieckler (Henry-Joseph de). — Cotte, 175.

Kiecler (Anselme). — Kiecler, 422.

Kiecler (Catherine). — Kiecler, 422.

Kiecler (Charles-Emmanuel). — Kiecler, 422, 423.

Kiecler (Charles-Emmanuel). — Mesguin, 569.

Kiecler (François-Hyacinthe). — Kiecler, 423.

Kiecler (Henri-Charles-Philippe-Joseph-François), — Kiecler, 423.

Kiecler (Henri-Joseph). — Kiecler, 422.

Kiecler (Jean-Adolphe). — Kiecler, 422.

Kiecler (Jean-André). — Kiecler, 422.

Kiecler (Jean-Benoit). — Kiecler, 422.

16

Kœtz (Christophe-René de). — Vallée, 802.

Kœtz (Ursule-Jacobine-Renée de). — Vallée, 802.

Kuel (Anne-Marguerite). — Feriet, 234.

Kuttinger (Catherine). — Callot, 103.

Kuttinger (Catherine). — Kuttinger, 426.

Kuttinger (Nicolas), — 426.

L

Laitre (Bonne de). — Lisle, 491.

Lalance (Claude-Charles de), — 437.

Lalance (Didier), — 437.

Lalance (Hydoux ou Hidoulff), — 436.

Lallemand (Abraham). — Milot, 576.

Lallemand (Anne-Marie). — Friant, 269.

Lallemand (Antoine) . — Friant, 269.

Lallemand (Claude). — Viriot, 829.

Lallemand (Dominique-François), — 438.

Lallemand (Louise). — Villaucourt, 820.

Lallemand (Marguerite). — Bauzard, 40.

Lallemand (Marguerite). — Drouart, 206.

Lallemand (N.). — Fournier, 256.

Lallemand (N.). — Touppet, 794.

Lallemant (Barbe-Claude).— Baudinet, 36.

Lallemant (Claude), — 439.

Lallemant (Claude).— Platel, 654.

Lallemant (François).— Lallement, 439.

Lallemant (Gaspard). — Lallemant, 439.

Lallemant (Jean), — 439.

Lallemant ou Lallement dit de Rodesnack (Jean), — 439.

Lallia (Jean), — 439.

Lalorre (Étienne), — 440.

Lamarche (Balthazard). — Lamarche, 440.

Lamarche (Jean) . — Lamarche, 440.

Lamarche (Jean-Dominique). — Lamarche, 440.

Lamarche (Nicolas-Alphonse et Sébastien-Gabriel), — 440.

Lamarre (Claude de), — 441.

Lambertin (Jacqueline). — De Reims, 689.

Lambert (Barbe).— Courcol, 176.

Lambert (Barbe). — Lambert, 443.

Lambert (Catherine) — Collonnet, 167.

Lambert (Catherine). — Pariset, 612.

Lambert (Charles). — Dietremann, 197.

Lambert (Chrétienne ou Christine), — 443.

Lambert (Claude), — 443.

Lambert (Claude). — De la Forge, 248.

Lambert (Claude). — Guiart, 335.

Lambert (Françoise).— Lambert, 443.

Lance (Barbe La). — Geoffroy, 291.

Lance (Barbe La).— Le Marquis, 469.

Lance (Christophe de La). — De la Lance, 437.

Lance (Claude de La). — Pérignon, 622.

Lance (Claude-Ancelin de la). — De La Lance, 437.

Lance (Claude II de La). — La Lance, 437.

Lance (Claude III de La). — La Lance, 437.

Lance (Didier La). — La Lance, 437.

Lance (Gérard de la). — Pérignon, 622.

Lance (Gérard La). — La Lance, 437.

Lance (Henri de La). — La Lance, 437.

Lance (Jacques de La). — De La Lance, 437.

Lance (Jeanne de La). — De La Lance, 437.

Lance (Jeanne-Louise de La). — La Lance, 437.

Lance (Marguerite La). — Platel, 655.

Lance (Marie-Anne de La).— La Lance, 437.

Lance (Mathieu La). — Le Marquis, 469.

Lance (Mathieu de La).— Pérignon, 622.

Lance (Nicolas de La). — De La Lance, 437.

Lance (Perrin de La). — De La Lance, 437.

Lance (Robert La). — La Lance, 437.

Lance de Moranville (N. de La). — Maras, 530.

Lance de Saint-Remy (Jean La). — La Lance, 438.

Lance de Saint-Remy (Joseph-Louis la). — La Lance, 438.

Lançon (Catherine).— Feriet, 235.

Lançon (Catherine).— Huyn, 399.

Lançon (Charles).— Arnould, 13.

Lançon (Charles). — Modo, 578.

Lançon (François).— Feriet, 235.

Lançon (François). — Humbert, 392.

Lançon (Gaspard). — Modo, 578.

Lançon (Joseph). — Candot, 104.

Lançon (Marie-Catherine).— Feriet, 235.

Lançon (N.). — Modo, 578.

Lançon (N.). — Serre, 747.

Lançon (N. de). — Serre, 747.

Lancon de Vic (Jean).— Dattel B. Marzéville, 187.

Lande (Louis de La). — Racle, 673.

Landres (François de).— Niclosse, 593.

Landres (N. de). — Thiaucourt, 772.

Landrian (Charles). — Plumerey, 656.

Landrian (Charles de). — Landrian, 446.

Landrian (Errard de). — Lisle, 495, 496.

Landrian (Francisque de).— Landrian, 446.

Landrian (Gabrielle de). — Klopstein, 425.

Landrian (Gabrielle).—Mauljean B. Bricourt, 551.

Landrian (Jean-François de). — Landrian, 446.

Landrian (Marie-Anne de). Lisle, 496.

Landrian (Nicolas). — Mauljean, 551.

Landrian (Nicolas et Errard de), — 446.

Landrian (René de). — Landrian, 446.

Langault (Anne). — Lescarnelot, 484.

Langlois (Claude). — Borville, 65.

Langlois (Florent). — Pariset, 612.

Langlois (N.). — Pariset, 612.

Lanisson (Madeleine) . — Braux, 85.

Lanne (Louise de). — Thomas, 784.

Lara (Barbe de). — Rouzières, 708.

Laralde (Jean), — 446.

Lardenois de Ville (Marie-Charlotte). — Bailly Claude, 23.

Lardenois de Ville (Marie-Charlotte). — Mesguin, 570.

Lareaulté (Mathieu de), — 447.

Laroche (Anne), - 448.

Lartellier (Anne). — Porpe, 615.

Lartillier (Catherine).—Lartillier, 448.

Lartillier (Claude). — Lartillier, 448.

Lartillier (Jean - François - Claude), — 448.

Laruelle (René de), — 449.

Lassaulx (Louis de), — 449.

Lasta (Gaspard de). — Jourdan, 419.

Lataxe (Mengin), — 449.

Lataxe (Michel de), — 450.

Latour (Etienne de), — 450.

Latourte (Didier de), — 451.

Lepaige (Claude), — 474.

Lepaige (Jean), — 476.

Lépée (Catherine de). — Feriet B. Pulligny, 236.

Lépée (Demange de). — Xaubourel, 835.

Lépée (Jeannon). — Xaubourel, 835.

Lepoignant ou **Lepougnant** (Jean), — 477.

Lepois (Louis), — 478.

Lepoivre (Jean), — 479.

Lepoix (Claude). — Gondrecourt B. Barrois, 315.

Leprieur dit **l'Allouette** (Jean), — 479.

Leprieur (Antoine), — 480.

Leroy (Jeanne). — Braux, 483.

Leroy (Marie). — Hennequin, 360.

Lescaille (Antoine). — Lescaille, 481.

Lescaille (Claude de). — Gaulmé, 281.

Lescaille (Claude de). — Maillet, 513.

Lescaille (Claudon). — Lescaille, 481.

Lescaille (Françoise). — Lescaille, 481.

Lescaille (Henri de). — Didelot, 194.

Lescaille (Henri de). — Fisson, 241.

Lescaille (Henri de). — De Lamorre, 444.

Lescaille (Henry). — Lescaille, 481.

Lescaille (Henry, Robert et Gérard). — 481.

Lescaille (Jacques de), — 482.

Lescaille (Jeanne). — Lescaille, 481.

Lescaille (Jeanne de). — Fisson, 481.

Lescaille (Loyse). — Lescaille, 481.

Lescaille (Loyse-Lucie). — Lescaille, 481.

Lescaille (Lucie). — Lescaille, 481.

Lescaille (Lucie de). — Gaulmé, 281.

Lescaille (Marguerite). — Lescaille, 481.

Lescaille (Marguerite de). — De Lamarre, 444, 445.

Lescaille (Philippe). — Lescaille, 481.

Lescaille (Robert). — Lescaille, 481.

Lescalles (Antoine de). — Viart, 817.

Lescalles (Catherine de). — Viart, 816.

Lescamoussier (Affricain). — Lescamoussier, 483, 484.

Lescamoussier (Alix). — Vincent, 823.

Leschicault (Claude). — Les Chicault, 485.

Leschicault (Isaac). — Les Chicault, 485.

Leschicault (Jean). — Les Chicault, 485.

Leschicault (Jean). — Serre, 745.

Leschicault (Jeanne). — Serre, 745.

Leschicault (Nicolas). — Les Chicault, 485.

Leschicault (Thiébault-Jean-Gérard-Robert-Nicolas-Claudon et Bonne), — 485.

Leschicault de Beury (Jean). — Leschicault, 485.

Leschicault de Beury (Pierre). — Leschicault, 485.

Lecossois (Catherine). — Leschicault, 485.

Lescossois (Catherine). — Viart, 816.

Lescossois (Claudine). — Taupinet ou Toupignet, 769.

Lescossois (François). — 485.

Lescossois (N.). — Taupinet, 769.

Lescossois (Ursule ou Nicole). — Lescuyer, 488.

Lescossois (Ursule ou Nicole). — Roder, 698.

Lescoure (Claude-Joseph de). — Philippe, 640.

Lescure (Abraham-Louis), — 486.

Lescut (Anne de). — Des Fours, 261.

Lescut (Anne de). — Lescut, 486.

Lescut (Barbe de). — Bailly, 23.

Lescu (Élisabeth de). — Bermand Pixerécourt, 49.

Léscu (Jen de). — Beurges, 55.

Lescut (Barbe de). — Lescut, 486.

Lescut (Barbe de). — Xaubourel B. Domnon, 836.

Lescut (Claude). — Lescut, 486.

Lescut (Claude de). — Lescuyer, 489.

Lescut (Claude de). — Maillet, 514.

Lescut (Claude de). — Rutant B. de Hannonville, 725.

Lescut (Élisabeth de). — Lescut, 487.

Lescut (Gabrielle de). — Mahuhet, 509.

Lescut (Jean de). — Lescut, 486, 487.

Lescut (Jean de). — Des Fours, 262.

Lescut (Jean de). — Lescuyer, 489.

Lescut (Jean de). — Le Poignant, 478.

Lescut (Jean de). — Rutant B. Hannonville, 725.

Lisle (Claude-Joseph de). — Lisle, 496.

Lisle (Errard de). — Lisle, 496.

Lisle (Gabrielle de). — Lisle, 494.

Lisle (Henriette de). — Lisle, 495.

Lisle (Henry). — Lisle, 495.

Lisle (Henry de). — Lisle, 496.

Lisle (Jean de), — 494.

Lisle (Jean de). — Remy, 690.

Lisle (Jean-Baptiste). — Lisle, 495, 496.

Lisle (Jeanne de). — Lisle, 495.

Lisle (Joseph). — Lisle, 495.

Lisle (Joseph de). — Lisle, 494.

Lisle (Joséphine). — Lisle, 495.

Lisle (Louise de). — Lisle, 494.

Lisle (Louise de). — De Pullenois, 672.

Lisle (Louise de). — Remy, 690.

Lisle (Nicolas). — Lisle, 495.

Lixière (Marguerite de). — Charlet, 117.

Locquet de Grandville (Étienne-Julien de). — Rutant B. Marainvilliers, 727.

Locquet de Grandville (Marguerite-Maline de). — Rutant B. Marainv., 727.

Lombard (Anne). — Maras, 530.

Lombart (Anne). — le Lombart, 496.

Lombart (Anne). — Triplot, 798.

Lombart (Charles). — Villaucourt, 820.

Lombart dit Husson (Christophe), — 496.

Lombart (Dominique). — Feriet, 234.

Lombart (Dominique). — Gaillard, 271.

Lombart (Dominique). — Lombart, 496.

Lombart (Dominique). — Triplot, 798.

Lombart (Françoise). — Lombart, 496.

Lombart (Jean). — Le Lombart, 496.

Lombart (Mengin Le), — 496.

Lombart (Philippe le). — Touppet, 795.

Lombillon (André de), — 497.

Lombillon (André de). — Lombillon, 497.

Lombillon (Charles-Joseph). — Henry, 375.

Lombillon (Charles-Joseph de). — Lombillon, 497.

Lornet (Claude). — Le Braconnier, 457.

Lornet (Jean de). — Niclosse, 592.

Lornet (Niclos de). — Niclosse, 592.

Lornet (Nicolas ou Niclos).— Niclosse, 592.

Lornet (Reine). — Levain, 491.

Lorrain (Jacques Le). — Le Lorrain, 467.

Lorraine (Ferry de). — Cardon, 107.

Lorraine (Jean de). — Hérouet, 377.

Lorraine (Marguerite de). — Hérault, 377.

Lorraine (Nicolas de). — Fleury, 242.

Lorre (Catherine de la). — Mathieu, 545.

Lorre (Catherine la). — La Lorre, 440.

Lorre (Catherine de la). — Virion, 828.

Lorre (Élisabeth la). — La Lorre, 440.

Lorre (François la). — La Lorre, 440.

Lorre (Jean la). — La Lorre, 440.

Lorre (Marguerite la). — La Lorre, 440.

Lorre (Nicolas la). — La Lorre, 440.

Lorre (Philippe de La). — La Lorre, 440.

Lorre (Philippe de La). — Mathieu, 545.

Lot (Nicolas du). — Le Mareschal, 468.

Lotin (Guillaume). — Hennequin B. d'Assy, 365.

Lotin (Marguerite). — Hennequin, 359.

Lotin (Robert). —Hennequin, 359.

Louis (Catherine). — Lartillier, 448.

Louis (Catherine). — Poural, 663.

Louis (Charles). — Maillet, 512.

Louis (Charles-François), — 500.

Louis (Claude), — 500.

Louis (Claude). — Peltre, 621.

Louis dit Bertin (François), — 499.

Louis (Joseph). — Lartillier, 448.

Louis (Louis). — Maillet, 512.

Louis (Mengin). — Louis, 500.

Louis dite Saint-Wallier (Nicole). — Noirel, 597.

Louis (Pierre). — Maillet, 512.

Loys (François). — Loys ou Louis, 500.

Loys ou Louis (Jacques), — 500.

Loys ou Louis (Pierre). — Loys, 501.

Loyson (Claudon). — Villicy, 822.

Loyson (Marie). — Ginot, 305.

Lozanne (Errard), — 501.

Lozanne (Jean-Étienne de). — Lozanne, 501.

Lozanne (Louis-Affricain de). — Lozanne, 501.

Lude (Jean de). — Serry, 749.

Ludot (Jeanne). — Hennequin B. Lentages, 367.

Lugnar dit le capitaine Lembourg (Jean), — 501.

Lugny (N. de). — Frédérich, 267.

Lumbres (Jean de). — Hennequin B. d'Ozon, 362.

Lunéville (Jean de). — Melian, 558.

Lusy (Catherine de). — Le Braconnier, 457.

Lutzelbourg (Renée de). — Bermand, 48.

Luyon (Catherine). — Héraudel, 376.

Luyton (Charles). — Luyton, 502.

Luyton (Charles). — Rattel, 677.

Luyton (Claude). — Luyton, 502.

Luyton (Gabrielle-Geneviève). — Luyton, 502.

Luyton (Jean-Éloy). — Doridant, 204.

Luyton (Jean-Éloy de). — Luyton de Rosières, 502.

Luyton (Louis-Gaston). — Dattel B. Marzéville, 188.

Luyton (Louis-Gaston). — Luyton, 502.

Luyton (Louis-Gaston). — Mazerulles, 555.

Luyton (Marguerite). — Luyton, 502.

Luyton (Marie-Anne). — Luyton, 502.

Luyton (Nicolas). — Luyton, 502.

Luyton (Philippe-François). — Luyton, 502.

Luyton (Raymond), — 502.

Luyton (Raymoud). — Vallée, 801.

Luyton (Raymond II.). — Luyton, 502.

Luyton (Raymond II.). — Voisin, 833.

Luyton (Raymond-René). — Luyton, 502,

M

Machon(Antoine).— Machon, 503.

Machon (Claude).— Machon, 503.

Machon (Jeanne).— Machon, 503.

Machon (Louis). — Machon, 503.

Machon (Madelaine). — Machon, 503.

Machon (Marguerite). — Machon, 503.

Machon (Marie). — Machon, 503.

Maclot(Catherine-Antoinette). — Georgin, 294.

Maclot (Dagobert). — Georgin, 294.

Macquart (Antoine), — 503.

Macquart (Georges). — Haldat, 345.

Macquart (Georges). — Macquart, 503.

Macquart (Henry). — Macquart, 503.

Magerie (Jean de la). — Bertignon, 51.

Mageron (Abraham). — Vincent, 825.

Mageron (Abraham de). — Mageron, 504.

Mageron (Abraham de). — Touppet, 794.

Mageron (Anne).— Mageron, 505.

Mageron (Anne de). — Mageron, 504, 505.

Mageron (Barbe). — Mageron, 505.

Mageron (Barbe de). — Mageron, 504, 505.

Mageron (Bernardin). — Mageron, 504.

Mageron (Bernardin de). — Mageron, 505.

Mageron (Catherine). — Mageron, 504, 505.

Mageron (Catherine de). — Mageron, 505.

Mageron (Charles). — Mageron, 505.

Mageron (Claude de). — Mageron, 504.

Mageron (Clémence de). — Mageron, 504.

Mageron (Clémence de). — Maras, 530.

Mageron (Damien de). — Mageron, 504.

Mageron (François de). — Mageron, 505.

Mageron (Françoise). — Gallois, 275.

Mageron (Françoise). — Mageron, 505.

Mageron (Gabrielle de). — Mageron, 505.

Mageron (Henriette). — Mageron, 505.

Mageron (Henriette de). — Hurault, 394.

Mageron (Henriette de). — Nay ou Nasi, 591.

Mageron (Henriette de). — Taillefumier, 765.

Mageron (Jean), — 503.

Mageron (Jean de). — Maras, 530.

Mageron dit le vieux (Jean de). — Mageron, 504.

Mageron (Jean-Baptiste-Pierre de). — Mageron, 505.

Mageron (Jeanne de). — Mageron, 505.

Mageron (Marguerite). — Mageron, 505.

Mageron (Marie de). — Mageron, 505.

Mageron (Mathias de). — François, 265.

Mageron (Mathias de). — Mageron, 504.

Mageron (Nicolas de). — Mageron, 504.

Mageron (Paul). — Gallois, 275.

Mageron (Paul de). — Mageron, 504, 505.

Mageron (Paul de). — Taillefumier, 765.

Mageron (Sébastien de). - Mageron, 504.

Mageron (Théodore de). — Mageron, 504.

Mageron (Thérèse de). — Mageron, 505.

Magnien (Anne). — Cliquot, 134.

Magnien (Anne). — Magnien, 506.

Magnien (Catherine ou Chrétienne). — Fournier B. Zugmantei, 256.

Magnien (Charlotte). — Busselot, 95.

Magnien (Charlotte). — Magnien, 506.

Magnien (Chrestienne). — Magnien, 506.

Magnien (Chrétienne). — Du Bourg, 72.

Magnien (Chrétienne). — Pariset, 612.

Magnien (Didier). — Magnien, 506.

Magnien (François), — 506.

Magnien (François). — Durand, 223.

Magnien (François). — Forget, 249.

Magnien (François). —. Magnien, 506.

Magnien (Françoise). — Magnien, 506.

Magnien (Jean). — Magnien, 505, 506.

Magnien (Jean). — Maillet, 513.

Magnien (Jeanne). — Monginot, 580.

Magnien (Laurence). — Hanus, 349.

Magnien (Laurence). — Magnien, 506.

Magnien (Laurent), — 505.

Magnien (Laurent). — Cossu, 174.

Magnien (Laurent). — Du Bourg, 72.

Magnien (Laurent). — Hanus, 349.

Magnien (Marguerite). — Cossu, 174.

Magnien (Marthe). — Magnien, 506.

Magnien (Nicolas). — Busselot, 95.

Magnien (Nicolas). — Gombervaulx, 312.

Magnien (Nicolas). — Magnien, 506.

Magnien (Nicolas). — Tervenu de Saulxerotte, 768.

Magnien (Nicole). — Gronders, 329.

Magnien (N.). — Forget, 249.

Magnien (N.). — Magnien, 506.

Magnien (Pierre). — Cossu, 174.

Magnien (Pierre). — Magnien, 506.

Magnien (Pierre). — Maimbourg, 518.

Magnien (Thérèse). — Durand, 223.

Magnier (Gérard), — 506.

Magnière (Claude de). — De Ranffaing, 675.

Magnin (Anne). — Beaufort B. Darnieulle, 43.

Magny (Claude - Marc), — 507.

Magny de Serrières (N. de). — Jacquier, 406.

Maguillot (Françoise). — Vion, 826.

Maguin (François). — Huyn, 399.

Mahalin (Nicolas), — 507.

Mahuet (Blaise). — Mahuet, 508.

Mahuhet (Blaise). — Dattel B. Marzéville, 187.

Mahuet (Catherine-Françoise). — Mahuet, 508.

Mahuet (Charles-Ignace de). — Collignon, 164.

Mahuet (Charles-Ignace de). — Mahuet, 509.

Mahuet (Christophe). — Gallois, 274.

Mahuet (Frédéric). — Gallois, 275.

Mahuet (Gabrielle - Antoinette). — Mahuet, 509.

Mahuet (Jacques), — 508.

Mahuet (Jacques-Marc-Antoine de). — Mahuet, 509.

Mahuet (Jean de). — Mahuet, 508.

Mahuet (Jean-Baptiste de). — Mahuet, 508, 509.

Mahuet (Jean-François de). — Mahuet, 509.

Mahuet (Marc de). — Mahuet, 508.

Mahuet (Marc-Antoine de). — Mahuet, 508.

Mahuet (Marc-Antoine de). — Richard, 694.

Mahuet (Marc-César-Joseph-Antoine de). — Mahuet, 509.

Mahuet (Marie-Nicole de). — Mahuet, 510.

Mahuet (Nicolas). — Fanchon, 233.

Mahuet (Nicolas - François de). — Mahuet, 509.

Mahuet (N.). — Auburtin, 17.

Mahuet (N. de). — Collignon, 164.

Mahuhet (Philippe - Claire de). — Mahuet, 509.

Mahuet de Bettainviller (N. de). — Gombervaux, 312.

Mahuhet (Alizon). — Maras, 530.

Mahuhet (Barbe). — Monginot, 580.

Mahuhet (Jacques). — Monginot, 580.

Mahusson (Perette). — Estienne, 227.

Maillard (Bernard). — Le Nerf, 473.

Maillard (Charles-Nicolas de). — De la Forge, 248.

Maillard (Charles - Nicolas de). — Maillart, 511.

Maillard (Jossine). — Maillart, 510.

Maillard (Marie). — d'Ardennes, 11.

Maillard de la Malmaison (Marie). — Alscheidt, 5.

Maillard de la Malmaison (François). — Maillart de la Malmaison, 512.

Maillart (Anne - Catherine de). — Maillart, 511.

Maillart (Anne - Catherine de). — Raulin, 681.

Maillart (Catherine). — Maillart, 510.

Maillart (Claude), — 510.

Maillart (Claude). — d'Ardennes, 11.

Maillart (Claude). — Gérard, 295.

Maillart (Claude) . — La Grotte, 434.

Maillart (Claude II). — Maillart, 510.

Maillart (Claude III) . — Maillart, 511.

Maillart (Claude-Antoine de). — Maillart, 511.

Maillart (Etienne-Henri). — Des Fossés, 250.

Maillart (Etienne-Henri de). — Fisson, 241.

Maillart (Étienne-Henri). — Fourier, 253.

Maillart (Étienne-Henry de). — Maillart, 511.

Maillart (Etienne-Henry de). — Raulin, 681.

Maillart (GabrielleCatherine-Antoinette). — Maillart, 511.

Maillart (Jean), — 510.

Maillart (Jean). — Maillart, 510.

Maillart (Louise). — Maillard, 510.

Maillart (Marguerite). — Gérard, 295.

Maillart (Marguerite) . — Maillart, 510.

Maillart (Marguerite) . — Milot, 576.

Maillart (Marie). — Maillart, 510.

Maillart (Marie-Anne de). — Maillart, 511.

Maillart (Marie - Charlotte de). — Maillart, 511.

Maillart (N.). — Gondrecourt B. Parrois, 315.

Maillart (N.). — Maillart, 511.

Maillart (Parisot), — 510.

Maillart (Sophie). — Fourier, 253.

Maillart de la Malmaison (Jean-Nicolas), — 511.

Maillart de la Malmaison (Léonard). — Maillart de la Malmaison, 512.

Maillart de la Malmaison (Théodore). — Alscheidt, 5.

Maillefer (Anne-Marguerite de). — Maimbourg, 520.

Maillefer (Barbe). — Regnault, 688.

Maillet (Humbert de). — Dubois, 211.

Maillet (Jacques), — Maillet, 513.

Maillet (Jean), — 512.

Maillet (Jean). — Didelot, 194.

Maillet (Jean). — Maillet, 513.

Maillet (Jean). — Pseaume 670.

Maillet (Jean II). — Clément, 133.

Maillet (Jean II). — Maillet, 512.

Maillet (Jean III). — Maillet, 513.

Maillet (Jean III). — Mengin, 559.

Maillet (Jean III). — Prudhomme, 666.

Maillet (Jean de). — Maillet, 514.

Maillet (Jean-Antoine). — Noirel, 598.

Maillet (Jeanne). — Magnien, 505.

Maillet (Jeanne).— Magnien, 513, 514.

Maillet (Jeanne).— Mérigault ou Mérigot, 567.

Maillet (Jehan). — Lescaille, 481.

Maillet (Joseph de). — Maillet, 514.

Maillet (Louise). — Clément, 133.

Maillet (Louise). — Didelot, 194.

Maillet (Louise). — Gaulmé, 281.

Maillet (Louise). —Lescaille, 481.

Maillet (Louise). — Maillet, 513.

Maillet (Louise). — Marien, 536.

Maillet (Loyse). — Lescaille, 481.

Maillet (Marguerite).—Beurges, 55.

Maillet (Marguerite).—Maillet, 513.

Maillet (Marguerite).—Prudhomme, 666.

Maillet (Marguerite de). — Maillet, 514.

Maillet (Marie). — Thieriet autre, 777.

Maillet (Marie-Alias-Suzanne). — Prudhomme, 668.

Maillet (Nicolas). — Bourgeois, 74.

Maillet (Nicolas). — Maillet, 513.

Maillet (Nicolas-François).— Gugney, 334.

Maillet (N.). — Maillet, 513.

Maillet (Philippe). —Maillet, 513.

Mairesse (Isabelle). — Lamier, 444.

Mairesse (Jeanne). — Merlin, 568.

Mairesse (Pierre), — 520.

Maison-Neuve (N. de). — Sarrazin, 734.

Maison-Rouge (Renée de). — Le Paige, 475.

Maistrels (Georges). — Maistrels, 521.

Maistrels dit **Le Grand** (Georges), — 521.

Maitrelle (Alix). — Philippe, 640.

Maitrelle (N.). — Philippe, 640.

Maizières (François de). — Lescamoussier, 482.

Maizières (Jacques de). — Lescamoussier, 482.

Malabarbe (Antoine de). — Virgile, 827.

Malabarbe (Jean de). — Des Pilliers, 650.

Malain (Angélique de). — Vincent, 824.

Malain (Edme de). — Vincent, 824.

Malain (Françoise de). — Vincent, 824.

Malaisé (Alexandre). — Cachedenier, 98.

Malaumont (Anne). — Malaumont, 521.

Malaumont (Anne de). — Morot, 584.

Malaumont (Catherine de). — Malaumont, 521.

Malaumont (Charles de). — Malaumont, 521.

Malaumont (Étienne de). — Malaumont, 521.

Malaumont (François de). — Malaumont, 521.

Malaumont (François de). — Platel, 656.

Malaumont (Guillaume de). — Morot, 584.

Malaumont (Jean de). — Malaumont, 521, 522.

Malaumont (Jeannette). — Malaumont, 521.

Malaumont (Jeannette de). — Gervaise, 300.

Malaumont (Jeannette de). — Maras, 529.

Malaumont (Jeannette de). — Parvy ou Parny, 616.

Malaumont (Marguerite de). — Malaumont, 521.

Malaumont (Marguerite de). — Platel, 656.

Malaumont (Méline). — Piot, 643.

Malaumont (Nicolas). — Malaumont, 521.

Malaumont (Nicolas de). — Malaumont, 521.

Malaumont (Nicolas II de). — Malaumont, 522.

Malvoisin (Catherine de). — Malvoisin, 527.

Malvoisin (Charles-François), — De Malvoisin, 528.

Malvoisin (Claude). — De Malvoisin, 526.

Malvoisin (Claude de), — 527.

Malvoisin (Claude de). — Le Febvre, 461.

Malvoisin (Claude-Charles). — Collignon, 164.

Malvoisin (Claude - Charles de). — De Malvoisin, 528.

Malvoisin (Jean de), — 526.

Malvoisin (Jean de). — Malvoisin, 527.

Malvoisin (Jean-Philippe de). — De Malvoisin, 528.

Malvoisin (Jean et Claude de), — 527.

Malvoisin (Joseph-François). — De Malvoisin, 528.

Malvoisin (Nicolas). — De Malvoisin, 526, 527, 528.

Malvoisin (Nicolas de). — Malvoisin, 527.

Mance (Catherine La). — Le Nerf, 473.

Mance (Jean La). — Feriet, 234.

Mance (Jean La). — Le Nerf, 473.

Mance (N. de). — Derand, 191.

Mandres (Antoinette de). — Nicolas, 593.

Mandres (Marguerite de). — Beaufort, 42.

Manesy (André), — 528.

Manesy (Chrétien de). — Manesy, 528.

Manessy (Charles de). — Manesy, 529.

Manessy (François de). — Manesy, 529.

Manessy (Jeanne-Gabrielle de). — Manesy, 529.

Manessy (Nicolas-François de). — Manesy, 529.

Maneusier (Marie). — Bournon, 78.

Mangenot (Barbe). — Hoüat, 384.

Mangenot (Henri). — Hoüat, 384.

Mangenot (Marguerite). — Feriet B. Pulligny, 236.

Mangeon (Anne-Marie). — Le Prieur, 480.

Mangeon (Jacques). — Le Prieur, 480.

Mangeon (Jean). — Aulbepierre, 18.

Mangeot (Antoine de). — Marien, 536.

Mangeot (Didier). — Maillet, 513.

Mangeot (Gérard). — 529.

Mangeot (Lucie). — Thevenin, 772.

Marien (Claude). — Marien, 537.

Marien (Cœsar). — Marien, 536.

Marien (Françoise). — Fournier, 257.

Marien (Françoise). — Humbert, 392.

Marien (Françoise). — Marien, 536.

Marien (Georges). — Marien, 536.

Marien (Hubert). — Marien, 536.

Marien (Jean), — 536.

Marien (Jean). — Clément, 133.

Marien (Jean). — Dattel B. Marzéville, 187.

Marien (Jean). — Humbert, 392.

Marien (Jean). — Mathieu, 546.

Marien (Jean). — Mengeot, 559.

Marien (Jean). — Rutant, 724.

Marien (Jean). — Vallée, 801.

Marien (Jean II). — Marien, 536.

Marien (Jean III). — Marien, 536.

Marien (Jen de). — Legrand B. Rehainviller, 465.

Marien (Jeanne). — Marien, 536.

Marien (Louis-Sigisbert). — Marien, 537.

Marien (Lucie). — Dattel B. Marzéville, 187.

Marien (Lucie). — Marien, 536.

Marien (Lucie). — Mengeot, 559.

Marien (Lucie-Marie). — Marien, 536.

Marien (Marguerite). — Marien, 536.

Marien (Marguerite de). — Le Grand B. Rehainviller, 465.

Marien (Marie). — Le Bègue, 455.

Marien (Marie). — Maillet, 513.

Marien (Marien). — Marien, 536.

Marien (Nicolas). — Racle, 673.

Marien (Philippe). — Marien, 536.

Marien (Sébastienne) . — Marien, 536.

Marien de Frémery (Claude). — Gauvain 286.

Marien de Moyenvic (Marien). — Maimbourg, 517.

Marillac (Guillaume de). — Hennequin B. d'Assy, 365.

Marillac (Marie de). — Gleisenove, 308.

Marillac (Marie de). — Hennequin B. d'Assy, 365.

Marle (Henri de). — Hennequin, 359.

Marle (Marguerite de). — Hennequin, 359.

Marlorat (Claude Le). — Le Marlorat, 469.

Marlorat (Claude Le). — Vincent, 824.

Marlorat (Gabriel Le). — Le Marlorat, 469.

Marlorat (Martin Le). — Le Marlorat, 469.

Marlorat (Nicolas Le). — Le Marlorat, 469.

Marlorat (Nicolas). — Rouyer, 718.

Marlorat (Pierre Le). — Marlorat, 469.

Marne (Antoine de). — De Marne, 539.

Marne (Bernard de). — De Marne, 539.

Marne (Claude de). — De Marne, 539.

Marne (François de), — 539.

Marne (François de). — De Marne, 539.

Marne (Marguerite de). — Cossu, 174.

Marne (N. de). — Viart de Pont-sur-Saulx, 817.

Marne (Oscar de). — Cossu, 174.

Marne (Thierrion de). — Rattel, 678.

Marolles (Henri-Colas de). — Racle, 673.

Marot (Barbe). — Friant, 269.

Marot (Gand). — Friant, 269.

Marquaire (Christine). — Garat, 275.

Marquaire (François). — Palleot, 609.

Marquaire (Jacques). — Garat, 275.

Marquis (Anne Le). — Le Marquis, 469.

Marquis (Barbe Le). — Le Marquis, 469.

Marquie (Catherine Le). — Le Marquis, 469.

Marquis (Charlotte Le). — Le Marquis, 469.

Marquis (Louis Le). — Le Marquis, 469.

Marquis (Richard Le). — Le Marquis, 469.

Marre (Antoine de La). — De la Marre, 442.

Marre (Barbe de La). — De la Marre, 441.

Marre (Barbe-Antoine La). — La Marre, 442.

Marre (Charles La). — La Marre, 442.

Marre (Charles de La). — Hucher, 307.

Marre (Charles de La). — De la Marre, 441.

Marre (Charles-François-Léopold La). — La Marre, 442.

Martimprey (Jeanne-Marguerite de). — Hardy, 351.

Martin (Anne). — Hanus, 349.

Martin (Anne). — Martin, 540.

Martin (Baptiste), — 540.

Martin (Claude). — Huyn, 400.

Martin (Didier), — 539.

Martin (François). — Morlot ou Morelot, 583.

Martin (François-Joseph). — Martin, 540.

Martin (Hubert), — 539.

Martin (Jacques), — 540.

Martin (Jacques). — François, 264.

Martin (Jacques). — Gourdot, 320.

Martin (Jacques). — Raulet, 680.

Martin (Jean), — 539.

Martin (Jean). — Ginet, 306.

Martin (Jean-François), — Parpe, 615.

Martin (Jeanne). — Michel, 573.

Martin (Jeanne). — Raulet, 680.

Martin (Marguerite).— Gourdot, 320.

Martin (Marguerite). — Martin, 540.

Martin (Marthe). — Parpe, 615.

Martin (Nicolas). — Parpe, 615.

Martin (Paul). — Martin, 540.

Martin (Paul-François). — Martin, 540.

Martin (Philippe de). — Remy, 690.

Martine (Anne). — Feron, 238.

Martine (Michel). — Feron, 238.

Martine (Nicolas). — Feron, 238.

Martinet (Jeanne de). — Labbé, 427, 428.

Martinitz (Agnès de). — Philbert, 639.

Martinitz (Agnès, comtesse de). — Touppet, 796.

Martinot (Didière). — Gondrecourt, 316.

Martinot (Didière). — Gondrecourt B. Parrois, 315.

Martinot (Didière). — Sarrazin, 733.

Martiny (Claude ou François), — 541.

Martiny (Dominique). — Dietremann, 197.

Martiny (Dominique).— Martiny, 541.

Martiny (Dominique de). — Henry, 374.

Martiny (Joseph). — Martiny, 541.

Martiny (Joseph de).— Gaillard, 272.

Martiny (Louis-Pierre de).— Martiny, 541.

Martiny (Marie-Barbe). — Martiny, 541.

Martiny (Marie-Barbe de).— Doré, 203.

Martiny (Marie-Barbe de). — Henry, 374.

Martiny (Marie-Barbe de). — Marien, 537.

Martiny (N. de). — Martiny, 541.

Martzeloff (Guillaume). — Gaillard, 272.

Marville (Anne de). — Colibet, 157.

Masey (Simon). — Saint-Genoy, 730.

Masse ou Massé (Jeanne).— Malaumont, 521.

Masse (Marie-Anne de). — Vallée B. Neufchateau, 804.

Masselin (Catherine). — Gérard, 296.

Masselin (Catherine) . — Roussel, 709.

Masselin (Charles), — 542.

Masselin (Jean). — Masselin, 542.

Masselin (Jean-Baptiste). — Masselin, 542.

Masselin (Mayelle ou Méline). — Blistain, 60.

Masselin (Mayelle). — Tardvenu, 767.

Masselin (Méline ou Mayelle). — Masselin, 542.

Masselin (Nicolas). — Masselin, 542.

Masselin (N. de). — Masselin, 542.

Masson (Aubine). — Masson, 543.

Masson (Charles), — 542.

Masson (Claude). — Masson, 543.

Masson (Clémence). — Le Ne:f, 473.

Masson (Gabrielle Le). — Rampont, 674.

Masson (Humbert). — Masson, 543.

Masson (Jacques), — 544.

Masson (Jean), — 543.

Masson (Jean). — Masson, 542, 543.

Masson (Jean Le). — Hennequin B. Dammartin, 361.

Masson (Jean Le). — Rampont, 674.

Masson (Jean-Baptiste). — Masson, 543.

Masson (Jean-Charles). — Masson, 543.

Masson (Jean II.). — Masson, 543.

Masson (Jeanne). — Ginet, 305.

Masson (Jeanne-Marguerite). — Masson, 543.

Masson (Léopold), — 543.

Masson (Louis). — Masson, 543.

Masson (Maurice). — Masson, 543.

Masson (Mengin), — 542.

Masson (Pierre), — 543.

Masson (Prignot). — Masson, 542.

Masson (Robert). — Masson, 543.

Massu (Anne). — Maras, 530.

Massu (Charles), — 544.

Massu (Charles). — Hiérosme, 382.

Massu (Edme ou Edmont). — Massu, 545.

Massu (Marguerite). — Durand, 222.

Massu de Fleury (Edmont-Charles). — Massu, 545.

Massu de Fleury (Joseph). — Derand, 191.

Massu de Fleury (Joseph de). — Huyn, 400.

Massu de Fleury (Joseph de). — Massu, 545.

Massu de Fleury (Edmond-Charles). — Thomassin, 788.

Massu de Fleury (N.). — Massu, 545.

Massu de Fleury (N. de). — Huyn, 400.

Matenza (N. de). — Gaillard, 273.

Matheot (Claude). — Machon, 503.

Mathieu (Anne). — Marcol, 534.

Mathieu (Anne). — Mathieu, 546.

Mathieu (Antoinette). — Grillon, 327.

Mathieu (Appoline). — Mathieu, 546.

Mathieu (Arthur). — Grillon, 327.

Mathieu (Barbe). — Mathieu, 545.

Mathieu (Catherine) — Anthoine, 10.

Mathieu (Catherine). — Mathieu, 546.

Mathieu (Claude).—Mathieu, 546.

Mathieu (Claude-Georges). — Mathieu, 546.

Mathieu (Dominique). — Grandemange, 321.

Mathieu (Dominique). — Guillemin, 339.

Mathieu (Dominique). — Mathieu, 546.

Mathieu (Élisabeth). — Malaumont, 522.

Mathieu (Élisabeth). — Mathieu, 545.

Mathieu (Élisabeth). — Virion, 828.

Mathieu (François), — 545.

Mathieu (François). — Fériet, 235.

Mathieu (François). — Mathieu, 546.

Mathieu (Françoise). — Mathieu, 546.

Mathieu (Jean ou Nicolas).— Marien, 536.

Mathieu (Louis). — Mathieu, 546.

Mathieu (Marie). — Thieriet, 775.

Mathieu (Marie-Rose). — Alliot, 8.

Mathieu (Marie-Rose). — Mathieu, 546.

Mathieu (Mathillon). — Humbert, 392.

Mathieu (Mathillon). — Marien, 536.

Mathieu (Mathillon). — Mathieu, 546.

Mathieu (Nicolas), — 546, 547.

Mathieu (Nicolas). — La Lorre, 440.

Mathieu (Nicolas). — Marcol, 534.

Mathieu (Nicolas). — Mathieu, 545.

Mathieu (Nicolas). — Virion, 828.

Mathieu (N.). — Grandemange, 321.

Mathieu (Thérèse). — Guillemin, 339.

Mathieu (Thérèse). — Mathieu, 546.

Mathieu de Moulon (Antoine). — Mathieu, 546.

Mathieu de Moulon (Claude-Georges). — Mathieu, 546.

Mathieu de Moulon (François-Pascal). — Mathieu, 546.

Mathieu de Xammes (Barbe). — Mathieu, 546, 547.

Mathieu de Xammes (Christophe). — Mathieu, 546, 547.

Mathieu de Xammes (François). — Mathieu, 547.

Mathieu de Xammes (Léopold). — Mathieu, 546.

Mathieu de Xammes (Marie-Anne). — Mathieu, 546.

Mathieu de Xammes (Nicolas). — Mathieu, 546.

Mathiez de Charmes (Nicolas). — Mélian, 558.

Mathiot (Claude). — Sallet, 731.

Mathiot (Marie). — Fournier, 254.

Mathis (Marguerite). — Gaucher, 278.

Maucervel (Claude). — Maucervel, 547.

Maucervel (Élisabeth de). — Gérard, 296.

Maucervel (Élisabeth de). — Maucervel, 548.

Maucervel (Étienne), — 547.

Maucervel (François). — Maucervel, 547.

Maucervel (Jacques). — Louis dit Saint-Vallier, 499.

Maucervel (Jean). — Maucervel, 547.

Maucervel (Oudette de). — Hennequin B. Lentages et Curel, 366.

Maucervel (Thiéry). — Maucervel, 547.

Mauclerc (Emmanuel). — Hennequin B. Lentages, 368.

Maucourt (Blanche de). — Toignart, 793.

Maud'huy (Jean-Baptiste de). — Bessat, 54.

Maud'huy de Beaucharmois (Jean-Baptiste de). — Richard, 695.

Maud'huy de Beaucharmois (Nicolas-François de). — Anthoine, 10.

Mauléon (Balthazard). — Mauléon, 548.

Mauléon (Claude). — Mauléon, 548.

Mauléon (Guillaume de), — 548.

Mauléon (Louis). — Mauléon, 548.

Mauléon (Nicolas). — Mauléon, 548.

Mauléon (Philippe de). — Mauléon, 548.

Mauléon (Pierre). — Mauléon, 548.

Mauléon de la Bastide (Louis de). — Champenois B. Neufvclotte, 114.

Mauljean (Alix). — Mauljean, 550.

Mauljean (Alix). — Picquart, 644.

Mauljean (Anne). — Dubois, 210.

Mauljean (Anne). — Hennezon, 371.

Mauljean (Anne). — Mauljean, 549, 550, 552.

Mauljean (Anne). — Mauljean B. Liouville, 550.

Mauljean (Anne). — Sarrazin, 733.

Mauljean (Anne). — Thévenin, 772.

Mauljean (Anne-Thérèse). — Mauljean, 552.

Mauljean (Antoine). — Platel, 655.

Mauljean (Antoinette). — Bournon, 78.

Mauljean (Antoinette). — Mauljean, 549.

Mauljean (Arnould). — Ginet, 306.

Mauljean (Arnould). — Mauljean, 549, 551.

Mauljean (Françoise). — Ginet, 306.

Mauljean (Françoise). — Mauljean, 549, 550, 552.

Mauljean (Françoise). — Mauljean B. Liouville, 550.

Mauljean (Françoise). — Raulet, 680.

Mauljean (Françoise).— Remy, 691.

Mauljean (Françoise). — Rutant B. Pullenoy, 726.

Mauljean (Françoise). — Vignolles, 819.

Mauljean (Gabrielle). — Mauljean, 550.

Mauljean (Gérard). — Charbonnier, 116.

Mauljean (Gérard). — Guérin, 334.

Mauljean (Gérard). — Mauljean, 549.

Mauljean (Gérard). — Picquart, 644.

Mauljean (Hellouis).— Mauljean B. Liouville, 550.

Mauljean (Hellovy). — Héraudel, 377.

Mauljean (Jacob).— Dubois, 211.

Mauljean (Jacob). — Mauljean, 549, 552.

Mauljean (Jacqueline). — Mauljean, 552.

Mauljean (Jacquemotte). — Mauljean, 549.

Mauljean (Jean), — 548.

Mauljean (Jean). — Gondrecourt, 316.

Mauljean (Jean). — Hennezon, 371.

Mauljean (Jean). — Heraudel, 377.

Mauljean (Jean). — Mauljean, 549, 551, 552.

Mauljean (Jean). — Nicolas, 593.

Mauljean (Jean). — Raulet, 680.

Mauljean (Jean). — Richard, 693.

Mauljean (Jean).—Sarrazin, 733.

Mauljean (Jean). — Terrel, 769.

Mauljean (Jean).— Vas, 808.

Mauljean (Jean II.). — Mauljean, 549, 550.

Mauljean (Jean II). — Mauljean B. Liouville, 550.

Mauljean (Jean II). — Touppet, 795.

Mauljean (Jean-Claude). — Mauljean, 552.

Mauljean (Jeanne). — Mauljean, 549, 552.

Mauljean (Jeanne-Marie). — Mauljean, 552.

Mauljean (Jeannon). — Mauljean, 549.

Mauljean (Laurent).— Mauljean, 549.

Mauljean (Louis). — Maul-jean, 550.

Mauljean (Louise). — Maul-jean, 551.

Mauljean (Marie). — Gondre-court, 316.

Mauljean (Marie). — Maras, 530.

Mauljean (Marie). — Maul-jean, 551.

Mauljean (Marie). — Maul-jean B. Liouville, 550.

Mauljean (Marie - Gabrielle de). — Klopstein, 425.

Mauljean (Marthe). — Maul jean, 551.

Mauljean (Méon). — Hiérosme, 381.

Mauljean (Méon). — Le Mareschal, 468.

Mauljean (Méon). — Maul-jean, 549.

Mauljean (Méon).— Richard, 693.

Mauljean (Nicolas), — 552.

Mauljean (Nicolas). — Maul-jean, 551.

Mauljean (Nicolas). — Maul-jean B. Liouville, 550.

Mauljean (Nicole).— Hardy, 351.

Mauljean (Nicole). — Maul-jean, 549, 550.

Mauljean (N.). — Mauljean, 551.

Mauljean (Philippe).—Maul-jean, 549.

Mauljean (Thiriot). — Maul-jean, 549.

Maumaire ou Monmaire (Claude de). — Pullenois, 672.

Maupassant (Jacqueline de). — Gauvain, 285.

Maupassant (Madelaine de). — Gervaise, 299.

Mauperrin (Claude) . — Roussel, 709.

Mauperrin (Louise). — Roussel, 709.

Maurice (François). — Blistain, 60.

Maurice (François-Didier).— 553.

Maurice (Jean), — 552.

Maurice (Jean). — Gaulthier, 283.

Maurice (Léopold-François). — Maurice, 553.

Maurice (Nicolas).—Arnoult, 13.

Maurice (N.) . — Hucher, 387.

Maurice (N.).— Mariot, 538.

Maurice (N .) . — Mortal, 585.

Maurin (Michel). — Hordal, 384.

Mauroy (Anne de). — Mauroy, 554.

Mauroy (Antoinette de). — Hennequin B. Charmont, 368.

Mazerulles (Claude de). — La Ruelle, 449.

Mazerulles (François-Louis de). — Mazerulles, 556.

Mazerulles (Françoise). — Mazerulles, 556.

Mazerulles (Françoise de). — Durand, 221.

Mazerulles (Gabriel-François). — Mazerulles, 556.

Mazerulles (Louise). — Mazerulles, 556.

Mazerulles (Marie).— Mazernlles, 555, 556.

Mazerulles (Marie de). — Luyton, 502.

Mazerulles (Marie de). — Mazerulles, 556.

Mazerulles (Marie-Barbe de). — Mazerulles, 556.

Mazerulles (N. de). — Gombervaulx, 312.

Mazures (Anne des). — Mazures, 556.

Mazures (Claude des). — Mazures, 556.

Mazures (Jonatas des). — Mazures, 556.

Mazures (Louis des), — 556.

Médard (Antoine).— Médard, 557.

Médard (Claude). — Médard, 556, 557.

Médard (Jean), — 556.

Médard (Jean). — Médard 557.

Médard (Louis). — Médard, 557.

Médard (Madelaine). — Médard, 557.

Médard (Marie). — Médard, 557.

Médard (Nicolas).— Médard, 556.

Médard (Pierre). — Médard, 557.

Médard dit de Voiseul (le sieur), — 557.

Megaudais (Marguerite de). — Rousières 706.

Megnien (Catherine). — Busselot, 94.

Megret (Antoine).— Thomas, 785.

Meistrels (N.). — Villermin, 834.

Melchior (Jacques-Joseph). — Collenel, 161.

Mélian (Agnès). — Ainvaulx, 3.

Mélian (Agnès). — Lespée, 489.

Mélian (Agnès). — Mélian, 558.

Mélian (Béatrix). — Jénin, 414.

Mélian (Béatrix). — Mélian, 558.

Mélian (Béatrix). — Simier, 751.

Mélian (Béatrix). — Thélot ou Thélod, 770.

Mengeot (Didier). — Mengin, 562.

Mengeot (Élisabeth). — Mengin, 562.

Mengeot (François). — Mengeot, 559.

Mengeot (Jean-Gabriel). — 559.

Mengeot (Louis). — Mengeot, 559.

Mengeot (Madelaine). — Perrin ou Perin, 627.

Mengeot (Marguerite). — Mengeot, 559.

Mengeot (Mathias). — Mengeot, 559.

Mengin (Adrien). — Mengin, 563.

Mengin (Anne). — Mengin, 560, 561, 562.

Mengin (Balthazard). — Mengin, 561.

Mengin dite de Houdreville (Barbe). — Vallée B. Neufchateau et Housser, 803.

Mengin (Barbe). — Tabouret, 764.

Mengin (Catherine). — Viart de Pont-sur-Saulx, 817.

Mengin (Charles). — Mengin, 561.

Mengin (Claude), — 561.

Mengin (Claude). — Le Febvre, 461.

Mengin (Claude). — Go, 309.

Mengin (Claude).— Guérard, 331.

Mengin (Claude). — Jénin ou Génin, 415.

Mengin (Claude). — Mengin, 560, 561.

Mengin (Claudine). — Hanus, 350.

Mengin (Claudon). — Mengin, 561.

Mengin (Dominique).— Mengin, 561.

Mengin (François). — Mengin, 561.

Mengin (Isabillon). — Saulnier, 737.

Mengin (Jean), — 562.

Mengin (Jean).— Jacob, 402.

Mengin (Jean). — Maillette, 516.

Mengin (Jean). — Mengin, 560.

Mengin (Jean de Remiremont). — Touppet, 794.

Mengin (Jean dit de Remiremont). —Tabouret, 764.

Mengin (Jean–Baptiste). — Mengin, 562.

Mengin (Jean-Baptiste). — Thibault, 773.

Mengin (Jean-Baptiste-Ignace-Isidore), — 562.

Mengin (Libaire). — Mercy, 565.

Mengin (Madelaine). —Mengin, 561.

Mercy (François de). — Mercy, 566.

Mercy (François de). -- Vosgien, 835.

Mercy (Frantz),.— 564.

Mercy (Gabriel de). — Mercy, 566.

Mercy (Gaspard de). — Giguey, 300.

Mercy (Georges), — 565.

Mercy (Henry de). — Mercy, 566.

Mercy (Humbert). — Mercy, cy, 566.

Mercy (Isidore de). — Mercy, 566.

Mercy (Jacques de). — Hency, 372.

Mercy (Jean), — 565.

Mercy (Jean). — Mercy, 565, 566.

Mercy (Jean III). — Mercy, 566.

Mercy (Jean de). — Mercy, 566.

Mercy (Jean de). — Vosgien, 835.

Mercy (Jean II de). — Mercy, 566.

Mercy (Jean-François). — Mercy, 566.

Mercy (Jean-François de). — Mercy, 566.

Mercy (Jeanne de). — Henry, 372.

Mercy (Jérôme). — Mercy, 566.

Mercy (Marc-François). — Mercy, 565, 566.

Mercy (Marguerite). — Mercy, 566.

Mercy (Marguerite de). — Mercy, 566.

Mercy (Nicolas). — Mercy, 565.

Mercy (Nicolas de). — Mercy, 566.

Mercy (Nicolas-Balthazard de). — Mercy, 566.

Mercy (Nicolas-Georges de). — Mercy, 566.

Mercy (Pierre de). — Mercy, 566.

Merdier (Catherine). — Des Fours, 263.

Merdier (Nicolas). — Desponville, 192.

Merenvaulx (Jennon de). — Mauljean, 549.

Merenvaulx (Thiriot de). — Mauljean, 549.

Merevaulx (Jeannon). — Guérin, 334.

Mergey (Guillemette de). — Hennequin, 359.

Mergey (Guillemette de). — Hennequin B. Lentages et Curel, 366.

Merklin (Christophe).— Merklin, 567.

Merklin (Françoise). — Merklin, 567.

Merklin (Hansel, — 567.

Mérigault (Charlotte). — Mérigault, 567.

Mérigault (Charlotte). — Vion, 826.

Mérigault ou Mérigot (Christophe), — 567.

Mérigault (Christophe). — Guérin, 333.

Mérigault (Christophe fils). — Mérigault, 567.

Mérigaut (René). — Mérigault, 567.

Mérigot ou Mérigault (Charlotte). — Guillerme, 339.

Mérigot (Christophe). — Poirot, 660.

Mérinville (Anne-Françoise de). — Hardy, 351.

Mérinville (Pierre de). — Hardy, 351.

Merle (Jean), — 568.

Merlin (Antoinette). — Merlin, 568.

Merlin (Claude). — Merlin, 568.

Merlin (Claude). — Vincent, 824.

Merlin (Jean). — Merlin, 568.

Merlin (Jean). — Vincent, 824.

Merlin (Jean II). — Merlin, 568.

Merlin (Jean II). — Vincent, 823.

Merlin (Jeanne). — Merlin, 568.

Merlin (Louis). — Guiot, 340.

Merlin (Louis). — Merlin, 568.

Merlin (Louise). — Merlin, 568.

Merlin (Nicolas). — Merlin, 568.

Merlin (N.). — Merlin, 568.

Merlin (Philippe), — 568.

Merlin (Philippe). — Merlin, 568.

Merlin (Pierre). — Merlin, 568.

Merlin (René). — Merlin, 568.

Mersfeld (Urixa de). — Ville sur-Yron, 821.

Mesgnien (Charles), — 569.

Mesgnien (Jean).—Mesgnien, 569.

Mesgnien (René). — Mesgnien, 569.

Mesgnien de Meneusky (François). — Mesgnien, 569.

Mesguet (Marie). — Dattel B. Marzeville, 188.

Mesguillot (Glossinde). — Wara, 837.

Mesguin (Barbe).— Mesguin, 570.

Mesguin (Barbe). — Thieriet, 776.

Mesguin (Charles-Henry). — Mesguin, 570.

Mesguin (Claudine). — Mesguin, 569.

Mesguin (Élisabeth). — Kiecler, 422.

Mesguin (Élisabeth). — Mesguin, 569.

Mesguin (Jean), — 569.

Mesguin (Jean). — Kiecler, 422.

Mesguin (Jean). — Mesguin, 569.

Mesguin (Jean). — Touppet, 795.

Mesguin (Joseph-Nicolas). — Mesguin, 570.

Mesguin (Marguerite) . — Mesguin, 570.

Mesguin (Nicolas). — Le Febvre, 461.

Mesguin (Nicolas). — Mesguin, 570.

Mesguin (Nicolas). — Thieriet, 776.

Mesguin (N.). — Busselot, 95.

Mesguin (N.). — Mesguin, 569.

Mesguin (N.). — Touppet, 795.

Mesmay (Anne de). — Belmont, 44.

Mesmes (Jean de). — Hennequin B. Boinville, 363.

Mesmes (Jean-Jacques de). — Hennequin B. Dammartin, 361.

Mesnil (Alexandre du). — Du Mesnil, 571.

Mesnil (Catherine du). — Du Mesnil, 570.

Mesnil (Catherine-Françoise du). — Papigny, 610.

Mesnil (Claude du). — Hayet, 353.

Mesnil (Claude du). — Odot, 602.

Mesnil (Claude du). — Perrin ou Perin, 627.

Mesnil (Corneille du). — Papigny, 610.

Mesnil (Didier du). — Du Mesnil, 570, 571.

Mesnil (Félicité du). — Du Mesnil, 571.

Mesnil (Gabriel du). — Du Mesnil, 570, 571.

Mesnil (Gabriel du). — Odot, 602.

Mesnil (Gabriel-Didier du). — Du Mesnil, 571.

Mesnil (Jean du). — Du Mesnil, 570.

Mesnil (Joseph du). — Du Mesnil, 571.

Mesnil (Joseph-Hyacinthe du). — Du Mesnil, 572.

Mesnil (Louis du). — Du Mesnil, 571.

Mesnil (Marie du). — Du Mesnil, 571.

Mittat (Bertrand). — Mittat, 577.

Mittat (Colin), — 577.

Mittat (Colin). — Mittat, 577.

Mittat (Didière). — Arnoult, 13.

Mittat (François). — Mittat, 577.

Mittat (Thiébaut). — Mittat, 577.

Mittate (Bertrand). — Des Fours, 261.

Mittolat (Catherine de). — Parent, 610.

Mittolat (Jean-Baptiste de). — Parent, 610.

Mittolot (Chrétien). — Mittolot, 578.

Mittolot (François). — Mittolot, 578.

Mittolot (Laurent), — 577.

Mittolot (N.). — Mittolot, 578.

Mitozack (Marguerite de). — Mauljean, 552.

Moat (Anne). — Cachedenier, 99.

Moat (Claude). — Moat, 578.

Moat (Joseph), — 578.

Mocquamine (Jean). — Thouvenot, 791.

Mocquamine (Marguerite). — Thouvenot, 791.

Modo (Françoise). — Modo, 578.

Modo (Françoise). — Serre, 747.

Modo (N.). — Modo, 578.

Modo (Pierre). — 578.

Modo (Pierre). — Georges, 293.

Modo (Pierre). — Serre, 747.

Moët (Marie). — Hennequin B. d'Ozon, 362.

Moï (Léonard de). — Humbelot, 391.

Moine (Claude Le). — Chacopt, 109.

Moine (Jean Le). — Simony B. Germainvilliers, 755.

Moine (Louis Le). — Le Moine, 470.

Moine (N. Le). — Thillequin, 781.

Moines (Claude des). — Moines, 579.

Moines (Dieudonné des). — Moines, 579.

Moines (Georges des). — Maimbourg, 517.

Moines (Gérard des). — Moines, 579.

Moines (Gérard et Pierson des), — 578.

Moines (Hugues des). — Chassagot, 120.

Moines (Nicole des). — Maimbourg, 517.

Moines (Pierson des). — Doulcet, 205.

Montflin (Marguerite de). — Gervaise, 299.

Montgauchières (Gilles de). — 582.

Montgombert (demoiselle de). — Mengeot, 559.

Monhairon (Claude de). — Perignon, 622.

Monthairon (François II. de). — Vincent, 825.

Monthelery (Jacques de), — 582.

Monthonnant (Philippe de). — Aulbepierre, 18.

Montignon (Antoine Le). — Le Montignon, 472.

Montignon (Chrétien de). — Feriet B. Pulligny, 236.

Montignon (Didier Les). — Le Montignon, 472.

Montignon (Gœurry Le). — Le Montignon, 472.

Montignon (Nicolas Les). — Le Montignon, 472.

Montignon (Simon Le). — Le Montignon, 472.

Montigny (Henry de). — Gondrecourt B. Gond., 317.

Montigny (N. de). — Gondrecourt B. Gondrec., 317.

Montmartel (Paris de). — Philippe, 641.

Montmorien (Marie-Françoise de). — Thomas, 785.

Montreuil (Jeanne de). — Cardon, 105.

Montzéal (Jean-Salentin de). — Hame, 346.

Morant (Charles). — Simony B. de la Broutière, 754.

Moranville (Jeanne-Louise de). — Dithemar, 199.

Moranville (Philippe de). — Pillart, 647.

Morbach (Hans), — 582.

Morback (Philippe de). — Weiss, 831.

Morel (Anne). — Horiat, 385.

Morel (Anne). — Morel, 582.

Morel (Catherine). — Lamarche, 440.

Morel (Charles). — Morel, 582.

Morel (François). — Guyot, 341.

Morel (Georges), — 582.

Morel (Georges). — Morel, 582.

Morel (Georges). — De Villiers, 822.

Morel (Jean de). — Cardon, 106.

Morel (Madelaine). — Braux, 85.

Morel (Sébastienne). — Rampont, 674.

Morel de Vezin (Barbe). — Lisle, 496.

Morel de Vezin (N.). — Lisle, 496.

Moulin (Charles du). — Maul-jean B. Bricourt, 551.

Moulin (Jeanne du). — Drouet, 206.

Moulineuf (François de). — Vanel, 806.

Moullot (Marguerite). — Des Fours, 261.

Moulon (Dominique-Mathieu de). — Dujard, 214.

Moulon (François - Mathieu de). — Doridant, 204.

Mouron (Charlotte-Judith de). — Rollin dit Mouron, 702.

Mouron (Daniel de). — Rollin dit Mouron, 702.

Mouron (Théophile de). — Rollin dit Mouron, 702.

Mourot (Claude). — Perrin ou Perin, 627.

Moury (Marguerite). — Hei-lotz, 356.

Mousay (Henry de). — Pari-sot, 615.

Mousin (Alexandre). — Mou-sin, 587.

Mousin (Claude de). — Si-mony B. Germainvilliers, 755.

Mousin (Henry). — Ginet, 306.

Mousin (Jean). — Mousin, 587.

Mousin ou Mouzin (Pierre), — 587.

Moussay (Jean de). — Gué-rin, 333.

Moussaye (Jean de La). — Philippe, 642.

Moussaye (Jean de La). — La Ruelle, 449.

Mouton (Didier du). — Ni-closse, 592.

Mouton (Françoise du). — Niclosse, 592.

Mouy (N.). — Ainvaulx, 3.

Mouzay (Alardin de). — Per-net, 623.

Mouzay (Balthazard de). — Paviette B. d'Olim, 619.

Mouzay (Balthazard de). — Xaubourel B. Domnon, 836.

Mouzay (Élisabeth de). — Paviette B. d'Olim, 619.

Mouzay (François de). — Merklin, 567.

Mouzay (François de). — Le Poignant, 477.

Mouzay (Jean de). — Berti-gnon, 51.

Mouzay (Jean de).—Paviette, 619.

Mouzay (Jeanne de). — Des Fours, 262.

Mouzin (Henri). — Dattel B. Mzlzéville, 187.

Moycette (Didier), — 587.

Moyeuvre (Nicolas de), — 588.

Moyeuvre (Nicolas de). — Beuvillers, 56.

Moynes (Fréquignon des). — Des Fours, 260.

Moynes (Georges des), — 587.

Moynes (Hugues des). — De Faulx, 234.

Moynes (Hugues des). — Moynes, 588.

Moynes (Jacques des). — Moynes, 588.

Moynes (Jean des). — Moynes, 588.

Moynes (Marguerite des). — des Fours, 260.

Moynes (Nicole des). — Moynes, 588.

Müller (Jean). — 588.

Müller (Jean de). — Hame, 346.

Müller (Jean-Gaspard). — Bassy, 35.

Mus (Bazile de), — 589.

Mus (Bazille-Baron). — Colin, 159.

Mus (Charles). — Bermand-Pixérecourt, 49.

Mus (Charles de). — De Mus, 589.

Mus (Élisabeth). — Bermand-Pixérecourt, 49.

Mus (Georges). — Colin, 159.

Mus (Georges de). — Mus, 589.

Mus (Léopold de). — Mus, 589.

Mus (Prosper de). — De Mus, 589.

Musnier (Barbe). — Payen, 620.

Musnier (Claude). — Richard, 692.

Musnier (Jean-David), — 589.

Mussay (Marie-Anne de). — Perrin, 629.

Musset (Claude), — 589.

Mussey (Anne de). — Lisle, 495.

Mussey (Antoine de). — Le Molleur, 471.

Mussey (Antoine-Joseph de). — Viart, 818.

Mussey (Bonne de). — Alliot, 7.

Mussey (Bonne de). — Lafauche, 431.

Mussey (Claude de). — Colliquet, 166.

Mussey (Claude-Joseph de). — Cossu, 174.

Mussey (Dominique). — Le Poignant, 477.

Mussey (Dominique). — Warin, 838.

Mussey (Dominique de). — Dupuy, 220.

Mussey (Dominique de). — Vallée B. Neufchateau, 804.

Mussey (François de). — Lescarnelot, 484.

Mussey (Françoise). — Mazerulles, 555.

Mussey (Françoise de). — Dattel, 187.

Mussey (Jean de). — Lafauche, 431.

N

Nagot (Antoine). — Four-ville, 263.

Nagot (Antoinette). — Four-ville, 263.

Nancy (Barbe de). — De Nancy, 590.

Nancy (Hélcine de). — De Nancy, 590.

Nancy (Isabeau de). — De Nancy, 590.

Nancy (Jacquemin de), — 590.

Nancy (Jean de), — 590.

Nancy (Jean de). — Lescar-nelot, 483.

Nassau (Ernestine - Thérèse de). — Paviette B. d'Olim, 619.

Nassau (Philippe de). — Pa-viette, 619.

Navel (Jean). — Fériet, 235.

Navel (Pierre). — Simon, 751.

Naves (Anne de). — Dumont, 216.

Naves (Marguerite de). — Chastenoy, 122.

Naves (Mayon de). — Vasse-bourg, 830.

Naves (Nicolas de). — Vasse-bourg, 830.

Navier (le capitaine Stref ou Stef), — 590.

Nay (Antoine de), — 591.

Nay (Charles-Dominique). — Nay ou Nasi, 591.

Nay (Charles-Ignace de). — Nay ou Nasi, 591.

Nay (Charles-Ignace de). — Taillefumier, 765.

Nay (Emmanuel de). — Nay ou Nasi, 591.

Nay (Emmanuel - Dieudonné de). — Bourcier, 71.

Nidbruck (Édouard de). — Nidbruck, 596.

Nidbruck (Ferdinand de). — Nidbruck, 596.

Nidbruck (Gaspard de). — Nidbruck, 596.

Nidbruck (Hanus-Mareschal). — Nidbruck, 596.

Nidbruck (Hans-Bruno dit de). — Nidbruck, 596.

Nidbruck (Jean-Bruno), — 595.

Nidbruck (Nicolas de). — Nidbruck, 596.

Nidbruck (Philippe de). — Nidbruck, 596.

Nidbruck (Philippe - Bruno dit de). — Nidbruck, 596.

Niel (Antoine). — Niel, 596.

Niel (Claude-François). — Niel, 596.

Niel (Jean-François), — 596.

Niel (Jean-François). — Niel, 596.

Niel (N.). — Menu, 563.

Nigault (Nicole). — Briel, 88.

Nobel (Louis de). — Bernard de la Pommeraye, 46.

Nobel (Nicole de). — Benard de la Pommeraye, 46.

Noël (Anne-Marie).— Perrin, 629.

Noël (Claude). — Perryn, 629.

Noël (Ferry), — 597.

Noël (Michel de). — Hennequin B. Charmont, 368.

Noël (Nicolas), — 596.

Noël (Nicolas). — Grisard, 327.

Noël (Noël), — 596.

Nogent (Anne de). — Champenois B. Neufvelotte, 114.

Nogent (Charlotte de). — Champenois B. Neufvelotte, 114.

Nogent (Charlotte de).— Perrin, 624.

Nogent (Chrétien). — Champenois B. Silloncourt, 114.

Nogent (Chrétien de). — Xaubourel B. Domnon, 836. .

Nogent (Claude de). — Champenois B. Silloncourt, 114.

Nogent (Dominique de). — Champenois, 113.

Nogent (Élisabeth de). — Chastenoy, 122.

Nogent (Élisabeth de). — Jénin ou Génin, 415.

Nogent (Élisabeth de). — Roder, 699.

Nogent (Hardouin de). — Champenois, 112.

Nogent (Madeleine de). — Champenois B. Neufvelotte, 113.

Nogent (Marie). — Champenois B. Silloncourt, 114.

Nogent (Nicolas). — Champenois B. Silloncourt, 114.

Noirel (Jean). — Roder, 698.

Noirel (Jean). — Saillet, 729.

Noirel (Jeanne). — Noirel, 597.

Noirel (Julienne). — Noirel, 597.

Noirel (Louise). — Noirel, 597.

Noirel (Lucie). — Hénart, 358.

Noirel (Lucie). — Noirel, 597.

Noirel (Madelaine). — Noirel, 597.

Noirel (Marguerite). — Reboucher, 683.

Noirel (Marie-Louise). — Alliot, 7.

Noirel (Nicolas), — 597.

Noirel (Nicolas). — Noirel, 597.

Noirel (Nicolas). — Petitgo, 635.

Noirel (Nicole). — Noirel, 597.

Noirel (Nicole). — Petitgo, 635.

Noisette (Mariette), dite de Saulx. — Nusement, 600.

Noncourt (Claude-Anatole de). — Huguet, 389.

Noncourt (Richard de). — Huguet, 389.

Norment (Claude du). — Norment dit Prinays, 598.

Norment dit Prinays (Claude du), — 598.

Norroy (Gœury-Gilles de), — 598.

Norroy (Jean-Louis), — 598.

Norroy (Jean-Louis). — Sellier, 744.

Notaire (Marie). — Gombervaulx, 312.

Notta (Christophe), — 599.

Notta (Christophe). — Notta, 599.

Notta dit La Tour (Nicolas), — 599.

Notta (Nicolas). — Galliot, 274.

Notta (Nicolas-François). — Notta, 599.

Nottaire (Anne). — Lespée, 490.

Nottaire (Anne). — Nottaire, 599.

Nottaire (Anne). — Ravinel, 678.

Nottaire (Anne). — Serre, 747.

Nottaire (Claude), — 599.

Nottaire (Claude). — Lespée, 490.

Nottaire (Claude). — Nottaire, 599.

Nottaire (Claude). — Serre, 747.

Nottaire (Jeannon). — Maillot, 517.

Nottaire (Jeannon). — Maul-jean, 550.

Nottaire (Nicolas). — Cachet de Pulligny, 100.

Notun (Jean-Joseph de). — Vallée, 802.

Noulionpont (Bernard de). — Claude, 131.

Nourroy (Didier de). — Nour-roy, 599.

Nourroy (Henry de). — De Chastenoy, 123.

Nourroy (Jacques de), — 599.

Nourroy (Jacques de). — Nourroy, 599.

Nourroy (Jean de). — Nour-roy, 599.

Nourroy (Paris de). — Nour-roy, 599.

Nourroy (Regnault de). — Nourroy, 599.

Nourroy (Thiériet de). — Nourroy, 599.

Noyers (Aprosne des). — Jacquier, 406.

Noyers (Charles des). — Flo-riot, 244.

Noyers (Charles des). — Jac-quier, 406.

Noyers (François des). — Hé-raudel, 376.

Noyers du Fresnoy (Fran-çoise des). — Luyton, 502.

Noyon (Anne). — De Villiers, 822.

Nusement (Boucard ou Ba-ras). — Nusement, 600.

Nusement (Brebis de). — Nusement, 600.

Nusement (Catherine de). — Nusement, 600.

Nusement (Henry de), — 600.

Nusement (Pierre de). — Nusement, 600.

Nusement (Poincette de). — Nusement, 600.

O

Odam (Marguerite). — Michel, 573.

Odelier (François), — 601.

Odelier (Jean). — Mariot, 538.

Odelier (Jean),—Odelier, 601.

Odellier (François). — Bauzard, 40.

Odet (Anne). — Odet, 601.

Odet (Marie). — Odet, 601.

Odet (Philippe), — 601.

Odiey ou Oudin (Nicolas), — 601.

Odot (Anne). —Odot, 602.

Odot (Barbe). — Havet, 353.

Odot (Claude). — Odot, 602.

Odot (Claude). — Perrin ou Périn, 627.

Odot (Didier). — Odot, 602.

Odot (Jean), — 602.

Odot (Jean). — Perrin, 623.

Odot (Jean). — Perrin ou Perin, 627.

Odot (Nicolas). — Odot, 602.

Odot (N.). — Havet, 353.

Ogier (Antoine). — 602.

Ogier (Louis), — 602.

Ogier (Louis). — Ogier, 602.

Ogier (Thierry). — Ogier, 602.

Olivier (Charles). — Derand, 190.

Olivier (Jean). — Nusement, 600.

Olivier (Jean d'). — Bélamy, 44.

Olivier (Marthe d'). —Labbé, 429.

Olivier (René), — 603.

Olivier de Forcelle (Thé-rèse). — Mahuet, 509.

Ollivier (Françoise-Thérèse-Charlotte). — Ollivier, 2 du sup-plément.

Ollivier (Jean-Baptiste). — Ollivier, 2 du supplément.

Ollivier (Pierre-Étienne). — 2 du supplément.

Ologlin (Malachie). — Gervaise, 299.

Olriet (Béatrix). — Philbert B. Gérardcourt, 639.

Olriet (Béatrix). — Le Pois, 478.

Olriet (Béatrix). — Raulet, 679.

Olriet (Georges). — Le Pois, 478.

Olriot (Marianne). — D'Ardennes, 11.

Olry (Anne). — Olry, 603.

Olry (Catherine). — Friant, 269.

Olry (Claudine). — Olry, 603,

Olry (Élisabeth). — Olry, 603.

Olry (Françoise). — Olry, 603.

Olry (Idotte). — Dattel, 187.

Olry (Idotte). — Olry, 603.

Olry (Idotte). — Vallée, 802.

Olry (Idotte). — Vallée B. Neufchateau et de Housseville, 803.

Olry (Idotte). — Sarrazin, 733.

Olry (Madelaine). — Olry, 603.

Olry (Nicolas), — 603.

Olry (Nicolas). — Molnet, 579.

Olry (Nicolas). — Vallée, 801, 802.

Olry (René). — Olry, 603.

Olryon (Charles-Henry). — Hanus, 350.

Olryot (Claudine). — Le Molleur, 471.

Olryot (François). — Raulet, 679.

Olryot (Jeanne). — Raulin, 681.

Olryot (Nicolas). — Le Molleur, 471.

Orgain (Christophe d''). — Héraudel, 376.

Orgain (Robert d'). — Héraudel, 376.

Orgain de Longbuisson (Nicolas d'). — Paquotte, 607.

Origny (Madelaine d'). — Baillet, 21.

Orléans (Charlotte d'). — Bouchot, 67.

Orléans (Élizabeth d'). — Bouchot, 67.

Orléans (Jacques), — 606.

Ormes (Nicolas d'). — Ranffaing dit de Vosges, 675.

Ormes (Richard d'). — Ranf-faing dit de Vosges, 675.

Ornon (Élizabeth d'). — Gen-netaire, 289.

Oryot (Anne). — Oryot, 605.

Oryot (Catherine). — Oryot, 605.

Oryot (Charles). — Oryot, 604, 605.

Oryot (Charles-François). — Oryot, 605.

Oryot (Claude). — Oryot, 605.

Oryot (François). — Oryot, 604.

Oryot (Henriette). — Oryot, 605.

Oryot (Jeanne). — Oryot, 605.

Oryot (Marguerite-Charlotte). — Oryot, 605.

Oryot (Marie-Anne). — Oryot, 605.

Oryot (Nicol), — 603.

Oryot (Nicolas). — Oryot, 605.

Oryot (Pierre). — Oryot, 603.

Oryot d'Aspremont (Jean-Baptiste). — Oryot, 605.

Oryot de Jubainville (Charles). — Oryot, 605.

Oryot de Jubainville (Charles). — Parisot, 613.

Oryot de Jubainville (François-Hyacinthe). — Oryot, 605.

Oryot de Jubainville (Gérard). — Oryot, 604.

Oryot de Jubainville (Jean). — Oryot, 604.

Oryot de Jubainville (Jean-Charles). — Oryot, 605.

Oryot de Jubainville (Jean II.). — Oryot, 604.

Oryot de Jubainville (Louise). — Oryot, 605.

Oryot de Jubainville (Marguerite-Catherine). — Oryot, 605.

Oryot de Jubainville (Maubert. — Oryot, 604.

Oryot de Jubainville (Nicolas). — Oryot, 604.

Oryot de Jubainville (Pierre). — Oryot, 604.

Oryot de Jubainville (Robert). — Oryot, 604.

Osboury (Hame), — 346.

Othin (Anne). — Othin, 606.

Othin (Anne). — Sauvage, 741.

Othin (Philippe), — 606.

Othin (Philippe). — Sauvage, 741.

Oudan (Jeanne). — Machon, 503.

Oudet (Claude). — Oudet, 606.

Oudet (Edme, Pierre et Théodore), — 606.

Oudet (Pierre). — Oudet, 606.

Oudin (Lucie).— Mercy, 566.

Oudinet (Jean) . — Gillet, 303.

Oudot (Henri).— Friant, 269.

Oudot (Marie-Françoise). — Friant, 269.

Oudot (Thérèse). — Clément, 133.

Ouen (Charles de St) . — Champenois B. Neufvelotte, 114.

Ourches (Catherine d'). — Cardon, 105.

Ourches (Charles d') . — Chastenoy, 122.

Ourches (Claude d'). — Villers-en-Haye, 821.

Ourches (Claude-Antoine d'). — Menu, 564.

Ourches (François d'). — Héraudel, 376.

Ourches (Francois d'). - - Remy, 690.

Ourches (François d'). — Sarrazin B. Germain, 734.

Ourches (Guillaume d'). — Villers-en-Haye, 821.

Ourches (Ide d'). — Errard, 225.

Ourches (Louis d''). — Alix, 6.

Ourches (Louis d'). — Errard, 225.

Ourches (Louise d'). — Raulet, 679.

Ourches (Vaultrin d').— Hordal, 384.

Ourches de Cercueil (Henri d'). — Chastenoy, 122.

Ourches-Vidempierre (Gabrielle). — De la Fontaine, 246.

P

Pacquel (Charles-Gaston). — Pacquet, 607.

Pacquet (Nicolas), — 607.

Pacquotte (Charles). — Pacquotte, 607.

Pacquotte (Charles-Guillaume). — Pacquotte, 607.

Pacquotte (Jacqueline). — Pacquotte, 607.

Pacquotte (Jacques), — 607.

Pacquotte (Jean). — Pacquotte, 607.

Pacquotte (Jeanne). — Pacquotte, 607.

Pacquotte (Jeanne). — Philbert B. Gérardcourt, 639.

Pacquotte (Louis). — Pacquotte, 607.

Pacquotte (Toussaint). — Pacquotte, 607.

Padouan (François), — 608.

Padouan (Zacharie de). — Padouan, 608.

Paffenhoven (Johannès Lud. die). — Ainvaulx, 3.

Page (Anne Le). — Gervaise, 299.

Page (François Le). — Gervaise, 299.

Page (Izabeau Le). — Perrin ou Perin, 627.

Pageay (Jean). — Sorel ou Soirel, 759.

Pageay (Nicolas). — Sorel ou Soirel, 759.

Pageay (N.). — Sorel ou Soirel, 759.

Pagel (Jacques), — 608.

Pagel (Pierre). — Pagel, 608.

Pageot (Françoise). — Mesnil, 570.

Pageot (Françoise). — Raulot, 682.

22

Parpe (François de Paul de).— Parpe, 615.

Parpe (François - Théodore de), — 615.

Parpe (Thérèse du). — Des Jardins, 410.

Parterre (Antoine).— Parterre, 616.

Parterre (Claude). — Parterre, 616.

Parterre (Didier), — 616.

Parvy ou Parny (Étienne), — 616.

Parvy (Étienne). — Gervaise, 300.

Parvy (Peronne de). — Parvy ou Parny, 616.

Parxel (Charlotte). — Richard, 694.

Parxel (Françoise). — Bazelaire, 40.

Parxel (Françoise). — Joly, 419.

Pascal (Jacques et Louise sa mère), — 616.

Pasgot (Nicolas). — Hombillon, 382.

Pasgot (Nicole). — Hombillon, 382.

Pasquet (Barbe), dite de Vaudoncourt. — Hardy, 351.

Pasquet (Barbe), dite de Vaudoncourt. — Touppet, 795.

Pasquier (Antoine du). — Pilliers, 650.

Pasquier (Catherine). — Hazards, 355.

Pasquier (Jean du). — Maillot, 516.

Pasquier (Regnault). — Hazards, 355.

Pasquier (Regnault du). — Voillot, 832.

Pasquotte (Toussaint). — Mauljean, 552.

Passegot (Bastienne). — Le Febvre, 460.

Pasticier (Henriette-Catherine). — Pasticier, 617.

Pasticier (Jacquot). — Paticier ou Pasticier, 616.

Patenotte (Marguerite). — Perrin, 629.

Paticier (Barbe). — Rollin, 702.

Paticier ou Pasticier (Jean-Philippe), — 616.

Patin (Jean), — 617.

Patin (Jean). — Patin, 617.

Paton (Catherine). — Paton, 617.

Paton (Catherine). — Thouvenin, 790.

Paton (Charles). — Paton, 617.

Paton (Christophe). — Gondrecourt, 314.

Paton (François). — Paton, 617.

Paton (Jean). — Paton, 617.

Payen (Christophe).—Payen, 620.

Payen (Claude). — Payen, 619.

Payen (Étienne). — Payen, 620.

Payen (Gabriel). — Payen, 620.

Payen (Geneviève). — Benard de la Pommeraye, 47.

Payen (Joachim). — Payen, 620.

Payen (Marie). — Payen, 620.

Payen (Martin), — 619.

Payen (Nicolas). — Payen, 619, 620.

Payen (Robert). — Payen, 619.

Payen (Robert II). — Payen, 620.

Peant (Jean-François-Paul). — Péant, 620.

Peant (Jean-Jacques),— 620.

Pecheur (Marie-Anne). — Doridant, 204.

Pelé (Guyot Le). — Hennequin B. Lentages et Curel, 366.

Pelegrain de Remicourt (Catherine). — Serrières, 748.

Pelegrin (Anne). — Beurges, 55.

Pelegrin (Anne). — Thelot, 771.

Pelegrin (Bernardin).— Thelot, 771.

Pelegrin (Charles).—Thelot, 771.

Pelegrin (Claude). — Thelot, 771.

Pelegrin (Georges). — Thelot, 771.

Pelegrin (Warry). — Thelot, 771.

Pelegrin de Remicourt (Marguerite). — Thelot, 770.

Peletier (Jeanne Le). — Rathier, 677.

Pelicia (Hélène). — De la Forge, 247.

Pellault (Antoinette) . — Fournier, 254.

Pellegrin (Catherine). — Des Fours, 261.

Pellegrin de Remicourt (Claude). — Thelot, 771.

Pellegrin de Remicourt (Philippe). — Thelot, 771.

Pelletier (Louis Le). — Hennequin B. Boinville, 364.

Pelletier dit de Germiny (Simon). — 620.

Pelluet (Nicolas). — Lartillier, 448.

Pelot (Pierre), — 620.

Peltre (Catherine). — Mauljean, 551.

Peltre (Anne). — Gaspard, 277.

Periere (N. de La). — Humbert, 392.

Pérignel (Colin). — Moncel, 579.

Pérignel (Isabelle). — Moncel, 579.

Pérignel (Jacquemin). — Moncel, 579.

Pérignel (Jacquemin de). — Advis, 3.

Pérignel (Jenin). — Moncel, 579.

Pérignon (Catherine). — Pérignon, 622.

Pérignon (Claude). — Pérignon, 622.

Pérignon (Élisabeth de). — Pérignon, 622.

Pérignon (Fleury), — 622.

Pérignon (Gérard). — Pérignon, 622.

Pérignon (Gillet). — Pérignon, 622.

Pérignon (Nicolas). — Pérignon, 622.

Pérignon (Nicole). — Pérignon, 622.

Périgot (Marguerite). — Humbelot, 391.

Pernet (François). — Pernet, 622.

Pernet (Georges), — 622.

Pernet de Stenay (Jean). — Pernet, 623.

Pernot (Christophe-Louis), — 623.

Pernot (Claude). — Morlot ou Morelot, 583.

Peronier (Marie). — Willaume de Porsas, 832.

Peronnier (Marie). — Reboursel, 684.

Perpignan (Jean). — Estienne, 228.

Perpignan (Marguerite). — Estienne, 228.

Perrin (André). — Perrin, 627.

Perrin (Anne). — Perrin, 623.

Perrin (Anne). — Perrin ou Perin, 627.

Perrin (Anne-Françoise-Thérèse). — Perrin, 628.

Perrin (Anne-Philippe). — Perrin, 628.

Perrin (Antoine). — Perrin, 624.

Perrin (Antoine). — Perrin ou Perin, 627.

Perrin (Antoinette). — Aubry, 17.

Perrin (Antoinette). — Hannel, 348.

Perrin (Charles). — Odot, 602.

Perrin (Charles). — Parisot, 613.

Perrin (Charles). — Perrin ou Perin, 627.

Perrin (Charles II). — Perrin ou Perin, 627.

Perrin (Marguerite). — Perrin, 624, 625.

Perrin (Marguerite). — Rousselot, 715.

Perrin (Marie). — Perrin, 625, 626.

Perrin (Nicolas), — 623, 624, 629.

Perrin (Nicolas). — Rousselot, 715.

Perrin (Nicolas). — Perrin, 624.

Perrin (Nicolas). — Thouvenin, 790.

Perrin (Nicolas II.). — Perrin, 623, 624, 625.

Perrin (Nicolas III). — Perrin, 624, 625.

Perrin (Nicole). — Perrin, 625.

Perrin (Pierre), — 628.

Perrin (Prudent). — Perrin, 626.

Perrin (René).—Perrin, 625, 626.

Perrin (Thomas), — 629.

Perrin de Brichambeau (Guillaume). — Collenel, 161.

Perrin de Domjulien (Nicolas II). — Seullaire, 750.

Perrin de Dompmartin (Nicolas). — Jacquemin, 405.

Perrin du Lys (Nicolas). — Perrin, 625.

Perron (André). — Perron ou Peron, 630.

Perron (Louis). — Perron, 630.

Perron (Marguerite). — Perron, 630.

Perron (N. du). — Taillefumier, 765.

Perron (Pierre). — Perron, 630.

Perron (Pierre-Gaspard). — Perron ou Peron, 630.

Perron ou Peron (Pierresson), — 630.

Perronier (Marie). — Le Briseur, 90.

Perrotin (Jean). — Spire, 761.

Pertois (Françoise). — Blistain, 60.

Pertois (Jean). — Blistain, 60.

Pertoy (Françoise).—Pertoy, 631.

Pertoy (Jean), — 631.

Pervez (Balthazard de). — Biolet, 58.

Peschard (Alexandre), — 631.

Peschard (Alexandre). — Peschart, 631.

Peschard (Gabrielle). — Peschard, 631.

Peschard (Gabrielle). — Spor ou Sporch, 761.

Peschard (Marie). — Peschart, 631.

Philbert (Toussaint) . — Maillot, 516.

Philbert (Toussaint). — Phil bert, 637.

Philbert (Vivian).— Philbert, 638.

Philbert (Barbe). — Jobal, 416.

Philbert (François). — Jobal, 416.

Philbert (Philbert). — Bermand-Pixerécourt, 49.

Philibert (Philbert). — Fournier, 254.

Philippe (Absalon), — 639.

Philippe (Absalon). — Philippe, 640.

Philippe (Absalon). — Thouvenin, 791.

Philippe (Anne). — Philippe, 640.

Philippe (Anne). — Philippe, 642.

Philippe (Anne-Jean). — Philippe, 641.

Philippe (Antoine-Joseph). — Philippe, 642.

Philippe (Barbe). — Philippe, 641.

Philippe (Charles). — Philippe, 640, 642.

Philippe (Charlotte-Marguerite). — Philippe, 641.

Philippe (Claude).— Philippe 642.

Philippe (Clément). — Philippe, 640, 641.

Philippe (Didier). — Philippe, 640.

Philippe (Dominique). — Richard, 692.

Philippe (Edme-Gabriel). — Philippe, 641.

Philippe (Élisabeth). — Philippe, 642.

Philippe (François). — Philippe, 640.

Philippe (Françoise - Ade - laïde). — Philippe, 641.

Philippe (Henri).— Philippe, 639.

Philippe (Henry). — Philippe B. dite de Valfroicourt, 642.

Philippe (Isaac).— Philippe, 640.

Philippe (Jacques). — Philippe, 639.

Philippe (Jean). — Philippe, 641.

Philippe (Jean-Antoine). — Philippe, 641.

Philippe (Jean-Baptiste). — Philippe, 640, 641.

Philippe (Jean - Baptiste II). — Philippe, 641.

Philippe (Jeanne). — Philippe, 640.

Philippe (Jeanne-Madelaine). — Philippe, 641.

Philippe (Louis).— Philippe, 640, 642.

Pilliers (Nicolas des). — Des Pilliers, 650.

Pilliers (Nicolas des). — Pilliers B. Fontet, 651.

Pilliers (Nicolas II des). — Pilliers, 650.

Pilliers (N. Le comte des). — Pilliers B. Fontet, 651.

Pilliers (Philippe). — Pilliers B. Fontet, 651.

Pilliers (Théodore des). — Dubois, 212.

Pilliers (Théodore des). — Pilliers B. Fontet, 651.

Pilliers (Théodore-François des). - - Pilliers B. Fontet, 651.

Pilliers (Thiébault des). — Pilliers, 649.

Pilliers (Thierry des). — Pilliers, 650.

Pilliers (Thierry des ou Thirion). — Pilliers B. Fontet, 650.

Pilliers (Thierry II. des). — Pilliers B. de Fontet, 651.

Pillot (Sébastien). — Philippe, 640.

Pindray (Anne de). — Kiecler, 422.

Pindray (Bertrand de). — Kiecler, 422.

Pindray (François de). — Bertrand, 53.

Pindray (François comte de). — Thieriet, 776.

Pindray (Georges de). — Maimbourg, 519.

Pindray (N. de). — Rousselot B. d'Hédival, 713.

Pinet (Charles). — Patin, 617.

Pingré (Anne). — Henneq. B. Charmont, 368.

Pingré (Henri). — Henneq. B. Charmont, 368.

Pingré (Pierre). — Henneq. B. Charmont, 368.

Pinguet (Barbe). — Mageron, 504.

Pinguet (François). — Bourcier, 71.

Pinguet (François). — Richard, 693.

Pinguet (Geoffroy). — Raulet, 680.

Pinguet (Jeanne). — Le Prieur, 480.

Pinguet (Laurent). — Merklin, 567.

Pinguet (Suzanne). — Bourcier, 71.

Pinguet (Théodore). — Mageron, 504.

Pinguet de Suzémont (Suzanne). — Nay ou Nasi, 591.

Pinot (Didière). — Henneq. B. Lentages et Curel, 367.

Pinteville (Jean de). — Le Pois, 478.

Pinteville (Jeanne de). — Guillaume, 337.

Pippemont (Catherine de). — Taillefumier, 766.

Piquot (Benoît). — Hurault, 396.

Pirouel (Didier-François), — 652.

Pirouel (Nicolas), — 651.

Piroüier (Marie). — Vallée B. Neufchateau, 803.

Pistor (Jean). — Boulanger, 69.

Pistor (Nicolas). — Jenin ou Génin, 415.

Pistor (Nicolas). — Mengin, 560.

Pittance (Charles de). — Pittance, 652.

Pittance (Jacob de). — Pittance, 652.

Pittance (Jean), — 652.

Plante (Jeanne).— Metz, 572.

Platel (Anne).— Gallois, 275.

Platel (Antoine-Joseph). — Platel, 654.

Platel (Didier).— Platel, 654.

Platel (Didier Les). — Platel, 653.

Platel (François). — Platel, 656.

Platel (Georges). — Platel, 652.

Platel (Gabriel-Hyacinthe).— Platel, 654.

Platel (Jean). — Platel, 652, 653, 654, 655.

Platel (Jeanne). — Nay ou Nasi, 591.

Platel (Jeanne). — Platel, 656.

Platel (Luc), — 652.

Platel (Luc). — Platel, 652.

Platel (Marie-Gabrielle). — Viriot, 829.

Platel (Nicolas). — Platel, 652, 653, 654.

Platel (Nicolas-François). — Platel, 654.

Platel (Philippe). — Platel, 652, 654.

Platel (Philippe Les). — Platel, 653.

Platel (René). — Malaumont, 521.

Platel (Renée). — Platel, 655, 656.

Platel (Toussaint).— Gallois, 275.

Platel (Toussaint). — Platel, 656.

Platel du Plateaux (Anne). —,Platel, 655.

Platel du Plateaux (Barbe-Jeanne). — Platel, 655.

Platel du Plateaux (Blaise). — Platel, 654.

Platel du Plateaux (Blaise). — Viriot, 829.

Platel du Plateaux (Claude). — Platel, 654.

Platel du Plateaux (Claude-Thérèse). — Platel, 655.

Platel du Plateaux (Éléonore). — Platel, 655.

Platel du Plateaux (Élisabeth).. — Platel, 655.

Platel du Plateaux (François). — Platel, 654.

Platel du Plateaux (Georges). — Platel, 655.

Platel du Plateaux (Gertrude). — Platel, 654.

Platel du Plateaux (Isaac). — Platel, 654.

Platel du Plateaux (Isabeau). — Renard, 692.

Platel du Plateaux (Jacquemotte). — Platel, 655.

Platel du Plateaux (Jacques-Ignace). — Platel, 655.

Platel du Plateaux (Jean). — Argentel, 12.

Platel du Plateaux (Jean). — Coïn, 136.

Platel du Plateaux (Jean). — Platel, 654, 655.

Platel du Plateaux (Jeanne-Marie). — Platel, 655.

Platel du Plateaux (Judith). — Platel, 655.

Platel du Plateaux (Judith). — Rosselange, 704.

Platel du Plateaux (Luc).— Mauljean B. Liouville, 550.

Platel du Plateaux (Luc). — Platel, 654.

Platel du Plateaux (Luc). — Renard, 692.

Platel du Plateaux (Luc II.). — Platel, 655.

Platel du Plateaux (Luc III). — Platel, 655.

Platel du Plateaux (Madeleine). — Platel, 654.

Platel du Plateaux (Marguerite). — Platel, 654.

Platel du Plateaux (Marie). — Platel, 654, 655.

Platel du Plateaux (Marie-Gabrielle). — Platel, 654.

Platel du Plateaux (Marie-Philippe). — Platel, 655.

Platel du Plateaux (Nicolas). — Argentel, 12.

Platel du Plateaux (Nicolas). — Nay ou Nasi, 591.

Platel du Plateaux (Nicolas). — Platel, 655.

Platel du Plateaux (Philippe). — Platel, 654, 655.

Platel du Plateaux (Pierre). — Platel, 654.

Platel du Plateaux (Remy). — Platel, 655.

Platel du Plateaux (Remy). — Thevenin, 772.

Platel du Plateaux (René). — Nay ou Nasi, 591.

Platel du Plateaux (René). — Platel, 655.

Platel du Plateaux (Renée). — Sarrazin, 734.

Platel du Plateaux (Toussaint). — Platel, 655.

Plessis (Charles-Christophe du). — Millet, 575.

Plessis (Charles-Christophe du). — Protin, 665.

Pleurs (Joachim). — Boussemart, 79.

Plume (N. La). — Lisle, 495.

Plumerey (Antoine). — Plumerey, 656.

Plumerey (Bénigne). — Plumerey, 656.

Plumerey (Jean). — 656.

Plumière (Benigne). — Landrian, 446.

Pochard (Charles), — 657.

Pochard (Charles). — Pochard, 656.

Pochard (Claude), — 656.

Pochard (Claude). — Pochard, 657.

Pochard (Léopold). — Pochard, 656.

Pochard (Pierre-Alexis). — Pochard, 656.

Poignant (Anne Le). — Le Poignant, 477.

Poignant (Barbe Le). — Le Poignant, 478.

Poignant (Bastien Le). — Le Poignant, 477.

Poignant (Charles Le). — Le Poignant, 478.

Poignant (Claude Le). — Le Poignant, 478.

Poignant (Dieudonné Le). — Le Poignant, 478.

Poignant (Jean Le). — Lescut, 487.

Poignant (Jean II. Le). — Le Poignant, 477.

Poignant (Jean II.). — Le Warin, 838.

Poignant (Jean III. Le). — Le Poignant, 477.

Poignant (Jean IV. Le). — Le Poignant, 477.

Poignant (Jeanne Le). — Lescut, 487.

Poignant (Jeanne Le). — Le Poignant, 478.

Poignant (Nicolas Le). — Le Poignant, 478.

Poignant (Philippe Le). — Le Poignant, 477, 478.

Poignant (Richier Le). — Le Poignant, 478.

Poignant (Sébastien Le). — Xaubourel B. Domnon, 836.

Poignet (Adrian), — 657.

Poignet (Luce). — Poignet, 657.

Poinet dit blanc bonnet (Nicolas). — Jénin ou Génin, 414.

Poinet (Philippe). — Jénin ou Génin, 414.

Poinot (Nicolas), — 657.

Poinsot (Anne). — De Villiers, 822.

Poinsot (Thiébault). — De Villiers, 822.

Pombillot (Pierre - Jourdain de). — Hanus, 349.

Pommeraye (Hiérôme – Bernard de la). — Benard de la Pommeraye, 46.

Pommeraye (Marguerite de La). — Tonnoy, 793.

Pommeraye (Michel de la). — Bernard de la Pommeraye, 46.

Pommeraye (N. de La). — Lescarnelot, 484.

Pompey (Henri de). — Fleutot, 243.

Pompey (Reine de). — Fleutot, 243.

Pompey (Reine de). — Rousselot, 711.

Poncherat (N.). — Hennequin B. d'Ozon, 362.

Pons (N. de). — Sarrazin, 734.

Ponse (Agate-Rose de). — Barbarat, 28.

Pont (Charles - Dieudonné - Henry de). — Anthoine, 10.

Pont (Charlotte du). — Jeandeverd, 411.

Pont (Islande du). — Saulnier, 737.

Pont (Jean-David de). — Paticier ou Pasticier, 617.

Pont (Thérèse-Henry de). — Anthoine, 10.

Ponts (Claude-Alexandre de). — Pierron, 646.

Ponts (Gaspard de). — Combles, 169.

Pontvalé (François de). — Perrin, 628.

Ponze (Agathe-Rose de). — Nicolas, 595.

Ponze (Agathe-Rose de). — Ponze, 662.

Ponze (Agathe-Rose de). — Prudhomme B. Fontenoy, 669.

Ponze (Michel-Hiérôme de), — 661.

Ponze (Michel-Jérôme de). — Philbert, 638.

Porsas (Jean de). — Vallée B. Neufchateau et Housseville, 803.

Port Guichard (Claude du). — Fournier, 255.

Port Guichard (Claude du). — Sarrazin, 733.

Port Guichard (Jeanne du). — Sarrazin, 733.

Porte (Jean de La). — Le Prieur, 480.

Potier (Nicolas). — Hennequin B. Boinville, 364.

Potier (Rénée). — Hennequin B. Boinville, 364.

Potier d'Ocquerre (Jeanne). — Hennequin B. Boinville, 364.

Potion (Claudine). — Gourdot dit d'Ambrières, 320.

Pottier (Marguerite). — Huyn, 399.

Pouart (Antoine). — Hennequin, 359.

Poucher (Pierre). — Hennequin B. de Soyndre, 363.

Pouget (Nicolas), — 662.

Pougetot (Jeannon). — Noël, 596.

Pougnant (Anne Le). — Bouvet, 81.

Pougnant (Anne Le). — Humbert, 392.

Pougnant (Anne Le). — Pariset, 612.

Pougnant (Dieudonné Le). — Bouvet, 81.

Pougnant (Jean Le). — Peltre, 621.

Pougnant (Jean III Le). — Le Pougnant, 478.

Pouilly (Claude de). — Gaulthier, 282.

Pouilly (Gérard de). — Prudhomme, 665.

Pouilly (Jean de). — De Lacourt, 431.

Pouilly (Jeanne de). — Bertinet, 52.

Pouilly (Louise de). — Boudet, 68.

Pouilly (N. de). — Le Prieur, 480.

Pouilly (Simon de). — Bermand, 48.

Pouletier (N.). — Remy, 691.

Pouletier (Pierre). — Remy, 691.

Poullain (Charles), — 662.

Poupart (Agnès). — Heyblot, 380.

Poupart (Jean). — Heyblot, 380.

Poupart (Thierry). — Mengin, 568.

Pouppart (Louise). — Gourdot, 319.

Poural (Barthelémy), — 663.

Poural (Barthelémy). — Poiresson, 658.

Poural (Barthelémy). — Poural, 663.

Poural (François). — Poural, 663.

Poural (Nicolas), — 663.

Poural (Nicolas). — François, 265.

Poural (Pierre), — 662.

Poural (Pierre). — Pariset, 612.

Poural (Pierre). — Poural, 663.

Poursas (Claude de). — Petitgo, 636.

Poursas (Claude de). — Villaume de Porsas, 832.

Poursas (Jean). — Reboursel, 685.

Poursas (Jean de). — Le Briseur, 91.

Poursas (Jean de). — Willaume de Porsas). — 832.

Poursas (Jean-Villaume de). — Gennetaire, 289.

Poursas (Jean-Villaume de).
— Petitgo, 636.

Poursas (Philippe de). —
Gennetaire, 289.

Poursas (Philippe de). —
Villaume de Poursas, 832.

Poursas ou Porsas (Jean de).
— Malcuit, 523.

Poursas ou Porsas (Philippe
de). — Malcuit, 524.

Poussemothe de l'Étoile
(Anne de). — Hennequin B.
Charmont, 369.

Poussemothe de l'Étoile
(Edouard de). — Hennequin B.
Charmont, 369.

Poutet (Pauline). — Rou-
zières, 707.

Poyart (Marguerite). — Cachedenier, 99.

Poyart (Marguerite). — Maillet, 514.

Poynet (Adrian). — Bertrand,
52.

Poynet (Luce). — Bertrand,
52.

Praillon (Anne). — Aubertin,
16.

Praillon (Anne). — Durand,
221.

Praillon (Catherine). — Chastenoy, 122.

Praillon (Jacques). — Aubertin, 16.

Praillon (Philippe). — Heilotz, 357.

Prailly (Nicole de). — Bourgongne, 76.

Pran (Jean-Jacques), — 663.

Preny (François de). — Nicolas, 593.

Presing (N. le comte de). —
Pilliers B. Fontet, 651.

Presle (Nicolas de La). —
Volkier, 834.

Pressaulx (Jean-Baptiste de).
— Hurault, 395.

Prestre (Antoinette La). —
Hennequin B. Boinville, 364.

Preudhomme (Nicolas-Fran-
çois Le). — Barbarat, 28.

Prévault de la Chesmée
(Vespasien). — Dubois, 212.

Prevot (François), — 663.

Prevot (Guillemette). — Des
Fours, 263.

Prevot (Pernette). — Vallée,
801.

Prevot (Pernette). — Vallée
B. etablie, 804.

Prevot (Pierre). — De la
Forge, 248.

Prevot (Pierre). — Jobal,
416.

Prey (Balthazard de). — Des
Fours, 262.

Pricet de Maispas (Marie-
Louise de). — Thevenin, 772.

Pricquet (François). — Pricquet, 664.

Pricquet (Jacques), — 663.

Pricquet (Jacques). — Pricquet, 664.

Pricquet (Jacques). — Ranffaing dit de Vosges, 675.

Pricquet (Nicolas). — Pricquet, 664.

Pricquet (Pernot). — Pricquet, 664.

Prieur (Anne Le) . — Le
Prieur, 480.

Prieur (Antoine Le). — Le
Prieur, 480.

Prieur (Antoine II Le). — Le
Prieur, 480.

Prieur (Antoine III Le). —
Le Prieur, 480.

Prieur (Barthelemy Le). —
Le Prieur, 480.

Prieur (Chrestienne Le). —
Le Prieur, 480.

Prieur (Claude Le). — Le
Prieur, 480.

Prieur (François Le). — Le
Prieur, 480.

Prieur (François-Nicolas Le).
— Le Prieur, 480.

Prieur (Françoise Le). — Le
Prieur, 480.

Prieur (Jacques Le). — Le
Prieur, 480.

Prieur (Jean Le) . — Le
Prieur, 480.

Prieur (Jeanne Le). — Le
Prieur, 480.

Prieur (Joseph Le). — Le
Prieur, 480.

Prieur (Louis Le). — Le
Prieur, 480.

Prieur (Louise Le). — Le
Prieur, 480.

Prieur (Nicolas Le). — Le
Prieur, 480.

Prignel (Anne).— Humbelot,
391.

Prinays ou Privay (Cathe-
rine). — Norment dit Prinays,
598.

Pringle (Jeanne de). — Simony, 754.

Prinsac (Michel de).— Huvé,
398.

Privas (Cathin ou Catherine).
— Lambert, 443.

Privé (François de St). —
Gombervaux, 312.

Privé (Louis-Joseph de St).
— De l'Espée, 490.

Privé (Marie de St). — Gombervaux, 312.

Privé (Marie-Thérèse de St).
— Beaufort B. Darnieulle, 43.

Privé (N. St). — Maimbourg,
520.

Procheville (Christ-Étienne
de). — Bœuf de Millet, 61.

Procheville (Christine-Étien-
ne de). — Maurice, 553.

Procheville (Claude-Étienne de). — Bœuf de Millet, 61.

Procheville (N. de). — Durand, 282.

Pseaume (Marie). — Pseaume, 670.

Pseaume (Nicolas). — Pseaume, 670.

Pseaume (N.). — Pseaume, 670.

Pseaume (Pierre), — 670.

Pseaume (Pierre). — Pseaume, 670.

Puis (Barbe du). — Ardennes, 11.

Puis (François du). — Ardennes, 11.

Puis (Roch du). — D'Ardennes, 11.

Puiseur (Barbe-Hyacinthe). — Puiseur, 3 du supplément.

Puiseur (Barbe-Ursule-Hyacinthe). — Puiseur, 3 du supplément.

Puiseur (Claude-Louis). — Puiseur, 3 du supplément.

Puiseur (Jean-François). — Puiseur, 3 du supplément.

Puiseur (Nicolas). — Puiseur, 3 du supplément.

Puiseur (Nicolas-Henry). — Puiseur, 3 du supplément,

Puiseur (Philippe). — 3 supplément.

Puiseur (Philippe). — Puiseur, 3 du supplément.

Puisier (Barbe-Hyacinthe). — Marcol, 534.

Puisier (Philippe). — Marcol, 534.

Puisieux (Haslin de). — Lescarnelot, 484.

Pulenois (Jean de), — 671.

Pulenois (Jean de). — De Pulenois, 671.

Pulenois (Mengin). — De Pulenois, 671.

Pullenois (Antoinette de). — De Pullenois, 672.

Pullenois (Catherine de). — De Pullenois, 672.

Pullenois (Charles de). — De Pullenois, 672.

Pullenois (Claude de). — De Pullenois, 672.

Pullenois (François-Charles de). — De Pullenois, 672.

Pullenois (Jeannot de), — 672.

Pullenois (Marguerite de). — De Pullenois, 672.

Pullenois (Marthe de). — De Pullenois, 672.

Pullenois (Mengin de), — 671.

Pullenoy (Antoinette de). — Fourny, 259.

Pullenoy (Antoinette de). — Hennequin B. Lentages et Curel, 367.

Pullenoy (Antoinette de). — De Pulenois, 671.

Pullenoy (Barbe de). — De Pulenois, 671.

24

Pullenoy (Catherine de). — De Pulenois, 671.

Pullenoy (Charles de). — Caboat, 97.

Pullenoy (Charles de). — Vallée, 802.

Pullenoy (Errard de). — De Pulenois, 671.

Pullenoy (Eve de). — Chanteheux, 115.

Pullenoy (Eve de). — Collignon, 164.

Pullenoy (Eve de). — Fournier, 255.

Pullenoy (Eve de). — Gombervaux, 312.

Pullenoy (Eve de). — Mazerulles, 555.

Pullenoy (Eve de). — Pulelois, 671.

Pullenoy (Eve de). — De Pulenois, 671.

Pullenoy (Eve de). — Rouyer, 717.

Pullenoy (Eve de). — La Ruelle, 449.

Pullenoy (Jean de). — Le Pois, 478.

Pullenoy (Jean de). — La Ruelle, 449.

Pullenoy (Jeanne de). — De Pulenois, 671.

Pullenoy (Marguerite de). — Vallée, 802.

Pullenoy (Marie de). — Trompette, 798.

Pullenoy (Mengin de). — Fourny, 259.

Pullenoy (Nicolas de). — Le Febvre, 461.

Pullenoy (Nicolas de). — Pulenois, 671.

Pullenoy (Nicolas de). — Trompette, 798.

Pulligny (Jean de). — Bermand B. Pixérecourt, 49.

Purguin (Jérosme). — Fleutot, 243.

Putigny (Françoise de). — Aubertin, 15.

Putigny (Françoise de). — Mathieu, 545.

Putigny (Françoise de). — Virion, 828.

Putigny (Jean de). — Aubertin, 15.

Putigny (Jean de). — Mathieu, 545.

Puttegney (Françoise de). — Fériet, 235.

Puttigny (Françoise de). — Marien, 536.

Puy (Barbe du). — Platel, 655.

Puy (Didier du). — Cardon, 105.

Puy (François du). — Billault, 57.

Puy (François du). — De Laguerre, 435.

Puy (François du). — Thevenin, 772.

Q

Quatrebarbes (René de). — Des Rouyers, 719.

Quenodon (Adrien). — Lescailles, 481.

Quenoy (Marguerite du). --Héré, 378.

Quentin (Lucie). — Freminez, 267.

Quentin (Lucie). — Grand-Pierre, 324.

Quentin (Nicole). — Mercy, 566.

Querelle (Henry de). — Combles, 169.

Quesnoy (Charlotte-Robertine-Joseph-Alexandrine du). — Labbé, 429.

R

Racle (Anne). — Collignon, 164.

Racle (Anne). — Racle 673.

Racle (Charles). — Racle, 673.

Racle (Charles-Philippe). — Racle, 673.

Racle (Charles-Pierre). — Racle, 673.

Racle (Étienne). — Racle, 673.

Racle (Geneviève). — Racle, 673.

Racle (Henriette). — Racle, 673.

Racle (Jean), — 673.

Racle (Jean). — Collignon, 164.

Racle (Jean). — Racle, 673.

Racle (Jeanne). — Racle, 673.

Racle (Léopold). — Racle, 673.

Racle (Louis). — Racle, 673.

Racle (Marguerite). — Racle, 673.

Racle (Marie). — Racle, 673.

Racle (Nicole). — Racle, 673.

Racle (Pierre). – Racle, 673.

Ragu (Marie). — Hacqueteau, 344.

Raguenet (Isabeau). — Hennequin B. Charmont, 368.

Raguier (Dreux). — Hennequin, 359.

Rahou (Anne). — Chamant, 112.

Raicle (Claude-Amarante de). — Courtaillon, 178.

Raicle (Jean-Baptiste de). — Courtaillon, 178.

Raillarde (Claude Le). — Mauljean B. Liouville, 550.

Raimbault (Sébastienne-Denise). — Chaligny, 111.

Rainfaing (Nicolas de). — Champenois, 113.

Raisin (Marie). — Perrin, 628.

Raisin (Nicolas). — Perrin, 628.

Ramberviller (Alphonse de). — Raoul, 676.

Ramberviller (Catherine). — Garat, 275.

Ramberviller (Étienne de). — Xaubourel, 836.

Ramberviller (Euchaire de). — Touppet, 794.

Ramberviller (Louis de). — Charmont, 112.

Ramberviller (Marthe de). — Cossu, 174.

Ramberviller (N. de). — Philbert, 638.

Rambouillet (Claude). — Rambouillet, 674.

Rambouillet (Claude). — Voillot, 833.

Rambouillet (Françoise de). — Gérard, 295.

Rambouillet (Gilles). — Maimbourg, 518.

Rambouillet (Gilles).—Rambouillet, 673.

Rambouillet (Jean), — 673.

Rambouillet (Jean). — Henry, 374.

Rambouillet (Jean).— Rambouillet, 674.

Rambouillet (Jean de). — Cachet de Nancy, 100.

Rambouillet (Jean-Étienne). — Rambouillet, 674.

Rambouillet (Jean-Étienne). — Virion, 828.

Rambouillet (Marguerite de). — Petit, 632.

Rambouillet (Marie). — Henry, 374.

Rambouillet (Marie). — Rambouillet, 674.

Rambouillet (Marie-Françoise de). — Cachet de Nancy, 100.

Rambouillet (Nicolas). — Rambouillet, 674.

Ramfain (Élizabeth). — Dubois, 210.

Ramfain (Françoise). — De Bailly, 22.

Rampont (Agnès). — Rampont, 674.

Rampont (Didier). — Rampont, 674.

Rampont (Jean), — 674.

Rampont (Sébastienne). — Rampont, 674.

Ranconnel (Charlotte). — Busselot, 95.

Ranconnel (Martin), — 674.

Ranconnel (N. de). — Pilliers B. de Fontet, 651.

Ranconnel (Philippe).— Lescuyer, 488.

Rand (Jean de).—Vitou, 831.

Randerotte (N. de). — Hableinville, 344.

Ranfaing (Barbe). — Humbert, 392.

Ranfaing (Barbe). — Pricquet, 664.

Ranfaing (Béatrix). — Lambert, 443.

Ranfaing (Béatrix). — Valte, 805.

Ranfaing (Claude de). — Huyn, 399.

Ranfaing (Claude de). — De Ranffaing, 675.

Ranfaing (Françoise). — Chastenoy, 122.

Ranfaing (Françoise). — De Ranffaing, 676.

Ranfaing (Françoise). — Touppet, 794.

Ranfaing (Françoise de). — Voillot, 832.

Ranfaing (Marguerite). — Bardin, 30.

Ranfaing (Marie). — Gaulthier, 282.

Ranfaing (Nicolas).— Jacob, 402.

Ranfaing (Nicolas). — Lambert, 443.

Ranfaing (Nicolas). — Pricquet, 664.

Ranfaing (Nicolas). — Valte, 805.

Ranfaing (Nicolas de). — Voillot, 832.

Ranfaing (N. de).— De Ranffaing, 676.

Ranfaing (Philippe). — Jacob, 402.

Ranfaing (Philippe). — Perrin, 624.

Ranffaing (Antoine de). — De Ranffaing, 676.

Ranffaing (Barbe). — Ranffaing dit de Vosges, 675.

Ranffaing (Béatrix). — Ranffaing dit de Vosges, 675.

Ranffaing (Claude). — Ranffaing dit de Vosges, 675.

Ranffaing (Françoise). — Rauffaing dit de Vosges, 675.

Ranffaing (Jean-Léonard de). — De Ranffaing, 675.

Ranffaing (Jeanne). — Ranffaing dit de Vosges, 675.

Ranffaing (Marguerite). — Ranffaing dit de Vosges, 675.

Ranffaing (Marie - Élisabeth de). — De Ranffaing, 676.

Ranffaing dit de Vosges (Nicolas), — 675.

Ranffaing (Nicolas). — Ranffaing dit de Vosges, — 675.

Ranffaing (Philippe).— Ranffaing dit de Vosges, 675.

Ranffaing (Simon de), — 675.

Raoul (Anne). — Raoul, 676.

Raoul (Anne). — Sarrazin B. de Germainvilliers, 734.

Ravinel (Remi de). — De l'Espée, 490.

Ravinel (René). — Serre B. Ventron, 748.

Ravinel (René de). — Ravinel, 678.

Rayer (Barbe). — Payen, 620.

Rean (Jean). — Havet, 353.

Reancé (Bertrand de). — Simony B. Germainvilliers, 755.

Reance de Taillancourt (Dominique de). — Fournier, 256.

Reaulté (Ancherin La). — La Reaulté, 447.

Reaulté (Barbe de La). — La Reaulté, 447.

Reaulté (Catherine de La).— Dumont, 217.

Reaulté (Catherine ou Chrétienne de La). — Gondrecourt B. Parrois, 316.

Reaulté (Catherine ou Chrétienne de La). — De la Reaulté, 448.

Reaulté (Ferry ou Frédéric de La). — Thierry, 779.

Reaulté (Florentin de La). — La Reaulté, 447.

Reaulté (Frédéric de La). — Gondrecourt B. Parrois, 316.

Reaulté (Frédérik ou Ferry de La). — La Reaulté, 448.

Reaulté (Henry de La). — La Reaulté, 447.

Reaulté (Isaac de La). — La Reaulté, 448.

Reaulté (Jeanne de La). — La Gorge, 432.

Reaulté (Jeanne de La). — La Reaulté, 447.

Reaulté (Joseph de La). — La Reaulté, 448.

Reaulté (Marc de La). — La Reaulté, 447.

Reaulté (Marguerite de La). — La Reaulté, 447.

Reaulté (Marguerite de La). — De la Reaulté, 448.

Reaulté (Marguerite de La). — Thierry, 779.

Reaulté (Marie de La). — Du Mesnil, 570.

Reaulté (Marie de La). — La Reaulté, 447.

Reaulté (Mathieu de La). — Platel, 656.

Reaulté (Mathieu de La). — La Reaulté, 447.

Reaulté (Mathieu de La). — La Reaulté, 448.

Reaulté (Mathieu de La). — Xaubourel B. Domnon, 836.

Reaulté (Mathieu II Le). — La Reaulté, 447.

Reaulté (Mathieu II de La). — La Reaulté, 448.

Reaulté (Philippe de La). — La Reaulté, 447.

Reaulté (Pierre de La). — La Reaulté, 447.

Regnauld (Marguerite). — Regnauld ou Renaud, 687.

Regnauld (Nicolas), — 686.

Regnauld (N.). — Cueüllet, 182.

Regnauld (Philippe), — 687.

Regnauld (Pierre). — Regnauld, 686.

Regnauld (Simon). — Regnauld, 686.

Regnauld ou Renault (Nicolas), — 686.

Regnauld de Chatillon (Anne-Nicole). — Cason, 174.

Regnauldin ou Renauldin (Charles), — 687.

Regnauldin (Charles). — Rouyer, 717.

Regnauldin (Gabrielle). — Luyton, 502.

Regnauldin (Gabrielle). — Moines, 578.

Regnauldin (Marc). — Regnauldin ou Renaudin, 687.

Regnauldin (Regnault), — 687.

Regnault (Anne). — Bourgongne, 76.

Regnault (Catherine). — Vosgien, 834.

Regnault (Claude). — Villaucourt, 820.

Regnault (Claudon). — Durand, 221.

Regnault (Clémence). — Dubois, 221.

Regnault (Clémence). — Mauljean, 549.

Regnault (François, — 687.

Regnault (Françoise). — Hardy, 351.

Regnault (François). — Hoüat, 384.

Regnault (François). — Regnault, 688.

Regnault (Humbert), — 688.

Regnault (Humbert). — Regnault, 688.

Regnault (Jean). — Bourgeois, 74.

Regnault (Laurent). — Regnault, 688.

Regnault (Nicolas). — Mauljean, 549.

Regnault (Nicole). — Regnault, 688.

Regnault (N.). — Regnault, 688.

Regnault (Toussaint), — 688.

Regnault de Saint-Nicolas (Anne). — Touppet, 795.

Regnault de Saint-Nicolas (Nicolas). — Du Bourg, 72.

Regnier (Charles). — Paviette B. d'Olim, 619.

Regnier (Jacques). — Cogney 135.

Regnier (Nicolas), — 689.

Reims (Antoine-Bernard de). — Nicolas, 595.

Reims (Antoine-Nicolas comte de). — Nicolas, 595.

Reims (Augustin-Florimont de). — Nicolas, 594.

Reims (Barbe de). — Reims, 689.

Reims (Charles de). — Nicolas, 594.

Reims (Charles ou Jean Christophe de). — Nicolas, 594.

Reims (Claude de). — Reims, 689.

Reims (Didier de), — 689.

Reims (Didier de). — Nicolas, 594.

Reims (Didier de). — Reims, 689.

Reims (François de). — Nicolas, 594.

Reims (François-Gabrielle de). — Nicolas, 594.

Reims (Isabeau de). — Guérin, 332.

Reims (Isabeau de). — Reims, 689.

Reims (Jean de). — Guérin, 332.

Reims (Jean de). — Nicolas, 594.

Reims (Jean de). — Reims, 689.

Reims (Jeanne-Catherine de). — Nicolas, 594.

Reims (Louis de). — Reims, 689.

Reims (Louise de). — Nicolas, 595.

Reims (Louise-Renée de). — Nicolas, 595.

Reims (Marie de). — Reims, 689.

Reims (Marie de). — Nicolas, 594.

Reims (Marie-Anne de). — Nicolas, 594.

Relange (Claude de). — Monginot, 580.

Relange (François de). — Monginot, 580.

Relanges (François), — 689.

Relanges (François de). — Saulget, 736.

Relanges (Marguerite de). — Saulget, 736.

Relliere (Marie). — Roder, 698.

Ramberviller (Ambroise de). — Thiériet, 776.

Ramberviller (Claudine de). — Bertrand, 52.

Ramberviller (Claudinette de). — Thieriet, 775.

Ramberviller (Jean de). — Drouart, 206.

Ramberviller (Louis de). — Bermand, 48.

Ramberviller (Nicole de). — Mathieu, 546.

25

Ramberviller (Sabine de). — Dictremann, 197.

Remelle (Claude). — Des Ruetz, 722.

Réméréville (Catherine de). — Mengin, 559.

Remicourt (Anne de) . — Thelot, 771.

Remicourt (Claude de). — Thelot ou Thélod, 770.

Remicourt (Dieudonné de). — Thelot, 771.

Remicourt (Françoise de).— Sonville, 759.

Remicourt (Françoise de). — Thélot, 770.

Remicourt (Henriette de). — Thelot, 771.

Remicourt (Simon de). — Thelot, 771.

Remion (Dieudonné). — Colin, 158.

Remion (Nicolas). — Colin, 158.

Remond (Nicolas - François). — 690.

Remy. — Remy, 690.

Remy (Charles), — 691.

Remy (Charles). — Henry, 374.

Remy (Charles). — Remy, 690.

Remy (Claude).— Remy, 690.

Remy (Claude - Marcel). — Lisle, 494.

Remy (Claude - Marcel). — Remy, 690.

Remy (Emmanuel). — Remy, 690.

Remy (François). — Remy, 690, 691.

Remy (Georges). — Remy, 691.

Remy (Jacques). — Haldat, 345.

Remy (Madelaine). — Le Febvre, 462.

Remy (Madelaine). — Henry, 374.

Remy (Madelaine). — Remy, 690.

Remy (Marie). — Cueüllet B. Ceintrey, 183.

Remy (Marie). — Remy, 690.

Remy (Marie-Anne). — Remy, 690.

Remy (Nicolas), — 690.

Remy (Nicolas). — Marchand, 532.

Remy (Nicolas). — Remy, 690.

Remy (Nicolas). — Vallée B. Charmes, 804.

Remy (Nicolas). — Vernet, 814.

Remy (N.). — Lisle, 495.

Remy (N.). — Remy, 690, 691.

Remy (N.). — Vallée B. Charmes, 804.

Revigny (Claude de). — Gerlet, 298.

Revigny (Claude de). — Saulxures, 740.

Revigny (Claude de). — Warin, 837.

Revigny (Marguerite de). — Cardon, 105.

Rhée (Louis-Ignace de). — Oryot, 605.

Rheims (Barbe de). — Collesson, 163.

Rheims (Charles-Antoine-Nicolas de). — Barbarat, 28.

Rheims (Didier de). — Collesson, 163.

Rheims (Didier de). — Daudenet, 189.

Rheims (Isabeau de). — Daudenet, 189.

Rhoder (Claude). — Bannerot, 26.

Rhoder (Eustache). — Bannerot, 26.

Ribol de Bezanne (Pierre). — Mageron, 505.

Richard (Abraham), — 694.

Richard (Anne). — Anthoine, 10.

Richard (Anne). — Le Mareschal, 468.

Richard (Anne). — Richard, 693.

Richard (Anne-Marguerite). — Chacopt, 110.

Richard (Antoine). — Mauljean, 549.

Richard (Antoine). — Monginot, 580.

Richard (Antoinette). — Monginot, 580.

Richard (Arnould), — 693.

Richard (Marainette). — Richard, 693.

Richard (Anne). — Richard, 693, 694.

Richard (Antoine). — Hiérosme, 381.

Richard (Antoine). — Mahuhet, 509.

Richard (Antoine). — Le Mareschal, 468.

Richard (Antoine). — Richard, 693.

Richard (Arnould). — Richard, 693.

Richard (Barbe). — Dolot, 201.

Richard (Catherine). — Monginot, 580.

Richard (Catherine-Charl.). — Richard, 694.

Richard (Charles-Claude). — 695.

Richard (Charlotte). — Richard, 695.

Richard (Charlotte). — Thibault, 773.

Richard (Christine). — Richard, 693.

Richard (Claude), — 694.

Richard (Claude).— Richard, 693, 694.

Richard (Claude-Nicolas). — Richard, 694.

Richard (Collignon), — 692.

Richard (Didier).— Richard, 695.

Richard (Dominique),— 692, 695.

Richard (Dominique). — Maillette, 516.

Richard (Dominique). — Richard, 695.

Richard. (Dominique-Sigisbert). — Richard, 694.

Richard (Florent-Joseph).— Richard, 695.

Richard (François). — Richard, 693, 694.

Richard (Gabrielle). — Richard, 693.

Richard (Henry).— Richard, 693.

Richard (Jacques-Nicolas).— Thibault, 773.

Richard (Jean). — Richard, 693.

Richard (Jean-Georges). — Richard, 693.

Richard (Jeanne). — B. Cachet de Neufchateau, 100.

Richard (Jeanne).— Mengin, 562.

Richard (Jeanne).— Richard, 694.

Richard (Jeanne-Marguerite), — Richard, 694.

Richard (Marainette). — Hiérosme, 381.

Richard (Marc). — Mauljean, 549.

Richard (Marc). — Richard, 693.

Richard (Marc-Sigisbert. — Richard, 694.

Richard (Marguerite). — Dubois, 212.

Richard (Marguerite). — Richard, 694.

Richard (Marie).— Bazelaire, 41.

Richard (Marie). — Hordal, 384.

Richard (Marie-Anne).— Mahuet, 509.

Richard (Marie-Anne). — Richard, 694.

Richard (Marie-Françoise). — Richard, 694.

Richard (Marthe).— Antoine, 10.

Richard (Nicolas). — Bazelaire, 41.

Richard (Nicolas). — Chacopt, 110.

Richard (Nicolas). — Magnien, 506.

Richard (Nicolas).— Richard, 693, 694.

Richard (Nicolas). — Thibault, 773.

Rivart (Clairon). — Cachet de Neufchateau, 100.

Riverts (Louise de). — De Bailly, 23.

Rivets (Philbert du). — Racle, 673.

Rivière (Catherine de).— Villaucourt, 820.

Rivius (Mathias), — 696.

Rivolde (Bartholomey), — 697.

Rizaucourt (François de). — Thomas, 785.

Rizaucourt (N. de). — Le Molleur, 471.

Robert (Adin). — Le Prieur, 480.

Robert (Anne - Louise). — Courtaillon, 177.

Robert (Antoine). — Robert, 697.

Robert (Barbe). — Jacquemin, 404.

Robert (Barbe). — Maimbourg, 517.

Robert (Charles), — 697.

Robert (Claude). — Robert, 697.

Robert (Dominique). — Le Mareschal, 468.

Robert (Germain). — Maimbourg, 517.

Robert (Joseph). — 3 supplément.

Robert (Joseph). — Robert, 697.

Robert (Nicolas). — Robert, 697.

Robert (Nicolas-Henry), — 697.

Robert (Nicolas-Henry). — Robert, 3 supplément.

Roberts (Élizabeth des). — Fiacre, 240.

Roberts (Noël des). — Fiacre, 240.

Robillard (Marie-Anne). – Vassart, 808.

Robin (Marguerite du). — Pariset, 612.

Robin (Marie).— Gennetaire, 289.

Roboucher (N.). — Cueüllet B. Villers, 183.

Roche (Ferdinand de La). — De Malvoisin, 528.

Roche (Marie-Anne de La).— Alba, 4.

Rochechouart (Gabrielle de). —Hennequin B. Lentages et Curel, 367.

Rochefort (Anne de). — Willermin, 834.

Rochefoucault (Joseph marquis de La). — Thomas, 785.

Rochefoucault (Mathieu de La). — Prudhomme B. Fontenoy, 669.

Rochefoucault (N. de La).— Prudhomme B. Fontenoy, 669.

Rochetollay (Nicolas de La). — Cachedenier, 98.

Rollet (Marguerite de). — Payen, 619.

Rollin (Adam). — Hordal, 384.

Rollin (Adam). — Rollin, 702.

Rollin (Claude), — 701, 702.

Rollin (Claude). — Collenel, 161.

Rollin (Claude). — Rollin, 702, 703.

Rollin (Claude-Joseph), — 703.

Rollin (Claude-Joseph). — Rollin, 703.

Rollin (C. et A.). — d'Espinette, 226.

Rollin (Eve). — Le Pois, 478.

Rollin (Eve). — De Pulenois. 671.

Rollin (Françoise). — Chanot, 114.

Rollin (Gérard). — Rollin, 701.

Rollin (Henry). — Oryot, 605.

Rollin (Jean), — 702.

Rollin (Jean). — Rollin, 701, 702, 703.

Rollin (Jean-Joseph).—Rousselot, 714.

Rollin (Jeanne). — La Ruelle, 449.

Rollin (Jeanne-Nicole). — Rollin, 703.

Rollin (Louis).— Rollin, 703.

Rollin dit de Mouron (Nicolas), — 701.

Rollin (Nicolas). — Rollin, 703.

Rollin (N.). — Hordal, 384.

Rollin (N.). — Rollin, 703.

Rollin ou Raulin (Pierre),— 701.

Rollin (Pierre). — Rollin, 701.

Rollin (Robin). — Rollin dit de Mouron, 701.

Rollin (Sébastien), — 702.

Romain (Jean-Henri du). — Thouvenin, 791.

Romain (Nicolas), — 703.

Romécourt (Henry de). — Chasteauneuf, 121.

Romécourt (Jean-Baptiste-Alexandre de). — Mousin, 587.

Romée (Isabelle). — Haldat, 344.

Romée (Isabelle). — Du Lis, 493.

Romieu (Jean-François de). — Drouart, 206.

Romieu (Marie de). — Droüart, 206.

Romur (Françoise). — Romier, 704.

Romur (Hans-Jacob). — Romur, 704.

Romur (Pierre), — 703.

Rosières (Marguerite de). — Bourcier, 71.

Rosières (Marguerite de). — Colliquet, 167.

Rosières (Marie de). — Gervais, 298.

Rosières (Marie - Charlotte de). — Gondrecourt B. Parrois, 316.

Rosières de la Croix (François de). — Thevenin, 772.

Rosières et d'Uvesin (Charles-Alexandre-Joseph comte de). — Cardon, 106.

Rosselange (Jean). — Platel, 655.

Rosselange (Jean). — Rosselange, 704.

Rosselange (Jean-Joseph). — Rosselange, 704.

Rosselange (Mathieu de), — 704.

Rosselange (Mathieu de). — Rosselange, 704.

Rosselange (N. de). — Rosselange, 704.

Rosselot (Marguerite). — Lescaille, 481.

Roth (Joseph de). — Hucher, 387.

Roth (Marie-Anne de). — Hucher, 387.

Rotton (Jean). — 704.

Rotton (Pierre). — Rotton, 705.

Roucy (Anne de). — Bainville, 25.

Roucy (Bon de). — Bimont, 58.

Roucy (Jean de).— Mauljean, 549.

Rougeau (Nicole). — Fournier, 256.

Rougerin (Jean). — Collonnet, 167.

Rougrave (Affricain de). — Gombervaux, 312.

Rouhault de Gavache (N.). — Durand, 222.

Roüillac (Marguerite de). — Mélian, 559.

Rouillac (Odet de). — Mélian, 559.

Rouillare ou Rouillaire (Jeanne). — Wargaire, 837.

Rouillon (Charlotte) . — 405.

Rouillon (Claude).—Rouillon, 705.

Rouillon (François), — 705.

Rouillon (François) . — Rouillon, 705.

Rouillon (Jacques) . — Rouillon, 705.

Rouillon (Jeanne).—Rouillon, 705.

Rouillon (Marguerite). — Poiresson, 659.

Rouillon (Marie).—Rouillon, 705.

Rouillon (Thérèse). — Rouillon, 705.

Roüin (Alexandre de). — Colin, 158.

Roüin (Alexandre de). — Coll. B. Tronville, 167.

Roüin (Claire-Gabrielle de). — Colin, 158.

Roüin (Madelaine de). — Coll. B. Tronville, 167.

Roüin (N. de). — Maillet, 513.

Rouin (Renée de). — Bouvet, 81.

Rouins (Renée des). — Voillot, 833.

Rouot (Alexandre). — Fabvier, 229.

Rouot (Alexandre). — Rouot, 705.

Rouot (Antoinette). — Fabvier, 229.

Rouot (Antoinette). — Rouot, 705.

Rouot (Christophe). — Fabvier, 229.

Rouot (Christophe). — Rouot, 705.

Rouot (François). — Charvet, 119.

Rouot (François). — Fabvier, 299.

Rouot (Nicolas), — 705.

Rouot (N.). — Guyot, 341.

Rouot (Thérèse). — Charvet, 119.

Rousières ou Rouzières (François), — 706.

Roussat (Marguerite). — Simony, 753.

Roussat (Marguerite). — Simony B. Broutière, 754.

Rousseau (Denis). — Médard, 557.

Rousseau (Laurent), — 708.

Rousseau (Marie). — Médard, 557.

Roussel (Bertrand, Claude et Louis), — 710.

Roussel (Claude). — Saulget, 736.

Roussel (Claude I). — Roussel, 710.

Roussel (Claude II). — Roussel, 710.

Roussel (Fr. B.). — Roussel, 708.

Roussel (Françoise). — Roussel, 709.

Roussel (Georges), — 708.

Roussel (Guy), — 708.

Roussel (Humbert), — 711.

Roussel (Humbert). — Cueüllet B. Ceintrey, 183.

Roussel (Jean de). — Roussel, 709.

Roussel (Jean-Philippe). — Roussel, 711.

Roussel (Jeanne). — Roussel, 711.

Roussel (Joseph). — Roussel, 711.

Roussel (Louis). — Roussel, 711.

Roussel (Madeleine). — Bezand, 56.

Roussel (Marie). — Boulard, 69.

Roussel (Marie). — Canon, 104.

Roussel (N.). — Le Febvre, 462.

Roussel (N,).— Roussel, 710.

Roussel (Pierre). — Choisis, 129.

Roussel (Pierre). — Roussel, 711.

Roussel (Pierre de). — Roussel, 709.

Roussel de la Grand'haye (N.). — Roussel, 710.

Rousselot (Alexis). — Gaillard, 272.

Rousselot (Alexis). — Rousselot B. d'Hédival, 713.

Rousselot (Alexis-Hyacinthe). — Rousselot B. d'Hédival, 713.

Rousselot (Anne). — Rousselot, 712.

Rousselot (Anne-Françoise). — Rousselot, 714.

Rousselot (Anne-Louise). — Gombervaux, 312.

Rousselot (Anne-Louise). — Philbert B. Gérard., 639.

Rousselot (Anne-Louise). — Rousselot, 714.

Rousselot (Antoine).— Rousselot, 712.

Rousselot (Antoinette). — Arnould, 13.

Rousselot (Antoinette). — Rousselot B. d'Hédival, 713.

Rousselot (Barbe).— Fisson. 241.

Rousselot (Barbe). — Villaucourt, 820.

Rousselot (Barbe-Catherine). — Rousselot, 712.

Rousselot (Catherine). — Cogney, 135.

Rousselot (Catherine). — Dubois, 211.

Rousselot (Catherine).— Reboursel, 685.

Rousselot (Catherine). — Rousselot, 714.

Rousselot (Charles), — 714.

Rousselot (Charles). — Rousselot, 714.

Rousselot (Charles-Henry). — Rousselot, 712.

Rousselot (Charlotte). — Rousselot, 712.

Rousselot (Chrestien). — Rousselot, 712.

Rousselot (Christophe), — 713.

Rousselot (Christophe). — Huyn, 400.

Rousselot (Christophe). — Rousselot, 714.

Rousselot (Claude). — Rousselot, 712, 714.

Rousselot (Élisabeth). — Rousselot, 714.

Rousselot (Élisabeth). — Serre, 747.

Rousselot (François). — Rousselot, 712.

Rousselot (Françoise). — Rousselot, 714.

Rousselot (Georges). — Rousselot, B. d'Hédival, 713.

Rousselot (Georges - François). — Rousselot B. d'Hédival, 713.

Rousselot (Gérard), — 711.

Rousselot (Gérard). — Fleutot, 243.

Rousselot (Gérard). — Fournier, 255.

Rousselot (Gérard). — Rousselot B. des Seigneurs d'Hédival, 712.

Rousselot (Gérard). — Terrel, 769.

Rousselot (Jacques), — 711.

Rousselot (Jean). — Reboursel, 605.

Rousselot (Jean). — Rousselot, 713, 714.

Rousselot (Jean). — Serre, 747.

Rousselot (Jean). — Vitou, 831.

Rousselot (Jean-François). — Rousselot, 714.

Rousselot (Jeanne). — Rousselot, 712.

Rousselot (Jeanne - Catherine). — Cueüllet, 182.

Rousselot (Jeannon). — Royer, 720.

Rousselot (Joseph). — Rousselot B. d'Hédival, 712.

Rousselot (Joseph-François-Henry). — Rousselot B. d'Hédival, 713.

Rousselot (Louis). — Rousselot, 712.

Rousselot (Louise). — Rousselot, 712.

Rousselot (Louise-Françoise). — Gombervaux, 312.

Rousselot (Louise-Françoise). — Rousselot B. d'Hédival, 713.

Rousselot (Marguerite). — Busselot, 95.

Rousselot (Marguerite). — Gaulmé, 281.

Rousselot (Marguerite). — Rousselot, 712.

Rousselot (Marguerite-Anne). — Rousselot, 712.

Rousselot (Marguerite-Thérèse). — Rousselot, 714.

Rousselot (Marie-Anne). — Gaillard, 272.

Rousselot (Marie-Anne). — Rousselot B. d'Hédival, 713.

Rouyer (Anne).— Gennetaire, 289.

Rouyer (Anne). — Rouyer, 716, 717.

Rouyer (Anne-Marie-Reine). — Rouyer, 717.

Rouyer (Balthazard).— Perrin, 624.

Rouyer (Catherine). — d'Avril, 19.

Rouyer (Catherine).—Rouyer, 716, 718.

Rouyer (Catherine-Nicole).— Errard, 225.

Rouyer (Charlotte). — Hucher, 387.

Rouyer (Christien).—Rouyer, 716.

Rouyer (Diane). — Rouyer, 717.

Rouyer (Didier), — 718.

Rouyer (Didier). — Rouyer, 718.

Rouyer (Didier). — Taillefumier, 765.

Rouyer (Didier). — Vosgien, 835.

Rouyer (Didier II).— Rouyer, 718.

Rouyer (Élisabeth). — Morlot ou Malot, 583.

Rouyer (Florentin), — 717.

Rouyer (François). — Milot, 576.

Rouyer (François). — Philbert B. d'Aucourt, 638.

Rouyer (François).—Rouyer, 717.

Rouyer (Gaspard), — 717.

Rouyer (Gaspard). — Fournier, 254.

Rouyer (Gaspard). — Regnauldin ou Renauldin, 687.

Rouyer (Humbert).—Rouyer, 718.

Rouyer (Humbert-Nicolas). — Rouyer, 718.

Rouyer (Jean), — 716.

Rouyer (Jean). — d'Avril, 19.

Rouyer (Jean). — Guillerme, 339.

Rouyer (Jean). — Mérigault, 567.

Rouyer (Jean-Baptiste). — Rouyer, 717.

Rouyer (Jean-François), — 719.

Rouyer (Marie). — Taillefumier, 765.

Rouyer (Marie). — Rouyer, 718.

Rouyer (Nicolas).— Gourdot, 319.

Rouyer (Nicolas). — Hucher, 387.

Rouyer (Nicolas). — La Ruelle, 449.

Rouyer (Nicolas).— Rouyer, 717, 718.

Rouyer (Nicolas). —Vosgien, 835.

Rouyer (Nicolas-Henry). — Rouyer, 717.

Rouyer (Philippe).— Rouyer, 717.

Rouyer (Philippine). — Regnauldin ou Renauldin, 687.

Rouyer (Suzanne). — Gourdot, 319.

Rouyer (Susanne). — Rouyer, 718.

Rouyer (Théodore). — Errard, 225.

Rouyer (Thérèse).— Rouyer, 717.

Rouyer dit Blancheron (Claude). — Rouyer, 716.

Rouyer dit Blancheron (Jean). — Rouyer, 716.

Rouyer de Jarville (Anne-Marie-Reine). — Philbert B. d'Aucourt, 638.

Rouyers (Antoine des). — Des Rouyers, 719.

Rouyers (Perrin des). — Des Rouyers, 719.

Rouyers (Simon des),— 719.

Rouyn (Alexis de).— Drouin, 208.

Rouyn (Antoine-Nicolas de). — Drouin, 208.

Rouyn (Claude de).— Xaubourel, 835.

Rouyn (François de). — Drouin, 208.

Rouyn (François de).— Prudhomme B. Fontenoy, 667.

Rouyn (Guéry-Jacob de). — Drouin, 208.

Rouyn (Jacques de). — Boudet, 68.

Rouyn (Jean de). — Drouin, 208.

Rouyn (Jean de). — Raulet, 680.

Rouyn (Jean-François de). — Drouin, 208.

Rouyn (Jean-Georges de). — Drouin, 208.

Rouyn (Jeanne de).— Drouin, 208.

Rouyn (Joseph de).—Drouin, 208.

Rouyn (Marguerite de). — Drouin, 208.

Rouyn (Marguerite de). — Prudhomme B. Fontenoy, 667.

Rouyn (Nicolas de).—Drouin, 208.

Rouyn (Nicolas-François de). — Drouin, 208.

Rouyn (N. de). — Hannel, 348.

Rouyn de Levoncourt (Antoine-Nicolas baron de). — Hannel, 348.

Royns (Alexandre des). — Bauldoux, 38.

Rouzières (Catherine de). — Rouzières, 706.

Roytel (Jean). — Marionnelz, 537.

Roze (Catherine La). — Parizet, 612.

Roze (François de). — Humbelot, 391.

Roze (Marguerite). — Kiccler, 422.

Rozières (Appoline de). — Rozières, 707.

Rozières (Benoît-Joseph de). — Vignolles, 819.

Rozières (Charles - Gabriel de). — Vignolles, 819.

Rozières (Charles-Isidore de). — Rozières, 707.

Rozières (François de). — Rutant B. Pullenoy, 726.

Rozières (Françoise de). — Rousières, 707.

Rozières (Gabriel de). — Faillonnet, 231.

Rozières (Jean-Charles de). — Rousières, 708.

Rozières (Louis de). — Faillonnet, 27.

Rozières (Louise de). — Bar, 26.

Rozières (Louise de). — Rozières, 707.

Rozières (Louise-Barbe de). — Rouzières, 708.

Rozières (Nicolas VI de). — Rousières, 707.

Rozières (Nicolas VII de). — Rousières, 707.

Rozières (Nicolas - Thomas de). — Rousières, 707.

Rozières (Paul-Louis-Antoine de). — Rousières, 708.

Rozières (Thomas - Nicolas de). — Rousières, 707.

Ruard (Christophe de). — Paviette, 618.

Rue (Anne de La). — Le Braconnier, 458.

Rue (Clément de La). — Thomas, 784.

Rue (Jean de La). — Le Braconnier, 458.

Ruë (Anne de La). — Gillet, 303.

Ruë (Clément de La). — Gillet, 303.

Ruë de la Vallée (Françoise de La). — Chastel, 121.

Ruë de la Vallée (Françoise de La). — Thomas, 784.

Ruelle (Anne de La). — Henry, 372.

Ruelle (Barbe de La). — Rouyer, 717.

Ruelle (Barbe de La). — La Ruelle, 449.

Ruelle (Charlotte de La). — Fournier, 255.

Ruelle (Charlotte de La). — La Ruelle, 449.

Ruelle (Claude de La). — Chanteheux, 115.

Ruelle (Claude de La). — Collignon, 164.

Ruis (Jean-François). — Ruis ou Ruiz, 723.

Ruis (Jean-François). — Villaucourt, 820.

Ruis (Louise). — Ruis ou Ruiz, 723. .

Ruis (Louise). - ·Villaucourt, 820.

Ruis (Marie). -- Ruis ou Ruiz, 723.

Ruis (Pierre). — Ruis ou Ruiz, 723.

Rüitz (Jean-François). — Callot, 103.

Ruitz (Louise de). — Diétremann, 197.

Ruiz (Marie de). — Asselaincourt, 14.

Ruiz (Pierre de). — D'Asselaincourt, 14.

Rulland (Jacques). — Huyn, 400.

Rulland (Lorette). — Mageron, 504.

Rulland (Marguerite). — Huyn, 400.

Rune (Claudine de).—Claude, 131.

Rupt (Charles de).— Combles, 169.

Rupt (Charles de). — Simony B. de la Broutier, 754.

Rutant (Anne). — Rutant, 724.

Rutant (Anne). — Rutant B. d'Hannonville, 725.

Rutant (Anne). — Rutant B. Jalaucourt, 725.

Rutant (Augustin-Paul-François). — Rutant B. Fontenoy, 726.

Rutant (Barbe). — Mengin, 561.

Rutant (Barbe). — Rutant B. d'Hannonville, 725.

Rutant (Barbe de). — Chastenoy, 122.

Rutant (Barbe de). — Prudhomme B. Fontenoy, 668.

Rutant (Barbe de). — Rutant B. Pullenoy, 726.

Rutant (Catherine). — Combles, 169.

Rutant (Catherine). — Rutant B. Jalaucourt, 725.

Rutant (Charles). — Rutant B. Pullenoy, 726.

Rutant (Charles de). — Rutant B. Marainville, 726.

Rutant (Charles-Joseph de). — Rutant B. Marainville, 727.

Rutant (Claude). — Mauljean, 551.

Rutant (Claude). — Pierron, 646.

Rutant (Claude). — Rutant, 724.

Rutant (Claude de).—Rutant, B. Jalauc, 725.

Rutant (Claude de). — Rutant B. Pullenoy, 726.

Rutant (Claude-Marcel). — Rutant B. Fontenoy, 726.

Rutant (Claude-Marcel). — Rutant B. Jal, 725.

Rutant (Claude-Marcel de). — Rutant B. Pullenoy, 726.

Rutant (Étienne). — Rutant B. Marainville, 726.

Rutant (Ferry). — Parisot, 612.

Rutant (Ferry). — Rutant, 724.

Rutant (Florentin), — 724.

Rutant (Florentin). — Gondrecourt B. Parrois, 315.

Rutant (Florentin). — Rutant, 727.

Rutant (François). — Rutant, 727.

Rutant (François). — Rutant, B. Jal. et Saulxures, 725.

Rutant (François de). — Rutant B. Jal., 725.

Rutant (François de). — Rutant B. Pullenoy, 726.

Rutant (Françoise). — Maillet, 514.

Rutant (Françoise). — Rutant B. d'Hannonville, 725.

Rutant (Gabrielle). — Remy, 691.

Rutant (Gabrielle de). — Rutant B. Pullenoy, 726.

Rutant (Jacob). — Lescut, 487.

Rutant (Jacob). — Lescuyer, 489.

Rutant (Jacob). — Maillet, 514.

Rutant (Jacob). — Rutant, 724.

Rutant (Jacob). — Rutant B. d'Hannonville, 725.

Rutant (Jacob de). — Chastenoy, 122.

Rutant (Jacques), — 723.

Rutant (Jacques). — Falaise, 231.

Rutant (Jacques). — Heilotz, 357.

Rutant (Jacques). — Maimbourg, 518.

Rutant (Jacques). — Marien, 536.

Rutant (Jacques). — Pierron, 645.

Rutant (Jacques). — Rutant, 724.

Rutant (Jacques). — Rutant B. Jalaucourt, 725.

Rutant (Jacques). — Rutant B. Pullenoy, 725.

Rutant (Jacques). — Vallée, 801.

Rutant (Jacques de). — Thierry, 779.

Rutant (Jean), — 724.

Rutant (Jean). — Combles, 169.

Rutant (Jean). — Lebègue, 455.

S

Sagay (Françoise). — Jacob, 402.

Sagay (Françoise). — Sagay, 728.

Sagay (Jacques), — 728.

Saillet (Anne). — Saillet, 729.

Saillet (Ignace). — Saillet, 729.

Saillet (Jacques). — Saillet. 728.

Saillet (Jacques). — Verry de la Plume, 815.

Saillet (Jean). — Hénard, 358.

Saillet (Jean). — Le Molleur, 471.

Saillet (Jean). — Noirel, 597.

Saillet (Jean). — Saillet, 728, 729.

Saillet (Jean). — Thierry, 779.

Saillet (Jean II). — Saillet, 729.

Saillet (Jean-Baptiste). — Saillet, 729.

Saillet (Jean-Baptiste-Fan- çois). — Saillet, 729.

Saillet (Louise). — Thomas, 785.

Saillet (Nicolas), — 728.

Saillet (Nicolas). — Marien, 537.

Saillet (Nicolas). — Thomas, 784.

Saillet (Nicole). — Courtois, 178.

Saillet (Nicole). — Mercy, 566.

Saillet (Nicole). — Saillet, 728, 729.

Saillet (Nicole). — Thierry, 779.

Saillet (Nicole). — Thomas, 784, 785.

Saillet (Nicole). — Verry de la Plume, 815.

Saillet (N.). — Fourot, 260.

Saillet (N.). — Saillet, 729.

Saillet ou Sorlet (Catherine). — Le Prieur, 480.

Sain (François Le). — Simony, 753.

Sainctignon (Francois ' de). — Heilotz, 357.

Sainctignon (Jean de). — Heilotz, 357.

Sainctignon (Marguerite de). — Le Pois, 478.

Saintignon (Joseph comte de) — Rousières, 707.

Saint - Baussant (Gabrielle de). — Agion de la Noix, 3.

Saint-Baussant (Jean de). — Agion de la Noix, 3.

Saint-Belin (François de). — Prudhomme B. Fontenoy, 669.

Saint-Belin (Pierrette), — 729.

Saint-Bonnet (Claude), — 729.

Saint-Genest (Élisabeth de). — Tardvenu, 767.

Saint-Genin (Antoine de). — Rouillon, 705.

Saint-Genois (Isabeau de). — Vitou, 831.

Saint-Genoy (Nicolas de), — 730.

Saint-Germain (Catherine-Gabrielle de). — Lombillon, 498.

Saint-Jévin (Julienne de). — Raulet, 679.

Saint-Lambert (Anne-Marie de). — Xaubourel B. Domnon, 837.

Saint-Lambert (Charles-Africain de). — Xaubourel B. Domnom, 837.

Saint-Léger (Claude de). — Simony B. de la Broutière, 754.

Saint-Mars (Louis), — 730.

Saint - Maurice (Gabrielle de). — Oryot, 604.

Saint-Maurice (Henry on de). — Oryot, 604.

Saint-Maury (Madelaine de). — Maimbourg, 519.

Saint-Pierre (Michel). — 730.

Saint-Pierre (N.), — 730.

• Saint-Remy (Charles-François de). — Collenel, 161.

Saint-Remy (Claude de). — Fabvier, 230.

Saint-Remy (Claude de). — Mageron, 505.

Saint-Remy (Jean de). — Oryot, 605.

Saint-Remy (Jean de). — De la Reaulté, 447.

Saint-Remy (Jean I de). — Fabvier, 230.

Saint-Remy (Jean II de). — Fabvier, 230.

Sarrazin (Anne). — Sarrazin, 733.

Sarrazin (Antoine). — Bermand B. Pulligny, 48.

Sarrazin (Antoine). — Sarrazin B. Germainvillers, 734.

Sarrazin (Antoine-Léopold). — Sarrazin B. Germainvillers, 735.

Sarrazin (Antoine-Théodore). — Sarrazin B. Germainvillers, 735.

Sarrazin (Aprône), — Sarrazin, 733.

Sarrazin (Aprône). — Sarrazin B. Germainvillers, 734.

Sarrazin (Charles). — Gondrecourt B. Parrois, 315.

Sarrazin (Charles). — Hennezon, 371.

Sarrazin (Charles). — Mauljean B. Liouville, 550.

Sarrazin (Charles). — Parisot, 613.

Sarrazin (Charles). — Sarrazin, 733.

Sarrazin (Charles). — Vallée, 802.

Sarrazin (Charles). —Vignolles, 819.

Sarrazin (Charles II). — Sarrazin, 733.

Sarrazin (Charles III). — Sarrazin, 734.

Sarrazin (Charles-François). — Sarrazin B. Germainvilliers, 735.

Sarrazin (Christine). — Sarrazin, 734.

Sarrazin (Claude), — 733.

Sarrazin (Claude). —Héraudel, 376.

Sarrazin (Claude). — Sarrazin, 733.

Sarrazin (Claude-Gabriel).— Sarrazin B. Germainvilliers, 735.

Sarrazin (Claude-Ignace). — Sarrazin, 734.

Sarrazin (Claude-René). — Sarrazin B. Germainvilliers, 734.

Sarrazin (Dorothée). — Parisot, 613.

Sarrazin (Dorothée). — Sarrazin, 733.

Sarrazin (François). — Sarrazin, 733.

Sarrazin (François-Hyacinthe). — Gondrecourt B. Gondrecourt, 317.

Sarrazin (Françoise-Hyacinthe). — Sarrazin, 734.

Sarrazin (Jacques).—Lescut, 486.

Sarrazin (Jacques). — Sarrazin B. Germainvilliers, 734.

Sarrazin (Jacques-Joseph).— Sarrazin B. Germainvilliers, 735.

Sarrazin (Jean). — Menu, 563.

Sarrazin (Jean). — Sarrazin, 733.

Sarrazin (Jean). — Sarrazin B. Germainvilliers, 734.

Sarrazin (Joseph). — Sarrazin B. Germainvilliers, 734.

Sarrazin (Lucie). — Faillonnet, 230.

Sarrazin (Lucie). — Hennezon, 371.

Sarrazin (Lucie). — Sarrazin, 733.

Sarrazin (Madelaine - Françoise). — Sarrazin B. Germainvilliers, 735.

Sarrazin (Marguerite). — Marionnelz, 537.

Sarrazin (Marguerite). — Sarrazin, 733.

Sarrazin (Marguerite-Catherine). — Sarrazin B. Germainvilliers, 735.

Sarrazin (Marguerite–Claire de). — Sarrazin B. Germainvilliers, 735.

Sarrazin (Marie). — Sarrazin B. Germainvilliers, 734.

Sarrazin (Marie - Anne). — Sarrazin B. Germainvilliers, 735.

Sarrazin (Marie-Françoise). — Sarrazin B. Germainvilliers, 734.

Sarrazin (Marie-Jeanne). — Sarrazin, 734.

Sarrazin (Marie-Nicole). — Sarrazin B. Germainvilliers, 735.

Sarrazin (Marie-Scolastique). — Sarrazin, 734.

Sarrazin (Mengeon). — Fleutot, 243.

Sarrazin (Mesbille le). — Courcol, 176.

Sarrazin (Nicolas). — Fleutot, 234.

Sarrazin (N.). — Menu, 563.

Sarrazin (N.). — Sarrazin, 734.

Sarrazin (N.). — Sarrazin B. Germainvilliers, 734.

Sarrazin (Renée). — Sarrazin, 734.

Sarrazin (Sébastien). — Gondrécourt B. Gondrecourt, 317.

Sarrazin (Sébastien). — Sarrazin, 733.

Sarrus (Anne). — Hennequin B. Boinville, 364.

Sarrus (Michel). — Hennequin B. Boinville, 364.

Sathenay (Agnès de). — Laudinot, 451.

Sathenay (Agnès de). — Raulet, 679.

Sathenay (Agnès de). — Warin, 838.

Saucière [(Claude de) . — Briel, 88.

Saucières (François de). — Simony B. de la Broutière, 754.

Saulcière (Marguerite de). — Le Paige, 474.

Saulciers (Jean de). — Trusson, 799.

Saulcourt (Jean de), — 735.

Saulcourt (Jean de). — Des Ruetz, 722.

Saulcourt (Marie de). — Des Ruetz, 722.

Sauville (Pierre-Louis), — 742.

Sauville (Pierre-Louis). — Sollet, 731.

Saux (Mayon de La). — Louis dit Saint-Vallier, 499.

Savigny (François de). — Thiaucourt, 772.

Savigny (Joachim de). — Cardon, 106.

Savigny (Renée de). — Gastinois, 278.

Savigny (Wary II de). — Gastinois, 278.

Savoy (Marie). — Briet, 89.

Savoye (Izabillion). — Mazures, 556.

Savoye (Izabillion). — Raoul, 676.

Saxo (Blaisin), — 742.

Saye (Hugues de La). — Pariset, 611.

Schanckin (Anne). — Hame, 346.

Schawembourg (N. baron de). — Dietremann, 197.

Schelandre (Madeleine de). — Chavenel, 124.

Schick (Jean-Georges). — Ollivier, 2 du supplément.

Schlick (Marie-Anne). — Ollivier, 2 du supplément.

Schmidberg (Adam), — 742.

Schœl (Mengin). — Gerlet, 298.

Schœl (Mengin), dit de Saulxures. — Warin, 837.

Schœnfeldt (Nicolas de). — Des Fours, 262.

Schœnfeldt (Polixène de). — Des Fours, 262.

Schopff (Marie). — Bazelaire, 41.

Schott (Humbert). — Schotte, 743.

Schotte (Jean), — 743.

Schotte (Jean ou Hans). — Schotte, 743.

Schotte (Mathieu). — Schotte, 743.

Schotte (Thomas). — Schotte, 743.

Schrembgen (Marie de). — Hame, 346.

Schremien (Élisabeth). — Hausen, 353.

Schremien (Sr). — Hausen, 353.

Schwebel (Henri), — 743.

Séart (Agnès). — Viart de Pont-s.-Saulx, 817.

Séart (Marie). — Collenel, 161.

Séart (Nicolaz), — 743.

Séart (Nicolas). — Collenel, 160, 161.

Sechamp (Françoise de). — Beaufort B. Darnieulle, 43.

Séchamp (Marie de). — Bannerot, 26.

Sechamps (Adam de),— 743.

Séchesaye (Catherine). — Rouyer, 718.

Seguier (Louis). — Hennequin B. du Perray, 360.

Seguier (Madelaine).— Hennequin B. du Perray, 360.

Seguier (Pierre). — Hennequin B. du Perray, 361.

Seguin (Philbert), — 743.

Seichamps (Christ. - Henry de). — Girmont, 307.

Seichamps (Melchior–Henry de). — Maimbourg, 517.

Sellier (Alix). — Hubert, 387.

Sellier (Alix). — Humbert, 392.

Sellier (Alix). — Malclerc, 522.

Sellier (Antoine). — Petit, 622.

Sellier (Charlotte-Françoise). — Sellier, 744.

Sellier(Cl.-François). — Sellier, 744.

Sellier(Claude-Françoise).— Norroy, 598.

Sellier (François), — 744.

Sellier (François).— Norroy, 598.

Sellier (Françoise). — Petit, 632.

Sellier (Jean), — Malclerc, 522.

Sellier (Jean - François). — Gillet, 305.

Sellier (Jean–François). — Norroy, 598.

Sellier (Jean-François). — Sellier, 744.

Seltzer (Anne-Catherine). — Gronders, 329.

Seltzer (Anne–Catherine). — Selzer, 745.

Seltzer (Anne–Marg.–Joséphine de). — Mory, 586.

Seltzer (Guillaume de). — Colart de Hatrise, 157.

Seltzer (Jean-Guillaume de). — Mory, 586.

Seltzer (Jean- Harthman). — Gronders, 329.

Selzer ou Seltzer (Jean-Harteman et Jean-Philippe), — 745.

Senault (Suzanne). — Monginot, 581.

Senent (Marie de). — Pillement, 648.

Senocq (Claude). — Raulet, 679.

Senocq (Didon). — Noirel, 597.

Senocq (Henriette). — Bainville, 25.

Senocq (Jeanne de).— Oryot, 605.

Senocq(Madelaine).— Oryot, 605.

Senocq (Madelaine). — Raulet, 679.

Serre (Anne-Léopoldine-Guillemette). — Serre, 747.

Serre (Antoine). — Serre, 745, 747.

Serre (Charles). — Courcol, 177.

Serre (Charles). — Serre, 747.

Serre (Charles-François). — Serre, 747.

Serre (Charles-François). — Serre B. Ventron, 748.

Serre (Charles-François). — Serre B. des Seigneurs de Ventron, 748.

Serre (Charles-François de). — Rousselot, 715.

Serre (Charles-François de). — Parisot, 613.

-**Serre** (Claude). — Rouillon, 705.

Serre (Cœsar). — Serre, 745.

Serre (François), — 746.

Serre (François). — La Cloche, 430.

Serre (François).— Nottaire, 599.

Serre (François). — Serre, 745, 746, 747.

Serre (François). — Serre B. Ventron, 748.

Serre (François II).— Serre, .747.

Serre (François de). — Rousselot, 714.

Serre (François III).— Serre, 747.

Serre (François-Louis). — Serre, 747.

Serre (Françoise). — Moines, 579.

Serre (Françoise). — Serre, 747.

Serre (Françoise-Charlotte de). — Parisot, 613.

Serre (Françoise-Charlotte). — Serre B. Ventron, 748.

Serre (Françoise-Charlotte de). — Rousselot, 715.

Serre (Georges). — Candot, 104.

Serre (Hubert). — Serre dit de Tonnoy, 746.

Serre (Jacques). — Lacloche, 430.

Serre (Jacques). — Lebègue, 455.

Serre (Jacques). — Mitatte, 577.

Serre (Jacques). - Moines, 579.

Serre (Jacques). — Modo, 578.

Serre (Jacques). — Notaire, 599.

Serre (Jacques). — Serre, 746, 747.

Serre (Jacques-Antoine). — Serre B. Ventron, 748.

Serre (Jean). — Serre, 745.

Serry (Jean-Louis de), — 749.

Serry (Louis de). — Serry, 749.

Servay (Philippe), — 750.

Seulaire (Claude). — Perrin, 623.

Seulaire de Sandaucourt (Claude). — Perrin, 623.

Seullaire (Claude), — 750.

Seullaire (Claude). — Perrin, 624.

Seullaire (Claude). — Seullaire, 750.

Seullaire (Mengin). — Seullaire, 750.

Seurot (Anne-Thérèse). — Bailly, 23.

Seurot (Anne-Thérèse). — Seurot, 751.

Seure (Antoinette Le). — Roussel, 711.

Seurot (Catherine).— Seurot, 751.

Seurot (François), — 750.

Seurot (François). — Vallée, 802.

Seurot (Françoise-Nicole).— Seurot, 751.

Seurot (Madelaine). — Seurot, 751.

Seurot (Madelaine). — Vallée, 802.

Sevigny dit Lenice (Jean de). — Le Nice, 473.

Sevigny (Madelaine de). — Durand, 222.

Sigorgne (Sébastienne). — Chastel, 121.

Silly (Antoine de). — Taille-fumier, 764.

Silly (Charles de). — Labbé, 429.

Silly (Charles-François). — Durand, 221.

Silly (Charles-Henri de). — Durand, 221.

Silly (François-Charles de). — Durand, 221.

Silly (Louis de). — Candot, 104.

Silly (Louis de). — Estienne, 227.

Silly (Louis de). — Tiravant 792.

Silly (Louis III. de). — Durand, 221.

Silly (Nicole-Gabrielle de).— Durand, 221.

Silly (Nicolle-Gabrielle). — Aubertin, 16.

Silly (N.). — Durand, 221.

Silly (N. de). — Durand, 222.

Simier (Hellovy). — Jénin ou Génin, 414.

Simier (Hellovy). — Simyer, 751.

Simier ou Symier (Jean), — 751.

Simier (Jean). — Jénin ou Génin, 414.

Simony (Martin). — Simony B. Germainvilliers, 754.

Simony (Nicolas). — Simony, 754.

Simony (Nicolas). — Simony B. Broutière, 754.

Simony (Pierre). — Simony, 753.

Simony (René). — Simony, 753.

Simony (Robert-Chrétien).— Simony B. Germainvilliers, 755.

Simony (Simon). — Simony B. de la Broutière, 754.

Simony (Suzanne). — Simony B. Germainvilliers, 754.

Simony (Yolande). — Simony B. Germainvilliers, 755.

Sirjacques (Nicolas Le). — Sirjacques, 757.

Sirjacques (Pierre Le), — 757.

Sirejean (Claus), — 755.

Sirejean (Claude-François). — Olry, 603.

Sirejean (François), — 755.

Sirejean (Henry-Gabriel), — 756.

Sirejean (Henry-Gabriel). — Sirejean, 756.

Sirejean (Henry-Gabriel. — Sirejean, 757.

Sirejean (Louis), — 756.

Sirejean (Louis). — Sirejean, 757.

Sirejean (N.).— Maimbourg, 520.

Sirejean (Pierre), — 756.

Sirjean (Gabrielle). — Bricart, 87.

Sivry (Charles-Jérôme de).— Boulon, 70.

Sivry (Thérèse de).— Boulon, 70.

Soissons (Wambert de). — Champenois, 112.

Soisy de la **Mouillère** (Jeanne-Henriette de). — Cachedenier, 99.

Soldan (Guillaume), — 757.

Somier (Marie-Françoise). — Henry, 375.

Somier (Marie-Françoise). — Maimbourg 519.

Sommelier (Nicolas), — 758.

Sommier (Jean-Claude). — Sommier, 758.

Sommier (Marie-Françoise). — Thiriet, 782.

Sommier (Nicolas), — 758.

Sommier (Simon-François). — Sommier, 758.

Sonnini (Charles-Humbert). — Sonnini, 759.

Sonnini (Charles-Sigisbert). — Sonnini, 759.

Sonnini (Nicolas-Charles-Philippe), — 758.

Sonville (Pelegrin de), — 759.

T

Tabary (Adam Le). — Platel, 655.

Tabary (Christine). — Hugo, 388.

Tabary (Jean). — Hugo, 388.

Tabary (Philippe Le). — Platel, 654.

Tabary (Philipotte Le). — Platel, 654.

Tabouret (Anne). — De la Fontaine, 246.

Tabouret (Anne). — Jacquinet, 407.

Tabouret (Anne). — Labbé, 428.

Tabouret (Anne). — Simony B. Germainvilliers, 754.

Tabouret (Anne).—Tabouret, 764.

Tabouret (Anne). — Tiravant, 792.

Tabouret (Catherine). — Vallée B. Neufchateau et de Housseville, 803.

Tabouret (Charles). — Dolmaire, 200.

Tabouret (Charles). — Fournier, 256.

Tabouret (Charles). — Tabouret, 763.

Tabouret (Charles II). — Tabouret, 763.

Tabouret (Christophe de). — Tabouret, 764.

Tabouret (Dominique), — 763.

Tabouret (Dominique). — Tabouret, 763.

Tabouret (Ferry). — Bourgeois, 74.

Tabouret (François), — 764.

Tabouret (François). — Labbé, 428.

28

Taxe (Alix de La). — Le Paige, 474.

Taxe (Alix de La). — De la Taxe, 450.

Taxe (Michel de la). — Le Paige, 474.

Taxe (Michel de La). — Thillequin, 781.

Taxe (Michel La). — Baudel, 35.

Taxe (N. de La). — De la Taxe, 450.

Taxe (N. de La). — Thillequin, 781.

Taxe (Pierre de La). — De La Taxe, 450.

Taxe (Pierre de La). — Thillequin, 781.

Taxis (Charlotte de). — Pernot, 623.

Taxis (N. comte de). — Pernot, 623.

Tehel ou **Théyel** (Antoine), — 769.

Teil (Ange du). — L'Huillier, 493.

Teille (Marie-Anne du). — Monginot, 580.

Teissier (Anne). — Estienne, 227.

Teissier (Pierre). — Estienne, 227.

Tellenz (Gérard de). — Serry, 749.

Tellier (Marie Le). — Benard de la Pommeraye, 46.

Tenance (Claude). — Saillet, 729.

Terelle (Barbe). — Rousselot, 712.

Terelle (Jean). — Rousselot, 712.

Teremois (Jacques - Raould de). — Le Bègue, 456.

Teremois (N. de). — Le Bègue, 456.

Terme (Claude du). — Simony B. Germainvilliers, 755.

Terme (Philippe du). — Simony B. Germainvilliers, 755.

Terrel (Claude). — Mauljean B. Liouville, 550.

Terrel (Claude). — Terrel, 769.

Terrel (François). — Terrel, 769.

Terrel (Hiérosme). — Terrel, 769.

Terrel (Jean), — 769.

Terrel (Jean). — Crocq, 181.

Terrel (Jean). — Terrel, 769.

Terrel (Jean). — Thouvenin, 791.

Terrel (Mengeon). — Gillet, 303.

Terrel (Mengeon). — Humbert, 391.

Terrel (Mengeon). — Terrel, 769.

Terrel (Mengeon). — Thouvenin, 791.

Thelod (N. de). — Thelot, 770.

Thelod dit Pelegrin (Pierre). — Jenin ou Génin, 414.

Thelod dit Pelegrin (Pierre). — Thelot ou Thelod, 770.

Thélod (René). — Thelot, 771.

Thelot (Adrien). — Thelod, 770.

Thelot (Claude). — Thelod, 770.

Thelot (Gabriel). — Thélod, 770.

Thelot ou Thelod dit Pelegrin (Pierre), — 770.

Thérel ou Terrel (Mangeon). — Habert, 343.

Theuvenin (Angélique-Thérèse).'— Thevenin, 772.

Theuvenin (Anne). — Thevenin, 772.

Theuvenin (Antoine). — Thevenin, 772.

Theuvenin (Dominique). — Thevenin, 772.

Theuvenin (François). — Thevenin, 772.

Theuvenin (Jeanne). — Thevenin, 772.

Theuvenin (Joseph). — Thevenin, 772.

Theuvenin (Louis).— Thevenin, 772.

Theuvenin (Nicolas). — Thevenin, 772.

Theuvenin (N.). — Thevenin, 772.

Thévenel (Catherine). — Menu, 563.

Thevenin (Alix). — Despicy, 192.

Thevenin (Antoine). — Dubois, 211.

Thevenin (Antoine). — Platel, 655.

Thevenin (Gilles), — 771.

Thévenin (Jeanne).— Platel, 655.

Thévenin (Thiébault). — Despicy, 192.

Thévenin (Nicolas). — Albert, 4.

Thévenot (François). — Du Four, 251.

Thévenot (Marguerite). — Du Four, 251.

Thévenot (Nicolas). — Du Four, 251.

Thiaucourt (Alix de) . — Thiaucourt, 772.

Thiaucourt (Antoinette de). — Gruyer, 331.

Thiaucourt (Béatrix de). — Roynette ou Reynette, 721.

Thiaucourt (Didier de). — Thiaucourt, 772.

Thiaucourt (Dorothée de).— Thiaucourt, 772.

Thiaucourt (Isabeau de). — Thiaucourt, 772.

Thisac (Philippe du). — Pilliers B. Fontet, 650.

Thisac (Claude III du). — Dumont, 216.

Thisac (Élisabeth du). — Dumont, 216.

Thoilliey de Theilliers (Fiacre). — Thoilliey de Theilliers, 782.

Thoilliey de Theilliers (Nicolas-François), — 782.

Thoilliey de Theilliers (Paul-Martin). — Gœury, 311.

Thoilliey de Theilliers (Paul-Martin). — Thoilliey de Theilliers, 782.

Thomas (Berthe). — Saillet, 728.

Thomas (Berthe).— Thomas, 784.

Thomas (Claude). — Thomas, 783.

Thomas (Claudette). — Thomas, 784.

Thomas (Claudine). — Chastel, 121.

Thomas (François). — Thomas, 784, 786.

Thomas (Françoise). — Thomas, 785.

Thomas (Françoise). — Vosgien, 835.

Thomas (Jacqueline) . — Gervaise, 299.

Thomas (Jacqueline) . — Thomas, 783.

Thomas (Jacques). — Gervaise, 299.

Thomas (Jacques). — Thomas, 783, 786.

Thomas (Jean). — Simonin, 753.

Thomas (Jean). — Thomas, 783.

Thomas (Jean). — Vosgien, 835.

Thomas (Jean-Baptiste-Louis-Benoit). — Thomas, 784.

Thomas (Jean-François). — Thomas, 786.

Thomas (Jeanne).— Thomas, 783, 784.

Thomas (Louis). — Thomas, 784.

Thomas dit de Villemorien (Louis). — Thomas, 784.

Thomas (Louis-François). — Thomas, 785.

Thomas (Louise).— Thomas, 784, 786.

Thomas (Marguerite). — Simonin, 753.

Thomas (Marie-Anne) . — Thomas, 785.

Thomas (Nicolas). — Thomas, 784, 785.

Thomas (Nicolas-Jean-Baptiste). — Thomas, 785.

Thomas (Pierre), — 783.

Thomas (Pierre). — Saillet, 728.

Thomassin (Nicolas-Gaspard). — Thomassin, 788.

Thomassin (N.). — Thomassin, 786.

Thomassin (Pentecoste). — Busselot, 94.

Thomassin (Philbert). — Du Bourg, 72.

Thomassin (Philippe), — 787.

Thomassin (Philippe). — Thomassin, 786.

Thomassin (Philippe). — Vallée B. Charmes, 804.

Thomassin (Wautrin), — 787.

Thomassin Dandelot (Madelaine). — De Lahays, 435.

Thomassin de Montdoré (Clément). — Crevoisier, 181.

Thomerot (Georges - François). — Thomerot, 788.

Thomerot (Hilaire), — 788.

Thomerot (Jean-Philippe). — Thomerot, 788.

Thomerot (Théodore). — Thomerot, 788.

Thomesson (Charles de). — Rollin dit Mouron, 702.

Thomin (Jean), — 788.

Thomin (Sébastien). — Thomin, 788.

Thommerot (Philippe). — Jacquier, 406.

Thonneletil (Anne de). — Gaulmé, 281.

Thonneletil (Rodée de). — Gaulmé, 281.

Thouand (Claude). — Thouand, 789.

Thouand (Nicolas-Joseph), — 789.

Thouart (Jean), — 789.

Thouvenel (Françoise). — Landrian, 446.

Thouvenin (Adrien). — Saulnier, 737.

Thouvenin (Anne). — Humbert, 391.

Thouvenin (Anne). — Thouvenin, 791.

Thouvenin (Barbe). — Paton, 617.

Thouvenin (Barbe). — Rousselot, 715.

Thouvenin de Secheprey (Barbe). — Perrin, 625.

Thouvenin (Barbe). — Thouvenin, 790.

Thouvenin (Barthelémy). — Thouvenin, 791.

Thouvenin (Catherine). — Valleroy, 805.

Thouvenin (Christienne ou Christine). — Gillet, 303.

Thouvenin (Christienne). — Thouvenin, 791.

Thouvenin (Claude). — Paton, 617.

Thouvenin (Claude). — Peschart, 631.

Thouvenin (Claude). — Thouvenin, 790.

Thouvenin (Étienne). — Thouvenin, 791.

Thouvenin (François), — 791.

Thouvenin (François). — Gillet, 303.

Thouvenin (François). — Habert, 343.

Thouvenin (François). — Humbert, 391.

Thouvenin (François). — Philbert B. Gérardcourt, 639.

Thouvenin (François). — Rousselot, 711.

Thouvenin (François). — Terrel, 769.

Thouvenin (François). — Thouvenin, 791.

Thouvenin (Françoise). — Chamant, 112.

Thouvenin (Françoise).—Habert, 343.

Thouvenin (Françoise). — Thouvenin, 971.

Thouvenin (Jacques) . — Fournier B. Zugmantel, 256.

Thouvenin (Jean). — Bazelaire, 40.

Thouvenin (Madelaine). — Bauzard, 40.

Thouvenin (Madelaine). — Thouvenin, 790.

Thouvenin (Nicolas), — 789.

Thouvenin (Nicolas). — Paton, 617.

Thouvenin (Nicolas).— Raulet, 680.

Thouvenin (Nicolas) . — Thouvenin, 790.

Thouvenin (N.). — Rousselot, 715.

Thouvenin (N.). — Thouvenin, 790.

Thouvenin (Paul). — Thouvenin, 790.

Thouvenin de Secheprey (Nicolas). — Thouvenin, 790.

Thouvenot (François-André), — 791.

Thudesquin (Catherine de). — Philippe de Valfroicourt, 642.

Thudesquin (Gallien de). — Philippe de Valfroicourt, 642.

Thuillières (Catherine de). — Des Pilliers, 649.

Thuillières (Claude de). — Beaufort, 42.

Thuillières (Gabrielle de). — Beaufort, 42.

Thuillières (Gabrielle de).— Beaufort B. de Darnieulle, 42.

Thuillières (Guillaume de). — Des Pilliers, 649.

Thuillières (Jeanne de). — Des Pilliers, 649.

Thuillières (Marguerite de). — Thelot, 771.

Toignart (Simon). — Toignart, 793.

Tonnoy (Anne-Rose de). — Tonnoy, 793.

Tonnoy (Claude de). — Aulbépierre, 18.

Tonnoy (Joseph-Humbert de). — 793.

Tonnoy (Margot de). — Serre, 746.

Tonnoy (Marguerite de). — Collenel, 162.

Tonnoy (Nicolas - Humbert de). — Collenel, 162.

Touche (N. de La). — Jacob, 402.

Toupet (Claude du). — Cossu, 174.

Toupet (Christophe). — Chamont, 112.

Toupet (Étienne). — Héraudel, 377.

Toupet (Françoise). — Héraudel, 377.

Toupet (Marguerite). — Chamant, 112.

Toupet (Marie). — Busselot, 95.

Toupet (Renée du). — Bertrand, 52.

Touppet (Anne). — Touppet, 794, 795.

Touppet (Anne-Françoise). — Touppet, 795.

Touppet (Anne-Françoise du). — Hardy, 351.

Touppet (Antoinette). — Mauljean B. Liouville, 550.

Touppet (Antoinette). — Platel, 655.

Touppet (Antoinette). — Touppet, 795.

Touppet (Balthazard). — Touppet, 794.

Touppet (Balthazard). — Voillot, 832.

Touppet (Christophe). — Mauljean B. Liouville, 550.

Touppet (Christophe). — Touppet, 795.

Touppet (Didier). — Dattel B. Marzéville, 187.

Touppet (Didier). — Touppet, 794, 795.

Touppet (Didier). — Triplet, 798.

Touppet (Élisabeth). — Mageron, 505.

Touppet (Élisabeth). — Touppet, 794.

Touppet (Erric). — Busselot, 95.

Touppet (Erric). — Mesguin, 569.

Touppet (Erric). — Touppet, 795.

Touppet (Etienne). — Mageron, 505.

Touppet (Etienne). — Touppet, 794, 795.

Touppet (Françoise). — Dattel B. Veinsberg, 188.

Touppet (Françoise). — Touppet, 794, 795.

Touppet (Jacquemin), — 794.

Touppet (Jacquemin). — Touppet, 794.

Touppet (Jean). — Dattel B. Veinsberg, 188.

Touppet (Jean). — Droüart, 206.

Touppet (Jean). —' Touppet, 794, 795.

Touppet (Marguerite). — Touppet, 795.

Touppet (Marie). — Droüart, 206.

Touppet (Marie). -- Touppet, 795.

Touppet (Nicolas). — Touppet, 795.

Touppet (Nicolas du). — Hardy, 351.

Touppet (Nicole). — Touppet, 794.

Touppet (N.). — Touppet, 794.

Touppet (Princem). — Touppet, 794.

Touppet (Renée). — Peltre, 621.

Touppet (Renée). — Touppet, 795.

Touppet (Sabine). — Touppet, 795.

Tour (Anne-Françoise de La). -- La Tour, 450.

Tour (Antoinette de La). — Thierry, 779.

Tour (Bonne de La). — Lallemant ou Lallement, 439.

Tour (Catherine de La). — Fourot, 259.

Tour (Claude de La). — Fourot, 259.

Tour (Claude de La). — La Tour, 450.

Tour (Claude-Nicolas de La). — La Tour, 450.

Tour (Françoise de La). — Fourot, 259.

Tour (Guillaume de La). — Fourot, 259.

Tour (Jean de La). — d'Ardennes, 11.

Tour (Jean de La). — Oryot, 605.

Tour (Nicolas de La). — Nicolas, 594.

Tour (Paul de La). —' La Tour, 450.

Tour (Paul de La). — Trompette, 798.

Tour de Belcastel (André de La). -- Monginot, 580.

Tour-en-Voivre (Anne de La). — Colart, 136.

Tour-en-Voivre (Catherine de La). — d'Ardennes, 11.

Tour-en-Voivre (Charles-François comte de La).—Drouin, 208.

29

U

Udot (Marie-Élisabeth-Fran-
çoise). — De Rouyn, 208.

Urbain (Didier), — 386.

Urbain (Pierre), — 836.

Urbain de Sainte-Marie-
aux-Mines (Jeanne). — Gaulthier, 283.

Urguet (Claude), — 336.

Urguet (Claude). — Jénin ou
Génin, 415.

Urguet (Claude). — Urguet,
836.

Urguet (Claude). — Xaubourel, 836.

Uurguet (François). — Ur-
guet, 836.

Urguet (Luc). — Urguet,
836.

Urguet (Marguerite). — Urguet, 836.

Urguet (Marguerite). — Xaubourel, 836.

Usurier (N. L'). — Collenel,
161.

V

Vacart (Anne). — Fourier, 252.

Vaillant (Barbe). — Perrin, 626.

Vaillant (Jeanne). — Hermand, 379.

Vaillant (Marguerite). — Haldat, 345.

Vaillot (Pierre), — 799.

Vailly ou Villy (Guillaume de). — Vailly, 799.

Vailly (Jenin), — 799.

Valdeck (Alexandre de). — Henry, 372.

Valdeck (Marguerite de). — Henry, 372.

Valdenaire (Claudine). — Morlot ou Morelot, 583.

Valderfenges ou Walder - fenges (Adam de), — 800.

Valentin (Jean), — 800.

Valentin (J.).— Grandmaire, 323.

Valet dite Valhey (Agnès).— Valet, 800.

Valet ou Valot (Jeanne). — Luyton, 502.

Valet ou Valot (Jeanne). — Voisin, 833.

Valet ou Valot (Nicolas), — 800.

Valette (Anne). — Beaufort B. Darnieulles, 43.

Valfleury (Jean de), — 800.

Valfrocourt (Jeannette de). — Des Pilliers, 649, 650.

Valfroicourt (Henry-Philippe de). —Bertrand, 53.

Valhé (Arnould), — 801.

Valhez (Anne). — Mélian), 559.

Valhez (Nicolas). — Mélian, 559.

Valla ou **Walla** (Claude), — 801.

Vallé (Sébastienne). — Mengeot, 559.

Vallée (Alexandre). — Vallée B. Charmes, 805.

Vallée (Alexis-Adolphe de).— Vallée, 802.

Vallée (Anne).—Labbé, 428.

Vallée (Anne). — Luyton, 502.

Vallée (Anne). — Sarrazin, 733.

Vallée (Anne). — Vallée, 801, 802.

Vallée (Anne). — Vallée B. Neufchateau et Houssev, 803.

Vallée (Anne-Amélie-Thérèse de). — Vallée, 802.

Vallée (Antoine-François de). — Vallée B. Legeville, 803.

Vallée (Barbe).— Trompette, 798.

Vallée (Barbe).—Vallée, 802.

Vallée (Bastienne). — Vallée, 801.

Vallée (Catherine). — Vallée, 802.

Vallée (Catherine). — Vallée de Charmes, 804.

Vallée (Catherine). — Viriet, 827.

Vallée (Charles). — Vallée, 802.

Vallée (Charles). — Vallée B. Neufchateau, 803.

Vallée (Charles-Étienne). — Vallée B. Neufchateau, 804.

Vallée (Charlotte). — Vallée B. Legeville, 803.

Vallée (Christophe de La). — Prudhomme B. de Fontenoy et Vitrimont, 667.

Vallée (Christophe de La). — Roder, 698.

Vallée (Claude). — Dupuy, 220.

Vallée (Claude). — Luyton, 502.

Vallée (Claude). — Marien, 536.

Vallée (Claude). — Vallée, 801, 802.

Vallée (Claude). — Vallée B. Bar, 805.

Vallée (Claude). — Vallée B. établie à Bar, 804.

Vallée (Claude). — Vallée B. établie à Charmes, 804.

Vallée (Claude). — Vallée B. Charmes, 804.

Vallée (Claude). — Vallée B. Neufchateau, 804.

Vallée (Claude de). — Paviette, 619.

Vallée (Claude de La). — Baillet, 21.

Vallée (Claude-François de). — Vallée, 803.

Vallée (Claude l'aîné).— Vallée, 801.

Vallée (Claude le jeune). — Vallée, 801.

Vallée (Claude-Louise). — Vallée B. Neufchateau, 803.

Vallée (Diane). — Vallée B. Charmes, 804.

Vallée (Denise). — Vallée, 801.

Vallée (Ebérard-Adolphe de). — Vallée, 802.

Vallée (Élisabeth de La). — Thomas, 785.

Vallée (François). — Collignon, 164.

Vallée (François). — Labbé, 428.

Vallée (François). — Reboursel, 684.

Vallée (François). — Vallée, 802.

Vallée (François II). — Vallée, 802, 803.

Vallée (François). — Vallée, 801, 802.

Vallée (Françoise). — Vallée de Legéville, 803.

Vallée (Gaspard). —Arnould, 13.

Vallée (Gaspard). — Bouveron, 80.

Vallée (Gaspard). — Remy, 690.

Vallée (Gaspard). —Thomassin, 787.

Vallée (Gaspard). -- Vallée, 801.

Vallée (Gaspard). — Vallée B. Charmes, 804.

Vallée (Gaspard). — Vallée B. établie à Charmes, 804.

Vallée (Gérard ou Grandjean). — Vallée, 801.

Vallée (Gérard ou Grandjean). — Vallée B. établie à Bar, 804.

Vallée (Grandjean). — Bertrand, 52.

Vallée (Hermann-Louis de). — Vallée, 802.

Vallée (Jacques de la). — Le Molleur, 471.

Vallée (Jacques de la). — Prudhomme B. Fontenoy et Vitrimont, 667.

Vallée (Jacques de La). — Prudhomme, 667.

Vallée (Jacques de La). —Thomas, 785.

Vallée (Jean), — 801.

Vallée (Jean). — Olry, 603.

Vallée (Jean). — Sarrazin, 733.

Vallée (Jean). — Vallée, 802.

Vallée (Jean). — Vallée B. Neufchateau et Housseville, 803.

Vallée (Jean). .— Vallée B. Neufchateau, 803, 804.

Vallée (Jean-Gabriel de). — Vallée, 802.

Vallée (Jean-Henry). — Vallée B. Legeville, 803.

Vallée (Jean-Henry de). — Vallée B. Legeville, 803.

Vallée (Sébastienne). — Rutant, 724.

Vallée de Légeville (Jean-Louis). — Vallée, 802.

Vallée de Légeville (Jean-Louis). — Vallée B. Légeville, 803.

Vallée de Longeville (Jean de). — Falaise, 232.

Valleroy (Jean de), — 805.

Valleroy (Jean de). — Dumont, 216.

Valleroy (Jean de). — Gillet, 300.

Valleroy (Jean de). — Peltre, 621.

Valleroy (Jean de). — Thelot, 771.

Valleroy (Jean de). — Valleroy, 805.

Valleroy (Jeanne de). — Regnauld, 686.

Valleroy (Marie-Louise-Françoise de). — Voillot, 833.

Valleroy (Philippe de). — Thelot, 771.

Valleroy (Philippe de). — Valleroy, 805.

Valleroy (Renée de). — Dumont, 216.

Valleroy (Renée de). — Gennetaire, 290.

Valleroy (Renée de). — Peltre, 621.

Valleroy (Renée de). — Le Poignant, 478.

Valleroy (Renée de). — Regnauld, 686.

Valleroy (Renée de). — Valleroy, 805.

Vallier (Charles-Louis de Saint). — Feriet B. Metz, 237.

Vallier (Louise de Saint). — Du Mesnil, 571.

Vallier (Olry-Louis de Saint). — Gérard, 295.

Valt (Mengin). — Lambert, 443.

Valte ou Walte (Mengin), — 805.

Valte (Mengin). -· Ranffaing dit de Vosges, 675.

Valthier (Gérard). — Lescut, 486.

Valthier (Madeleine). — Bouvet, 81.

Vandalle ou Wandalle (Cornille, — 806.

Vandendorp (Jacqueline). — Laruelle, 449.

Vandeuvre (Claude de). — Chastenoy, 122.

Vanel (Charles-Antoine), — 806.

Vanel (Étienne). — Vanel, 806.

Vanel (Gaspard). — Vanel, 806.

Vanesson (Barbe). — De la Lance, 437.

Vanesson (Jean). — Saulget, 736.

Vaubecourt (Barbe de). — Aulbépierre, 18.

Vaubecourt (Thomas de). — Aulbépierre, 18.

Vaucher (Gerard). — Michel, 574.

Vaucher (Jacques). — Michel, 574.

Vauchoux (de). — Perrin, 629.

Vaucourt (Sr de). — Parisot, 614.

Vaudechamps (Dominique). — 809.

Vaudechamps (Jacques-Joseph). — Vaudechamps, 809.

Vaudémont (Jean-Bâtard de). — Constant, 171.

Vaudémont (Jeanne de). — Pérignon, 622.

Vaudémont (Simon de). — Pérignon, 622.

Vaudrey (Bernardin de). — Constant, 171.

Vaulcher (N.). — Habillon, 343.

Vaulgier (Jeanne). — Coyrenot, 179.

Vaulthier (Claude), — 809.

Vaulthier (Madeleine). — Xanbourel B. Domnom, 836.

Vaulthier (Oury). — Coyrenot, 179.

Vaultier-Deslandres (Michel-Louis-Denys). — Guyot, 341.

Vaultrin (Adrien). — Vaultrin, 810.

Vaultrin (Antoine). — Vaultrin, 810.

Vaultrin (Catherine). — Peltre, 621.

Vaultrin (Claude), — 809.

Vaultrin (Claude). — Vaultrin, 810.

Vaultrin (Didier).—Vaultrin, 810.

Vaultrin (François), — 810.

Vaultrin (Louis), — 810.

Vaultrin (Marguerite). — Richard, 694.

Vaultrin (Nicolas-François). — Nicolas, 811.

Vaultrin (N.). — Hurault, 394.

Vaulx (Anne des). — Jacob, 403.

Vaurichier (Claude), — 812.

Vaurichier (Gérard). — Vaurichier, 812.

Vaurichier (Jean). — Vaurichier, 812.

Vauthier (Thomas). — Vauthier, 812.

Vauthier ou Vathier (Chrétien). — Vallée, 802.

Vauthier (Claude), — 812.

Vauthier (Gérard). — Xaubourel B. Domnom, 836.

Vauthier (Madelaine). — Le Poignant, 477.

— 461 —

Vautrel dit Fousques (Colot).
— Vautrel ou Wautrel, 812.

Vautrel ou **Wautrel** dit de **Busseyo** (Henry), — 812.

Vautrel (Jean). — Wautrel ou Vautrel, 812.

Vautrin (Anne). — Georges, 292.

Vautrin (Anne). — Serre, 745.

Vautrin (Anne). — Thomas, 784.

Vautrin (Catherine). — Toignart, 793.

Vautrin (Barbe-Rose). — Lombillon, 498.

Vautrin (Claude), — 813.

Vautrin (Claude). — Thomas, 784.

Vautrin (Françoise). — Breton, 86.

Vautrin (Gabriel), — 813.

Vautrin (Gabriel). — Lombillon, 498.

Vautrin (Humbert). — Vautrin, 813.

Vautrin (Jean-Claude). — D'Artin, 14.

Vaux (Jean des). — De la Reaulté, 447.

Vaux (Perrette de). — Paviette, 618.

Vaux (René de), — 813.

Vayer (N. Le). — Jobal, 417.

Vayer (Pierre Le). — Jobal, 416.

Vayeur (Gabriel). — Mariot, 538.

Vayeur (Gabriel-Bernard). — Mariot, 538.

Véel (Barbe de). — Trèves, 797.

Véel (Catherine Le). — Dubois, 210.

Véel (Catherine Le). — Guérin, 332.

Véel (Jeanne de). — Trèves, 797.

Vellis (Barbe de). — Tabouret, 763.

Vendel de Hayange (Catherine). — Mathieu, 547.

Vendeuvre (Claude de), — 813.

Vendeuvre (Jean de). — Vendeuvre, 813.

Vendiers (Charles-Guillaume de). — Vendiers, 814.

Vendiers (Claude de). — Vendiers, 814.

Vendiers (Hubert de). — Vendiers, 814.

Vendiers (Jean-Guillaume de). — Vendiers, 814.

Vendiers (Marie de). — Vendiers, 813, 814.

Vendiers (Nicolas de), — 813.

Verduissant (N. de). — Prudhomme B. Fontenoy et Fontenoy, 667.

Vesne (Barbe). — Dujard, 214.

Vesne (Claude). — Dujard, 314.

Vesne (François). — Busselot, 94.

Vesne (François). — Dujard, 214.

Véter (Rémond de). — Floquet, 244.

Veulenlang (Jean), — Maimbourg, 519.

Vey (Jean de). — Perrin ou Périn, 627.

Vézelize (Humbert-Villaume). — Chacopt, 110.

Vialard (Félix). — Hennequin B. du Perray, 361.

Viardin (Anne). — Platel, 655.

Viardin (N.). — Platel, 656.

Viart (Alexandre). — Viart, 817.

Viart (Alexandre). — Viart B. des Viart de Pont-sur-Saulx, 817.

Viart (Alexandre II). — Viart de Pont-sur-Saulx, 817.

Viart (Alexandre-Gabriel). — Viart de Pont-sur-Saulx, 817.

Viart (Anne). — Viart de Pont-sur-Saulx, 817.

Viart (Anne-Élisabeth). — Viart de Pont-sur-Saulx, 817.

Viart (Antoine). — Viart, 816, 817.

Viart (Antoine). — Viart de Pont-sur-Saulx, 817.

Viart (Barbe). — Viart de Pont-sur-Saulx, 817.

Viart (Catherine). — Viart de Pont-sur-Saulx, 817.

Viart (Charles). — Viart, 817.

Viart (Charles). — Viart de Pont-sur-Saulx, 817.

Viart (Charles-Gabriel). — Viart, 816.

Viart (Claude), — 816.

Viart (Claude II). — Viart, 816.

Viart (Claude III). — Viart, 816.

Viart (Edmond). — Viart, 816.

Viart (Élisebeth). — Viart de Pont-sur-Saulx, 817.

Viart (François). — Viart, 816.

Viart (Françoise). — Viart de Pont-sur-Saulx, 817.

Viart (Frédéric). — Viart, 816.

Viart (Gabriel), — 817.

Viart (Gabrielle-Claude). — Viart de Pont-sur-Saulx, 817.

Viart (Gabrielle-Louise). — Viart de Pont-sur-Saulx, 817.

Viart (Germain). — Viart de Pont-sur-Saulx, 817.

Viart (Henriette). — Viart, 818.

Vigne (Catherine de La). — Des Colsons, 160.

Vigneron (Charles).—Friant, 269.

Vigneron (Charles-François). — Vigneron, 818.

Vigneron (Dominique), — 818.

Vigneron (Louis). — Serre, 746.

Vigneron (Nicolas). — Magnien, 569.

Vigneron (Nicolas-Louis).— Vigneron, 818.

Vigneron (N.). — Collinet, 165.

Vigneron (N.). — Mesgnien, 569.

Vigneule (Claude de).— Prudhomme B. Font. et Vit., 667.

Vigneules (Claude de). — Pierron, 645.

Vigneulle (Marie de).— Thieriet, 775.

Vigneulles (Claude-Jacques de). — Vigneulles, 818.

Vigneulles (François de). — Sonville, 759.

Vigneulles (François de). — Thelot ou Thélod, 770.

Vigneulles (Laurent de). — Vigneulles, 818.

Vigneulles (Marie de). — Bailly, 23.

Vigneulles (Marie-Catherine de). — De Chastenoy, 123.

Vigneulles (Philippe de), — 818.

Vigneulles du Sart (Catherine de). — Brème, 85.

Vignolles (Anne de). — Gondrecourt B. Parrois, 316.

Vignolles (Charles). — Vignolles, 819.

Vignolles (Charles-Arnould). — Marionnelz, 537.

Vignolles (Charles-Arnould). — Vignolles, 819.

Vignolles (Charles-Arnould de). — Sarrazin, 734.

Vignolles (Charles et François), — 819.

Vignolles (Élisabeth). — Vignolles, 819.

Vignolles (François). — Vignolles, 819.

Vignolles (François de). — Vignolles, 819.

Vignolles (Jean). — Mauljean, 550.

Vignolles (Jean). — Vignolles, 819.

Vignolles (Jean II). — Vignolles, 819.

Vignolles (Marie-Charlotte). — Vignolles, 819.

Vignolles (Marie-Charlotte de). — Sarrazin, 734.

Vignolles (N.). — Vignolles, 819.

Vignolles (Thierry). — Vignolles, 819.

30

Vilan (Nicole de). — Crevoisier, 181.

Villaret (Charles de).— Lescaille, 481.

Villaucourt (Anne de). —
Villaucourt, 820.

Villaucourt (Anstien de). —
Villaucourt, 820.

Villaucourt (Antoine de). —
— Villaucourt, 820.

Villaucourt (Claude de), —
819.

Villaucourt (Claude de). —
Dietremann, 197.

Villaucourt (Claude de). —
Falaise, 231.

Villaucourt (Claude de). —
Fournier, 257.

Villaucourt (Claude de). —
Ruis ou Ruiz, 723.

Villaucourt (Claude de). —
Villaucourt, 820.

Villaucourt (Demenge de).
— Fournier, 257.

Villaucourt (Demenge de).
— Peltre, 621.

Villaucourt (Demenge de).—
Villaucourt, 820.

Villaucourt (François). —
Fournier, 820.

Villaucourt (Jean-César de).
— Fournier B. Neydeck, 256.

Villaucourt (Jean - Cœsar
de). — Villaucourt, 820.

Villaucourt (Jean-François
Chrétien). — Derand, 191.

Villaucourt (Jean-Louis de)
— Rutant B. Jalaucourt, 725.

Villaucourt (Jeanne de). —
Peltre, 621.

Villaucourt (Jeanne de). —
Villaucourt, 820.

Villaucourt (Louis de). —
Malclerc B. Neufville, 522.

Villaucourt (Marguerite de).
— Dietremann, 197.

Villaucourt (Marguerite). —
Fournier, 820.

Villaucourt (Marie de). —
Villaucourt, 820.

Villaucourt (Michel de). —
Villaucourt, 820.

Villaucourt (Nicolas de). —
Villaucourt, 820.

Villaucourt (Oscan de). —
Cossu, 174.

Villaucourt (Pernette de).—
Villaucourt, 820.

Villaucourt (Thérèse de). —
Villaucourt, 820.

Ville (Chrétienne de). — Lescamoussier, 483.

Ville (Georges de). — Colart,
136.

Ville (Hugues de). — Pru-
dhomme B. Fontenoy et Vitrimont, 667.

Ville (Jean de). — Paviette
B. D'Olim, 618.

Ville (Jeanne de). — Champenois B. Neufvelotte, 113.

Ville (Jeanne de). — Warin, 838.

Ville (Martin de). — Colart, 136.

Ville (Nicolas de). — Colart, 136.

Ville (Nicole de). — Jobal, 416.

Ville (N. de). — Richard, 694.

Ville-sur-Iron (Jacques de). — 821.

Ville-sur-Yron (Jean de). — Ville-sur-Yron, 821.

Villebresne (François de).— Lis, 494.

Villebresne (Hector de). — Philippe B. Valfroicourt, 642.

Villebresne (Marie de). — Philippe B. Valfroicourt, 642.

Villelongue (Jeanne de). — Hennequin B. d'Ozon, 362.

Villelongue (Jeanne de). — Prudhomme, 666.

Villelongue (N. de). — Pilliers B. Fontet, 651.

Villelune (Louise de). — Prudhomme B. Fonten. 669.

Villemin (Joseph).—Durand, 223.

Villemont (Henry de). — Du Bourg, 72.

Villemorien (Catherine de). — Baillet, 21.

Villemorien (François de). — Thomas, 784.

Villemorien (Françoise de). — Vosgien, 835.

Villemorien (Jean). — Saillet, 729.

Villemorien (Jean de). — Thomas, 784.

Villemorien (Nicole).— Saillet, 729.

Viller - en - Voivre (Jeanne de). — Lescuyer, 489.

Villermin (Claude de). — Chastenoy, 122.

Villermin (Isabeau). — Jacquot, 408.

Villermin (Isabeau). — Raulin, 681.

Villermin (Jacques). — Jacquot, 408.

Villers (Catherine de). — Braux, 85.

Villers (Christine de). — Thieriet, 775.

Villers (Françoise de). — Bourgongne, 76.

Villers (Françoise de). — Chastenoy, 122.

Villers (Jean de). — Braux, 85.

Villers (Jeanne de). — Cabeat, 97.

Villers (Lembinet de). — Forgeault, 247.

Villers (Nicolas de). — Forgeault, 247.

Villers - aux - Vents (Pierre de). — Forgeault, 247.

Vion (Charlotte de). — Vion, 826.

Vion (Claude). — Vion, 826.

Vion (Jacques). — Vion, 826.

Vion (Jean de). — Vion, 826.

Vion (Nicolas). — Mérigault, 567.

Vion (Nicolas). — Vion, 826.

Vion ou Vyon (Pierre), — 826.

Viray (François de). — Le Pois, 478.

Viriet (Christine). — Viriet, 827.

Viriet (Christophe), — 827.

Viriet (Jacques). — Protin, 665.

Viriet (Jacques). — Viriet, 827.

Viriet (Jacques-Pascal). — Viriet, 827.

Viriet (Louise). — Protin, 665.

Viriet (Louise). — Viriet, 827.

Viriet (Philippe). — Cuny, 184.

Viriet (Philippe). — Viriet, 827.

Virion (Anne). — Virion, 829.

Virion (Barbe). — Rambouillet, 674.

Virion (Barbe). — Virion, 828.

Virion (Charles), — 829.

Virion (Claude). — Gennetaire, 289.

Virion (Claude). — Virion, 828.

Virion (Didier), — 828.

Virion (Didier). — Bermand B. Pulligny, 48.

Virion (Didier). — Mathieu, 545.

Virion (Françoise). — Virion, 829.

Virion (Georgine). — Virion, 828.

Virion (Henry-Sébastien). — Virion, 829.

Virion (Jacques). — Bourcier, 71.

Virion (Jacques). — Virion, 828.

Virion (Jean-François). — Virion, 828, 829.

Virion (Joseph). — Virion, 829.

Virion (Louis). — Virion, 829.

Virion (Marie). — Cachet de Nancy, 101.

Virion (Marie). — Virion, 829.

Virion (Marie-Thérèse). — Bourcier, 70.

Virion (Marie-Thérèse). — Virion, 828.

Virion (Michel dit de Villaucourt). — Villaucourt, 819.

25

Vittou (Élisabeth). — Serre, 747.

Viurnot (Claude). — Maras, 530.

Viveau (Zénobi). — Croiset, 182.

Viret (François). — Platel, 655.

Vivian ou Vyvyan (Claude), — 831.

Vivien (Antoine). — Vivien, 831.

Vivien (Charles-Didier), — 831.

Vivien (Charles-Henry).— Vivien, 831.

Vivien (Gérard). — Vivien, 831.

Vivin (Gérard). — Dattel, 187.

Vivot (Anne). — Perrin, 626.

Vivot (Claude). — Perrin, 626.

Vivret (Françoise). — Rousières, 707.

Vogien (Barbe). — Petit, 633.

Vogien (Nicolas). — Petit, 633.

Voillot (Anne). — De Bailly, 22.

Voillot (Anne). — Chanteheux, 115.

Voillot (Anne). — Noirel, 597.

Voillot (Anne). — Rambouillet, 674.

Voillot (Anne). — Touppet, 794.

Voillot (Anne). — Voillot, 832, 833.

Voillot (Anne-Marie de Valleroy). — Voillot, 833.

Voillot (Barbe). — Voillot, 832.

Voillot (Catherine). — Voillot, 832.

Voillot (Cathin). — Daudenet, 189.

Voillot (Claude). — Bailly, 23.

Voillot (Jacob). — Daudenet, 189.

Voillot (Jacob). — Voillot, 832.

Voillot (Jacquot). — Daudenet, 189.

Voillot (Jean). — De Bailly, 22.

Voillot (Jean).— Chanteheux, 115.

Voillot (Jean). — Chastenoy, 122.

Voillot (Jean). — Le Pois, 479.

Voillot (Jean). — Rambouillet, 674.

Voillot (Jean). — Rauffaing dit de Vosges, 675.

Voillot (Jean). — Touppet, 794.

Voillot (Jean). — Voillot, 832.

Voillot (Louise). — Le Pois, 479.

Voillot (Louise). — Voillot, 833.

Voillot (Marie). — Chastenoy, 122.

Voillot (Marie). — Voillot, 832.

Voillot (Marie-Louise). — Bailly, 23.

Voillot (Marie - Marguerite de Valleroy). — Voillot, 833.

Voillot (Nicolas). — Voillot, 833.

Voillot (Reine-Marie). — Voillot, 833.

Voillot de Valleroy (Claude). — Voillot, 833.

Voillot de Valleroy (Jean-Marie). — Voillot, 833.

Voillot ou **Vuylot** (Jean), — 832.

Voillot de Damblain (Jean). — Daudenet, 189.

Voilot (Anne). — Cuëüllet, — 182.

Voilot (Claude). — Fournier, 255.

Voilot (Nicole). — Pricquet, 664.

Voilot (Reine-Marie). — Fournier, 255.

Voinard (Claude). — Sire-jean, 756.

Voirin (Pierre). — Guérard, 332.

Voisin (Claude). — Luyton, 502.

Voisin (Claude). — Voisin, 833.

Voisin (Jean), — 833.

Voisin (Jean). — Luyton, 502.

Volant (Marguerite). — Simony B. de la Broutière, 754.

Volkeyr (François). — Gervaise, 300.

Volkier (Bernardin). — Volkier, 834.

Volkier (François). — Volkier, 834.

Volkier (Françoise). — Volkier, 834.

Volkier (N.). — Volkier, 834.

Volkier ou **Volkeir** (Nicole), — 833.

Volkier (Pierre). — Volkier, 834.

Volkier de Beufviller (Jacquemotte). — Romur, 704.

Volkier de Deuviller (Lucie). — Merklin, 567.

Volkier de Deuviller (Pierron). — Merklin, 567.

Vollant (Marguerite). — Combles, 169.

Volmer ou **Volmar** (Hans), — 834.

W

Wailot (Jean). — Vaillot, 799.

Wain (Anne). — Dumont, 217.

Wain (François). — Dumont, 217.

Wal (N. du). — Habillon, 343.

Waleroff (Eve). — Humbert B. Moulin, 393.

Wannier (Jacob-Gabriel). — Mercier, 564.

Wannier (Jeanne). — Mercier, 564.

Wara (François-Joseph), — 837.

Warel (Christine). — Mauljean, 551.

Warel (Jeanne). — Mauljean, 551.

Warel (Marguerite). — Mauljean, 549.

Waren (N.). — Mageron, 505.

Wargaire (Isabelle). — Gondrecourt, 314.

Wargaire (Pierre), — 837.

Wargaire dit Wannesson (Martin). — Vargaire, 837.

Wargaire dit Wannesson (Nicolas). — Vargaire, 837.

Wargaire dit Wannesson (Pierre). — Vargaire, 837.

Warin (Agnès). — Hennezon, 371.

Warin (Anne). — Warin, 838.

Warin (Antoine), — 837, 838.

Warin (Antoine). — Gerlet, 298.

Warin (Catherine). — Gerlet, 298.

Warin (François). — Warin, 838.

Warin (Jean), — 838.

Warin (Jean). — Champenois, 113.

Warin (Jean). — Le Poignant, 477.

Warin (Jean). — Raulet, 679.

Warin (Jeanne). — Champenois B. Neufvelotte, 113.

Warin (Madelaine).— Warin, 838.

Warin (Philippe). — Lescut, 487.

Warin (Philippe). — Le Poignant, 477.

Warin (Loyon-Françoise de). — Hérault, 377.

Warin (Philippe). — Warin, 838.

Warin (René). — Gerlet, 298.

Warin (René). — Saulxures, 740.

Warion (Gœury et Simon), — 838.

Warion (N.). — Warion, 838.

Warnot (Mengin), — 839.

Warren (Marie-Gabrielle).— Thibault, 773.

Was (Isaac). — Mauljean, 549, 552.

Was (Renée). — Mauljean, 549.

Wasenau (Jean-Adam) , — 839.

Wasse (Isaac).—Maimbourg, 518.

Wassebourg (Bonne de). — Vassebourg, 830.

Wassebourg (François de). — Wassebourg, 830.

Wassebourg ou Waslrebourg (Jean de), — 839.

Wassebourg (Jean de). — Vassebourg, 830.

Wassebourg (Jeanne de). — Le Poignant, 477.

Waulthier (Gérard), — 830.

Waulthier (Marie). — Rousières, 707.

Waultrin (Adrien), — 830.

Waultrin (Antoine).—Waultrin, 830.

Waultrin (Hennequin et — Jannin), 830.

Waulthiers (Élisabeth de). — Pierre, 644.

Waulthier (Jacques), — 830.

Wayeur (Marie-Lucie). — Klopstein, 426.

Weicheringen (Anne - Julienne de). — Hame, 346.

Weisse (Jean de). — Weisse, 831.

Weisse (Nicolas de), — 831.

Weisse (Nicolas de). — Charvet, 119.

Willermin (Jacquette). — Villermin, 834.

Willermin (Louise de). — Poirot, 660.

Willermin (Louise de). — Willermin, 834.

Willermy (N.). — Arnoult, 12.

Wilmin (Catherine). — De la Fontaine, 246.

Wilmin (René de). — Huyn, 400.

Wiltz (Marguerite de). — Gaillard, 272.

Wintersdorff (Jeanne de). — Kiecler, 423.

Wiriot (François). — Viriot, 829.

Wisse (Olry de). — Thiébaut, 774.

Withière (Jean).—Morot, 584.

Withière (Marguerite). — Morot, 584.

Wolkier de Beufviller (Jacquemotte). — Fouray, 252.

X

Xandrin (Christophe), — 834.

Xandrin (Christophe). — Floyel, 245.

Xandrin (François). — Floyel, 245.

Xandrin (Jeanne). — Floyel, 245.

Xanrey (Florence). — Thomassin, 187.

Xaubourel (Alexandre - Joseph). — Xaubourel, 836.

Xaubourel (Alix). — Xaubourel, 835.

Xaubourel (Anne-Claude). — Xaubourel, 836.

Xaubourel (Balthazard). — Xaubourel B. Domnon, 836.

Xaubourel (Barbe). — Xaubourel, 835.

Xaubourel (Bertrand). — Bertrand, 52.

Xaubourel (Bertrand) . — Lescarnelot, 484.

Xaubourel (Bertrand). — Lespée, 489.

Xaubourel (Bertrand) . — Xaubourel, 835.

Xaubourel (Bertrand) . — Xaubourel B. Domnon, 836.

Xaubourel (Bertrand de). — Collesion, 163.

Xaubourel (Bertrand de). — Fournier, 254.

Xaubourel (Charles). — Xaubourel, 836.

Xaubourel (Charlotte). — Xaub. B. Domnon, 836.

Xaubourel (Christophe - Louis). — Xaubourel B. Domnon, 837.

Xaubourel (Claude). — Maillet, 514.

Y

Y (Marie d'). — Paviette B. d'Olim, 619.

Y (Robert d'). — Paviette B. d'Olin, 619.

Yard (Michel-Catherine). — Boyer, 82.

Yel (Claude), -- 838.

Yel (Isabelle). — Marchal, 531.

Yvon (Pierre), — 838.

Z

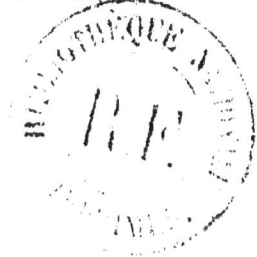

———

NANCY. — IMP. G. CRÉPIN-LEBLOND, GRAND'-RUE VILLE-VIEILLE, 14.

www.ingramcontent.com/pod-product-compliance
Lightning Source LLC
Chambersburg PA
CBHW070714280326
41926CB00087B/1988